AF368566

L'AME

DU VÉNÉRABLE

P. PASSERAT

V. P. JOSEPH PASSERAT

RÉDEMPTORISTE

E. GAUTRON C. SS. R.

L'AME

DU VÉNÉRABLE

P. PASSERAT

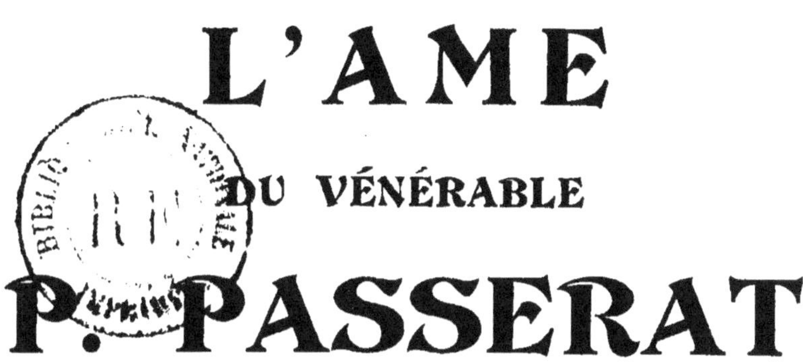

Vicaire Général et Insigne Propagateur
de la Congrégation du T. S. Rédempteur

DOCTRINE SPIRITUELLE ET VERTUS

PARIS
LIBRAIRIE P. TÉQUI
82, RUE BONAPARTE (6e)

1929

AVANT-PROPOS

Le Vénérable Père Joseph Passerat fut, au siècle dernier, pour la congrégation du Très-Saint-Rédempteur, l'homme prédestiné qui présida à son développement en dehors de l'Italie, et contribua efficacement à lui assurer l'esprit de ferveur et d'apostolat, héritage de son saint Fondateur.

Une *Vie du Vénérable* a paru en 1924. Rien de plus édifiant que l'admirable correspondance du P. Passerat à la grâce, au milieu des péripéties souvent émouvantes de sa longue carrière. Son travail de sainteté y apparaît clairement. Toutefois trop de détails extérieurs absorbent l'attention du lecteur pour qu'il lui soit loisible de dégager à son aise la doctrine fondamentale, et de goûter les maximes et les actes de vertus qui caractérisent la vie intérieure du Vénérable.

Après l'histoire de sa vie, celle de son âme aura sans doute un attrait particulier pour les lecteurs désireux de s'instruire à l'école des saints. C'est à ce titre que nous la leur présentons.

Autant que possible c'est au P. Passerat lui-même

que nous laisserons la parole. Ses actes de vertus consignés dans le procès de béatification et d'autres inédits viendront appuyer sa doctrine. Au demeurant c'est toujours lui que nous aurons sous les yeux.

Que Marie Immaculée, dont le titre proclamé en 1854 jeta un si doux rayon de bonheur et d'espérance sur les dernières années du Vénérable, daigne bénir ces pages consacrées à la mémoire de l'un de ses plus fidèles enfants.

La vie du P. Passerat, quelque traversée qu'elle fut par des incidents et des épreuves de toutes sortes, peut se résumer en ces quelques lignes, qui nous aideront à suivre plus commodément les progrès de la grâce et de la vie intérieure dans son âme.

Il naquit à Joinville, alors du diocèse de Châlons, aujourd'hui du diocèse de Langres, le 30 avril 1772; et reçut au baptème les noms de Joseph-Amand-Constantin-Fidèle.

Elevé dans un foyer très chrétien, puis chez les moines bénédictins à l'abbaye de Saint-Urbain, près de Joinville, il passa son enfance et sa jeunesse dans une grande pureté de mœurs et une vraie ferveur.

Après ses humanités, qu'il fit très complètes au petit séminaire de Châlons, il se disposait à suivre en Sorbonne les cours de philosophie et de théologie, lorsque éclata la Révolution.

Le jeune homme eut alors la douleur de voir trois prêtres en qui il avait mis sa confiance prêter serment à la constitution civile du clergé. Mais il n'en fut nullement ébranlé. Jeté peu après en prison pour sa foi, il en sortit grâce à de puissantes interventions, mais ce fut pour être bientôt enrôlé malgré lui dans les armées que la Révolution levait alors. Il saisit la première occasion

qui lui permit de suivre sa vocation et gagna la Belgique,
puis l'Allemagne, à la recherche d'une école de théologie
orthodoxe. Ce fut à Augsbourg, chez les Pères de la Foi,
anciens jésuites, qu'il continua ses études déjà commen-
cées en secret à Joinville. Il les termina en deux ans.

Se sentant appelé à la vie religieuse, il alla, en compagnie de trois jeunes Français, entraînés par son exemple,
frapper à la porte du noviciat des rédemptoristes à
Varsovie en Pologne, où saint Clément-Marie Hofbauer
accomplissait déjà les prodiges de zèle qui rendirent alors
célèbres l'église et le couvent de Saint-Bennon.

Il prit l'habit religieux le 22 juillet 1796 ; et se consacra
à son nouveau genre de vie avec tant de ferveur que,
quatre mois après, le 13 novembre 1876, saint Clément-
Marie le jugeait préparé à prononcer ses vœux de religion.

La prêtrise lui fut conférée le 15 avril 1797 ; et dès lors,
nommé professeur des scolastiques, puis maître des
novices et enfin recteur de la première maison fondée en
Suisse, à Yestetten, au diocèse de Constance, en 1803, il
commença à briller dans la congrégation par l'éclat de la
piété la plus vive et de toutes les vertus religieuses.

De Yestetten il passa à Babenhausen, près d'Augsbourg,
en 1805 ; à Coire en 1807 ; puis, la même année, à Viège,
petit bourg du Valais. Il dut disperser les prêtres de sa
communauté dans les paroisses environnantes. Lui-même
habita successivement Balterswiel, Fribourg, Farvagny,
Cerniat, Posat, où il remplit les fonctions du saint ministère et s'adonna en même temps à la formation de ses
jeunes étudiants.

Ces dures années, où la persécution s'attachait à ses pas,
se prolongèrent jusqu'à ce que la Providence lui eut
désigné pour refuge un antique monastère de Chartreux,
la Valsainte, datant de 1295, situé dans ce même diocèse
de Fribourg.

Il y entra le 22 mai 1818, et s'efforça par tous les
moyens de faire revivre l'observance monacale dans ces
murs qui l'avaient abritée pendant tant de siècles.

Tout à son œuvre, il bénissait Dieu de lui avoir enfin donné le repos et un séjour stable pour ses religieux, lorsque après la mort de saint Clément-Marie, survenue à Vienne le 15 mars 1820, il se vit, à sa grande stupeur, élevé au poste de vicaire général du recteur majeur, et comme tel chargé du gouvernement de la Congrégation au delà des Alpes.

Il obéit comme il commandait, avec la simplicité et la confiance d'un homme qui ne cherche que Dieu. Arrivé à Vienne le 20 octobre 1820, il confia le soin des affaires temporelles à un autre de ses confrères, et se dévoua tout entier au bien spirituel de la communauté, surtout des novices, dont il assuma la direction immédiate.

Ses sollicitudes augmentèrent bientôt, par suite des difficultés qui lui survinrent, spécialement des oppositions et des tracasseries du gouvernement joséphiste.

Les embarras intérieurs ne firent pas non plus défaut. La congrégation, nouvelle encore hors de l'Italie et peu affermie dans les coutumes et usages que sanctionnait la règle, paraissait à tout moment en danger de dévier de son but primitif. Les têtes s'échauffaient parfois en voyant le saint supérieur plus préoccupé de la vie spirituelle au couvent que de l'activité au dehors. Certains lui faisaient aussi un grief de ne pas adapter sa manière de faire aux nouveautés de l'époque.

D'autre part, le nombre des religieux croissait, et leur zèle demandait à s'étendre. Peu à peu, parfois rapidement, les fondations nouvelles se succédèrent, en Autriche d'abord, puis mais passagèrement en Portugal à Lisbonne. La Belgique, la France, la Hollande, l'Angleterre et enfin l'Amérique reçurent des essaims de rédemptoristes que sans répit, avec un zèle que sa grande confiance en la Providence rendait audacieux, le Vénérable envoyait sur les appels qui lui étaient faits.

Sous son supériorat, quarante-deux maisons furent fondées, ainsi que deux monastères de rédemptoristines, Il les visitait en personne chaque année en Autriche, et autant que possible dans les autres régions, s'efforçant partout de promouvoir, outre le zèle de ses religieux, leur parfaite observance et une vie intérieure intense.

Tant de soucis et de tracas n'empêchaient pas l'homme de Dieu de vivre lui-même dans une continuelle conversation avec le ciel. Son existence à Vienne ressemblait assez à celle d'un anachorète, tant il avait à cœur de se retirer du monde; et dans ses nombreux voyages, c'est la même attention à se maintenir uni à Dieu qui animait tous ses actes.

Délivré enfin, après instances répétées, du fardeau du supériorat à la suite des scènes révolutionnaires qui, en 1848, le chassèrent de Vienne, le P. Passerat se retira en Belgique, au monastère des rédemptoristines de Bruges dont il fut l'aumônier pendant deux ans.

Le 21 juin 1850, il fut frappé d'une première attaque d'apoplexie. On le transféra alors au couvent des rédemptoristes de Tournai, où, durant les huit dernières années de sa vie, il donna de sublimes exemples de toutes les vertus, spécialement de la prière et de la patience.

Il s'endormit saintement dans le Seigneur, le 30 octobre 1858, à l'âge de 86 ans et 6 mois.

Sa tombe primitive au petit cimetière de Rumillies près Tournai fut, pendant de longues années, l'objet de la vénération et comme un lieu de pèlerinage des fidèles. Aujourd'hui ses restes vénérés reposent dans le chœur de l'église des rédemptoristes à Tournai.

La cause de sa béatification, introduite en cour de Rome le 13 mai 1901, se poursuit régulièrement, et, semble-t-il, touche à son terme. D'elle le cardinal Parrochi disait un jour devant le R. P. Desurmont provincial des rédemptoristes : « C'est une des plus belles causes qu'on puisse imaginer; elle fera son chemin. »

Un des deux miracles requis par la Sacrée Congrégation manque encore; bien que de nombreuses faveurs spirituelles et temporelles aient été déjà obtenues par l'intercession du Vénérable.

Que la ferveur de prière qui l'animait lui-même

passe au cœur de ceux qui l'invoquent aujourd'hui, et nous verrons promptement exaucé le vœu si cher au cœur de ses confrères et de tous ses dévots.

Le travail que nous entreprenons ayant pour but de mieux faire connaître l'âme du Serviteur de Dieu, *nous n'y suivrons pas d'autre plan que celui que nous trouvons indiqué par le* **P. Passerat lui-même** dans l'enseignement ascétique des religieux et des religieuses qu'il dirigea.

Dans cet enseignement, il a peint son âme. C'est à lui surtout que nous recourrons, pour y découvrir les traits saillants de cette belle physionomie de saint et d'apôtre.

Assomption de la très sainte Vierge, 15 août 1928.

L'AME DU V. P. PASSERAT

DOCTRINE SPIRITUELLE ET VERTUS

PREMIÈRE PARTIE

VIE DE PRIÈRE

I. — *Constance et ferveur de prière.*
Attrait pour la prière dès l'enfance et la jeunesse. — Esprit de prière
chez le P. Passerat novice, religieux, maitre des novices et recteur,
puis vicaire général de la congrégation du Très-Saint-Rédempteur.
Il prêche la prière par ses lettres aux novices, aux étudiants, aux
missionnaires, et, au témoignage de tous, en donne un exemple
parfait. — Avis aux rédemptoristines sur la prière. Exemples
persévérants du P. Passerat jusqu'à sa mort.

II. — *Recueillement.*
L'homme d'une seule pensée et d'une seule affection. — Rayonnement
surnaturel. — Retraite et amour de la solitude. — Rien pour la
curiosité. — Conversation céleste. — Fuite du monde. — Silence
extérieur. — Calme et modération. — Silence intérieur de l'âme et
union active avec Dieu par la perfection des actions ordinaires et
l'imitation de Jésus-Christ.

III. — *Oraison.*
Le Vénérable en prêche instamment la nécessité et la pratique. — Sa
méthode. — Docilité au Saint-Esprit. — Prier simplement; « ne pas
chasser au sentiment ». — La prière pénible. — Épreuves et grâces
d'oraison mystique.

L'âme du Vénérable P. Passerat ne se comprendrait
pas si nous n'avions soin tout d'abord, de mettre en
relief l'attraction extraordinaire qu'elle subit dès l'enfance et à laquelle elle obéit toujours plus parfaite-

ment, vers un genre de vie spirituelle où la prière, soit vocale, soit mentale, occupait presque toute la place. Il en est sans doute ainsi d'ordinaire, en ce sens que rien ne s'y fait sans la prière. Mais, en raison même de sa ferveur et de sa continuité chez le Vénérable, on peut dire qu'elle fut vraiment sa vie, et que la parole de saint Augustin : *Bene novit vivere qui bene novit orare,* celui-là sait bien vivre qui sait bien prier, s'applique au Vénérable P. Passerat dans toute sa force.

Une division très simple nous permettra d'envisager le sujet dans toute son étendue et de présenter en même temps l'exemple et la théorie du Vénérable, les deux entremêlés, comme ils le furent dans son existence :

Constance et ferveur de sa prière en général, — son recueillement, — son oraison : comment il l'entendait et la prêchait aux autres.

Sous ces trois titres, l'*homme de prière* que fut le P. Passerat se révélera, je l'espère, conforme aux souvenirs que nous ont laissés ses enfants et ses contemporains.

CHAPITRE PREMIER

Lorsqu'un serviteur de Dieu est élevé aux honneurs des autels, ses vertus que l'Eglise offre à notre imitation apparaissent la plupart du temps dans une telle auréole de sublimité et de grandeur que notre nature s'émerveille bien plus qu'elle ne se sent portée à les reproduire. La grâce qui les opéra dans les saints reste cachée; et c'est seulement en constatant leur esprit de prière que nous comprenons bien quel secours ils trouvèrent en Dieu et de quel élan céleste leur âme fut par là favorisée. C'est par là aussi que nous nous sentons d'abord capables de les imiter.

Rien dans la vie du Vénérable ne brille avec tant d'éclat que l'admirable ferveur avec laquelle il sut intéresser le ciel à l'œuvre de sa sanctification personnelle et de la sanctification des autres. Rien dès lors ne nous donnera mieux le secret de ses perpétuelles ascensions vers Dieu que le spectacle de sa vie de prière.

D'un bout à l'autre de son existence, la prière remplit les heures et les journées. Et si l'on analyse bien cet esprit de prière, on trouve qu'il obéit d'abord à cette faim et à cette soif ardentes de la justice dont Notre-Seigneur fait la condition des grâces de choix et de sainteté : *Beati qui esuriunt et sitiunt justitiam, quoniam ipsi saturabuntur* (Matt., v, 6).

Bienheureux ceux qui ont faim et soif de la justice, parce qu'ils seront rassasiés.

Constance et *ferveur* furent donc les caractères distinctifs de la prière du P. Passerat.

Au début de la vie spirituelle, l'Esprit-Saint marque d'ordinaire son empreinte spéciale sur l'âme qu'il veut élever à la perfection. Sa voix est alors comme ce léger murmure de la brise qui, par une matinée de printemps, présage la vie intense que le soleil, en s'avançant dans sa course, va répandre sur toute la nature.

Le Vénérable sentit de bonne heure ce souffle d'espérance et de vie, et il lui ouvrit son âme tout entière. Ce souffle le poussait vers la prière.

Petit enfant, dans sa famille à Joinville, il conversait avec les saints du ciel, leur confiait ses désirs et ses peines. Aux saintes qu'il invoquait il donnait le doux nom de sœurs : « Pourquoi? confia-t-il un jour à la mère Marie-Alphonse[1], c'est parce que j'ai toujours, dans le monde, désiré avoir une sœur ; et je n'ai pas eu cette satisfaction. Cependant je n'ose pas me servir de ce nom envers la Mère de Dieu : elle est trop haute dans le ciel. Elle est Notre-Dame : c'est assez pour nous d'être ses esclaves. » Le même esprit l'inclinait à reproduire dans ses jeux les fonctions et les cérémonies de l'Eglise.

A l'abbaye des bénédictins, où il fit ses premières études, puis au petit séminaire de Châlons, une ardeur égale le poussait au travail et à la prière. A celle-ci sans doute il doit d'avoir dès lors établi sa vertu sur une base si solide, qu'en pleine jeunesse, lorsqu'autour de lui s'amoncellent les ruines morales sous les coups de la Révolution, il demeure ferme dans sa foi et sa ferveur.

Obligé de se livrer en cachette à ses chères études,

---

1. Lettre du 14 septembre 1845.

c'est dans l'union à Dieu qu'il trouve un réconfort au milieu des menaces qui l'environnent. Surpris et jeté en prison, délivré puis repris de nouveau pour le service militaire, tout son recours et toute sa force sont dans la prière, qu'il n'interrompt presque plus. Aux camps, ses fonctions de tambour-major, puis le grade de quartier-maître ou trésorier du régiment, lui laissent assez de loisirs, qu'il consacre tous à son occupation favorite. N'est-ce pas peut-être au mouvement de ses lèvres en prière qu'un de ses soldats découvrit un jour le secret de sa piété et faillit lui attirer de terribles ennuis? Quoi qu'il en soit, c'est sans nul doute à l'efficacité de sa prière qu'il dut le succès de son audacieuse tentative d'évasion.

« Avec la liberté conquise, dit son historien, commençait une existence humainement bien sombre et qui exigeait de la part d'un jeune homme de vingt ans une foi comparable à celle d'Abraham lorsqu'il obéit à cet ordre du ciel : Sors de ton pays, quitte la maison paternelle et va dans la terre que je te montrerai[1]. »

Cette terre déjà promise était loin encore, et des dangers tout aussi redoutables que ceux qu'il avait fuis attendaient le jeune étudiant.

C'était alors, dans toute l'Allemagne, l'époque malheureuse où les doctrines de Fébronius infestaient les chaires de théologie. Mû par l'esprit de Dieu, le Vénérable démasque aussitôt et sans peine l'erreur. A Trèves, à Munster, où sa droiture d'âme est aux prises avec les sophismes de ses professeurs, l'oraison est pour lui le phare brillant dans la nuit.

A Augsbourg, où l'enseignement des jésuites comble enfin ses vœux, ainsi qu'au séminaire français de Wursbourg, une nouvelle lumière jaillit de sa prière

____

[1]. *Vie du V. P. Passerat*, par le P. Girouille, p. 23.

continuelle et lui montre enfin le terme de ses aspirations apostoliques. Apprenant que les rédemptoristes nouvellement établis en Pologne, à Varsovie, y brillent par l'éclat d'une vie toute d'oraison et de zèle, il se sent invinciblement porté vers eux, et, durant l'été de 1796, en compagnie de trois Français, ses amis : Lennoir, Vaumelet et Mercier, il prend la route du noviciat de Saint-Bennon.

La ferveur du saint novice ne pouvait trouver un milieu plus favorable. Saint Clément-Marie qui dirigeait le noviciat n'avait-il pas entendu lui-même l'appel de Dieu à Rome, pendant qu'il avait sous les yeux le spectacle de l'oraison fervente des religieux de saint Alphonse? Dans la formation ascétique qu'il avait reçue d'eux, vivait au premier chef l'esprit du Docteur de la prière.

Le P. Passerat novice puisait donc, comme à leur source même, les enseignements de saint Alphonse sur ce point capital. A Varsovie il avait déjà entre les mains, traduites en allemand, plusieurs des œuvres spirituelles du saint Fondateur et pouvait s'édifier de ses exemples bien connus parmi les fervents religieux de Saint-Bennon. Il voulut suivre de près ses traces et consacra dès lors ses jours et une grande partie de ses nuits à la prière.

« A chaque instant on le voyait agenouillé les bras en croix, tantôt devant un crucifix, tantôt devant une image de la sainte Vierge ou de quelque saint, surtout de saint Joseph son patron bien-aimé. Avec le Psalmiste il pouvait s'écrier : *Deus, Deus meus, ad te de luce vigilo.* Mon Dieu, mon Dieu, mon cœur s'élance vers vous dès l'aurore. Bien des fois, le matin, quand le sacristain venait ouvrir les portes de l'église, il se voyait devancé par l'ardent novice qui, à genoux sous la pluie ou la neige, épanchait déjà son âme devant le divin Prisonnier de l'autel. Dieu lui communiqua dès lors, dans une mesure éminente, cet esprit de grâce et de prière qui fit de lui une si vivante image de saint Alphonse[1]. »

De cette époque bénie il rappelait, jusque dans sa vieillesse, le souvenir avec émotion : « Je vous l'assure, mes frères, écrivait-il lors de son jubilé sacerdotal, rien ne fait plus d'impression sur un vieillard que le souvenir de ses premières années de ferveur. Ah ! si j'avais conservé les premières grâces ! Si, en sortant du noviciat, j'avais conservé les bonnes habitudes d'un novice !... Restez toujours novices, surtout par l'amour de la prière : alors, à la fin, grande sera votre allégresse[2]. »

Dès ces premiers temps, saint Clément-Marie put former sur son disciple le jugement que, de longues années après, il exprimait à Vienne : « Je vous ferai venir le *grand prieur* français. Celui-là, mes enfants, vous apprendra à prier. Plaise à Dieu que je pusse prier comme lui ! » Et comme fruit de cette ferveur d'oraison le Supérieur constatait déjà chez le jeune religieux « une sainteté éminente ».

Il ne craint pas de lui confier, à vingt-neuf ans, la direction du noviciat de Saint-Bennon.

Quatre mois seulement de cette vie d'union à Dieu avaient suffi au P. Passerat pour la préparation de sa profession religieuse. La méthode était bonne ; il sut l'inculquer à ses novices : « Il faut, disait-il, en faire des hommes de prière. » Mais la prière, comme nous le verrons, n'allait pas chez lui sans une sérieuse mortification de la nature viciée. Aussi ajoutait-il : « Il faut les exercer peu à peu à la mortification. L'exemple

---

1. *Vie du V. P. Passerat*, p. 48.
2. Lettre aux PP. de Wittem, 26 avril 1847.

et la prière pour l'avancement de ses disciples, voilà tout le Maître des novices[1]. »

L'un de ceux qui plus tard, à Vienne, comprirent le mieux son enseignement, le R. P. de Held, a rendu de lui ce magnifique témoignage : « *La caractéristique de sa vie fut, avec l'esprit de prière, la guerre à la nature, qu'il est difficile de porter plus loin qu'il ne l'a fait.* »

Ces deux éléments réunis sont en réalité toute l'ascèse. Chez le P. Passerat, ils ne se séparent pas plus que les ailes de l'oiseau dans son vol ; et sa mortification universelle nous est le meilleur garant de l'authenticité et de la valeur de son esprit d'oraison. Aussi devons-nous admirer celui-ci sans réserve dans les manifestations si diverses, parfois même insolites, que lui donna le Vénérable.

Dans les années si orageuses qui commencèrent pour lui avec son rectorat le Yestetten, 1803, jusqu'à sa nomination au poste de Vicaire général, 1820, le P. Passerat poursuivit sans relâche, chez lui et chez les autres, ce double objectif.

L'oraison lui assurait un refuge contre les persécutions du dehors et l'animait dans son zèle pour l'observance au couvent et pour les âmes qu'il évangélisait. En y joignant la mortification, il faisait de sa communauté un vrai paradis, par la parfaite régularité et la joie qui y régnaient.

Pour lui, il priait sans cesse : « Dès trois heures du matin il était sur pied et commençait sa sublime conversation avec le ciel. Avait-il un peu de loisir dans la journée, la contemplation faisait son unique délassement. En parcourant la maison pour vaquer aux devoirs de sa charge, il tenait sans cesse en main son

1. Lettre au P. Czech.

rosaire, et les *Ave*, les oraisons jaculatoires s'échappaient de son cœur comme les étincelles d'une fournaise[1]. »

Au dehors, dans ses courses apostoliques, c'était le même élan : « Ah! mon Frère, disait-il un jour à son compagnon, qu'il fait bon prier quand on a six pieds de neige autour de soi et que les hommes ne peuvent plus nous approcher! »

Dans les changements perpétuels de résidence que lui imposait la persécution, il était l'ange conducteur de sa communauté fugitive : « Nos voyages se faisaient à pied, rapporte le P. Czech, alors enfant. Quelque temps qu'il fît, nous avancions toujours. Le sac au dos, nous portions avec nous tous nos effets, notre linge, nos livres, nos ustensiles. Le P. Passerat lui-même, quoique supérieur, portait sa charge comme les autres. Tous les exercices de piété se faisaient, autant que possible, comme à la maison. Quant au P. Passerat, il était toujours en prière. Il récitait son chapelet ou son bréviaire, ou bien méditait en silence, marchant derrière les autres. »

Cette ferveur le sauva plus d'une fois de dangers imminents. Son biographe raconte tout au long par exemple le poignant épisode du passage du mont Grimsel, en Suisse, pendant l'hiver de 1808. Sous une épouvantable rafale de neige, lui et les siens allaient périr; les guides, ayant perdu leur chemin, refusaient d'avancer. Le Vénérable s'écrie alors : « A genoux, mes enfants, la prière seule peut nous sauver. » Au spectacle de ces religieux priant avec ferveur devant la mort qui les menaçait, les guides, bien que protestants, sentent renaître leur courage : « Maintenant, avançons, disent-ils; quand on prie ainsi on ne peut périr. »

---

1. *Vie du P. Passerat*, p. 236.

Cheminant un jour seul en pays de montagne, par un sentier étroit bordé d'un précipice, le P. Passerat se voit soudain suivi d'un loup. Il redouble de ferveur, et implore les saints anges, en qui il met toute sa confiance. La soirée se passe en si dangereuse compagnie, mais il n'eut aucun mal : le loup n'osa pas l'attaquer.

Ses convictions sur la nécessité de la prière continuelle étaient si fortement ancrées dans son âme qu'aucun empêchement ne pouvait l'en détourner. Volontiers il eût exigé des siens la même fidélité. Au moins ne souffrait-il aucune négligence dans l'accomplissement ordinaire de ce devoir : « Il était impitoyable, dit le P. Kaltenbach, lorsqu'il voyait la prière négligée sous prétexte de travail. Voici un trait qui le montre à ma grande confusion. J'étudiais alors la physique, et cette science me passionnait. Or il m'arriva, un jour de retraite, de frauder un peu en faveur de cette passion coupable. Le P. Passerat me surprend en flagrant délit; il entre dans une sainte colère. C'est bien la seule fois de ma vie que je lui ai vu le visage en feu. Il me gronde fortement et déchire en mille pièces tous mes beaux cahiers. »

Rien ne lui faisait plus de plaisir que de voir chez les autres l'esprit qui l'animait lui-même : « Eh bien! mon Père, je prierai », lui dit un jour une pauvre malade éloignée de Dieu. « Elle m'a dit qu'elle prierait! » s'écriait ensuite le Vénérable, et son visage rayonnait de joie.

Quant à ses confrères dispersés dans les paroisses, il eût voulu les voir sans cesse priant au milieu de leurs travaux, et faisant vraiment de l'oraison l'âme de leur action apostolique. Réunis pour la retraite à la Valsainte, ils reçurent un jour cette pressante exhortation : « Le prêtre doit se dévouer tout entier aux âmes qui lui sont confiées, l'activité de son ministère ne doit pas souffrir de son esprit de piété. Mais la prière doit présider au travail de sa charge, l'imprégner, le sanctifier. L'esprit intérieur doit animer toutes ses actions. Sans le secours d'en-haut, nous serons bientôt aussi misérables, sinon pires que ceux qu'il nous faut gagner à Jésus-Christ; sans la prière le prêtre tombe vite au niveau du monde... Et pour une paroisse, quel malheur d'avoir à sa tête un homme qui ne prie pas! Immense malheur pour le prêtre lui-même... Voulez-vous donc passer en faisant le bien, éclairer vivement les peuples, convertir beaucoup de pécheurs, affermir les justes dans la vertu, vous faire tout à tous et attirer la bénédiction divine sur chacune de vos entreprises? Voulez-vous au surplus assurer votre salut? Priez, priez, priez. Appelez sans cesse le ciel à votre secours. »

Nommé vicaire général de la congrégation en 1820, le P. Passerat emporte à Vienne ce trésor de l'oraison acquis par de si longs et si héroïques efforts, et va le communiquer à tout l'institut qu'il est appelé à propager au delà des Alpes.

De sa bouche même nous savons qu'alors lui fut donnée la grâce de la contemplation mystique, dont il jouit sans interruption pendant trente ans, jusqu'à son arrivée à Tournai, et ensuite, mais sous une forme nouvelle, jusqu'à la fin de sa vie. « C'est que j'en avais besoin », a-t-il déclaré lui-même.

Il allait en effet se trouver aux prises avec toutes sortes de difficultés et de soucis, et engagé dans une œuvre qui visiblement eût dépassé ses forces sans le secours extraordinaire que Dieu lui accorda par ce moyen.

Dès le premier jour, le Serviteur de Dieu s'établit dans une atmosphère de prière qui rayonnait autour de lui, au milieu même de ses plus pressantes occupations. A Vienne plus encore qu'en Suisse, la prière est son aliment, sa vie. La contemplation aidant, elle maintient son âme bien au-dessus des bruits et des agitations qui l'entourent, dans une sérénité, une paix dont sont frappés tous ceux qui l'approchent.

Il écrit au P. Czech, recteur en Suisse, le 13 mai 1823 : « Le plus grand de mes regrets, depuis que je suis à Vienne, c'est de n'avoir pas connu auparavant les trésors cachés dans la prière. Soyez sage à mes dépens. Je vous le souhaite ainsi qu'à tous mes confrères. Faites-leur part, je vous prie, de mes regrets. »

Quels regrets pouvait engendrer sa vie antérieure si fervente, sinon tout au plus celui qu'éprouverait le voyageur qui, à mesure qu'il gravit une montagne, découvre des merveilles qui ne lui avaient pas encore été révélées?

La contemplation infuse à laquelle le P. Passerat se voyait élevé, en lui montrant sous un aspect toujours plus céleste les beautés et la grandeur de l'oraison, activait encore l'ardeur de son zèle pour la prêcher à tous.

Non content de donner l'exemple à ses confrères, il profitait de toute occasion, spécialement de la méditation du matin, pour les exhorter à la prière. Ce lui était alors comme un besoin de déverser dans leurs âmes le trop-plein de son cœur. Après avoir récité d'une voix forte les prières communes[1], il lui arrivait souvent, au milieu du silence général, de prendre la parole et d'exhaler en public les sentiments qui se pressaient dans son âme.

Ses sujets, dans leur admiration, ne songeaient guère à se plaindre d'un procédé si extraordinaire et qui, de la part de tout autre, eût vite inspiré l'étonnement et produit la fatigue.

---

1. P. Zobel. Procès.

Une fois pourtant son admoniteur crut devoir l'avertir de modérer son zèle. Mais voilà que durant la méditation, l'un des Frères s'approche du Supérieur et naïvement le prie de penser tout haut. « Mon admoniteur ne trouve pas bon que je parle si souvent, répond aussitôt le saint homme à haute voix ; aussi pour aujourd'hui je ne vous dis que ces mots : Priez, priez, priez. » Ne se croirait-on pas revenu aux scènes de l'Évangile, où les Apôtres, suspendus aux lèvres du divin Maître, le pressaient aussi de leur enseigner à prier et s'instruisaient à l'école de son divin Cœur?

Cependant, avec l'expérience, le Vénérable changea d'avis sur ce point : « Vous prêchez vos méditations en communauté, écrit-il au P. Pilat recteur de Saint-Trond, le 29 décembre 1831. J'ai eu ce défaut. Après des avertissements je me suis corrigé. Cette méthode de méditations-sermons peut être de quelque utilité pour les commençants; mais dans la suite cela nuit. On s'attache plus à ses enfants qu'à ceux d'autrui : les pensées qu'on a enfantées soi-même s'attachent plus à nous et nous nous y attachons davantage. Nos pensées sont nos enfants, dit saint Ignace. »

Au reste toute circonstance lui était bonne pour prêcher la prière. Les lettres aux novices, aux étudiants, aux missionnaires, renferment de vivantes exhortations qui alors portaient partout le feu sacré dont il brûlait lui-même.

« *Vigilate et orate,* c'est-à-dire consacrez à la prière tout le temps qui vous reste de vos études. Quiconque aime la prière sera un bon rédemptoriste. Mais, dit saint Bernard, si je vois quelqu'un qui n'est pas animé d'un grand désir de la prière, je juge aussitôt qu'il y a peu de bien en lui. *Si quem videro non magno orationis desiderio teneri, protinus judico vix aliquid boni esse in eo. Verbum, exemplum, oratio, tria haec :*

major autem oratio. La parole, l'exemple, la prière : trois choses ; mais la plus grande est la prière. Les Apôtres faisaient plus de cas de la prière que de la prédication[1] ».

Aux Pères du second noviciat il écrit le 15 janvier 1848 : « Je vous recommanderai premièrement le grand moyen de notre saint Père : non seulement la prière, mais l'amour de la prière, que saint Jean Climaque appelle « la mère, la reine et la source des vertus et des grâces : *matrem, reginam et fontem virtutum et gratiarum* ». Que celui qui a l'estime et l'amour de la prière se réjouisse et en rende grâces à Dieu : il effectuera ce que dit du juste la sainte Écriture : *Lex Dei in corde ipsius,* et non pas seulement *in ore ejus.* La loi de Dieu est dans son cœur et non pas seulement sur ses lèvres. »

« Que celui qui n'a pas l'amour de la prière craigne, à moins que ce ne soit une épreuve, et tâche de l'obtenir. Pour que Jésus-Christ vive en nous, il faut souvent penser à ce divin Modèle, s'en entretenir, faire tout en lui, par lui et avec lui[2] ... »

C'est surtout au temps des missions et dans le ministère actif que l'oraison est nécessaire aux religieux. Jusqu'à la fin de sa vie le P. Passerat ne cessa de leur rappeler le grand précepte et de les prévenir contre les écueils qu'il rencontre.

« Pourquoi, écrivait-il encore le 18 janvier 1850, entend-on si souvent les religieux dire en gémissant : Ah ! si j'étais comme dans mon noviciat ! — C'est, dit Lancisius, qu'on néglige aujourd'hui une lecture, demain une méditation et d'autres petites pratiques. Peu à peu la dévotion s'étouffe ; nous voilà à voiles déployées en pleine mer d'activité, en danger de

1. Lettre aux étudiants de Wittem, 23 juillet 1838.
2. Lettre du 8 janvier 1848.

perdre la dévotion et de périr... Persuadez-vous que
l'action ne supplée pas à la prière. Travaillez, mais
pas jusqu'à vous dessécher. Faites des missions et des
retraites ; mais observez bien ce que notre saint Père
prescrit, élevant fréquemment votre esprit vers le Père
des lumières, pour éviter le mal dont nous menacent
nos constitutions, de rendre nos travaux naturels. Alors
nous remplirons une triple tâche : nous nous sauverons
nous-mêmes, nous ouvrirons le ciel à bien d'autres,
et nous conserverons la congrégation dans la ferveur ;
par là nous travaillerons même après notre mort, même
in saecula saeculorum et ultra. »

Les exemples du Vénérable donnaient à ses brûlantes
paroles une efficacité singulière. Il suffit pour s'en
convaincre de citer les souvenirs de ses contemporains.
Nous avons dans les actes du procès de béatification
des témoignages répétés de l'impression profonde que
produisait partout, au couvent comme au dehors, la
vue de cet homme toujours plongé en Dieu et dont les
lèvres ne cessaient pour ainsi dire de murmurer quelque prière.

« Plusieurs confrères, déclare le P. Lueben, m'ont
assuré que dès qu'ils se trouvaient près du P. Passerat,
ils se sentaient très hautement pénétrés du sentiment
de la présence de Dieu, et c'est bien ce que j'éprouvais
moi-même. » « Sa seule vue me charmait, dit le
P. Berset, et me faisait penser à Dieu. »

« Son habitude de tout voir en Dieu répandait
autour de lui une atmosphère de foi qui fortifiait les
plus faibles et les plus découragés. La comtesse Maria
Wilsenheimb, très en vue dans le monde viennois en
raison de ses avantages physiques et de ses qualités
morales, commençait à aimer le monde, lorsqu'elle fut
conduite par sa mère auprès du P. Passerat. La seule
vue du serviteur de Dieu la transforma ; elle se sentit

portée à lui faire une confession générale, et entra ensuite chez les rédemptoristines, où elle mourut en odeur de sainteté. Un professeur du grand séminaire de Vienne, le docteur Casimir, fut tellement frappé de l'attitude du serviteur de Dieu dans la prière, qu'il en conçut une grande estime pour la congrégation et demanda à y entrer [1]. »

Dans la communauté son incessant besoin de prier se notait à n'importe quel moment du jour, et lui donnait cet extérieur inspiré, j'allais dire de prophète, qui, sous l'action du feu intérieur de la prière, prenait par moments, souvent même, un aspect plus céleste que terrestre. Les exclamations sortaient fréquemment de sa bouche, même dans les corridors où il passait, même à l'oratoire, surtout quand il s'y croyait seul. Vif et impétueux par nature, c'est dans la prière et là seulement que le P. Passerat laissait paraître ce côté de son caractère, que par ailleurs on eût pu difficilement découvrir dans sa conduite.

Au dehors et dans les rues de Vienne, la même ferveur l'accompagnait. Le P. Dechamps, de passage à Vienne en 1847, à son retour de Rome, nous a laissé ce souvenir de ses sorties en ville avec le Vénérable : « ... Voilà comment le temps et la bonne occasion ne me manquèrent pas pour admirer le R. P. Passerat allant par les rues de Vienne tête nue, les yeux au ciel, l'air extatique; et les gens s'arrêtant sur les trottoirs, pour le contempler et le saluer avec autant de respect que d'étonnement. Je savais par ailleurs que notre vicaire général ne marchait qu'au milieu de l'universelle vénération. Mais combien j'étais heureux de voir le double phénomène se réaliser de part et d'autre ! »

Un témoin des premiers jours et qui resta de longues

1. P. Nimal.

années à ses côtés, son disciple, le R. P. de Held, plus tard provincial de Belgique, nous trace de lui ce portrait : « En arrivant à Vienne, en octobre 1820, sa première et principale occupation fut celle de Père Maître des novices. Il donnait presque tous les jours la conférence et faisait très souvent la méditation, qui le matin durait une heure. La pratique de commencer la méditation à quatre heures et demie dura jusqu'en 1824, époque à laquelle le P. Springer apporta d'Italie les constitutions de 1764. Son plus grand soin, le principal, fut, pendant toute sa vie l'oraison, dont il parut avoir possédé un don extraordinaire. On peut dire qu'il était toujours en oraison quand il n'était pas actuellement occupé. Ordinairement il se rendait longtemps avant la communauté dans l'église, et il y restait longtemps après les prières du soir.

« En chemin et traversant la ville il priait sans cesse ; et ce n'était certainement pas une récréation que de l'accompagner dans ses courses, car on était alors condamné à un silence presque complet.

« En visite canonique, il apportait le bonheur dans les maisons. L'exemple de sa sainteté, ses conférences journalières y étaient une source de grandes bénédictions. Dans son désir d'inspirer à tous l'esprit de prière et de mortification, il faisait presque tous les jours la méditation du matin et celle du soir à haute voix. C'est dans ces entretiens qu'il excellait.

« Au cours de ses longs voyages régnait le même esprit de prière. Fidèle, autant que possible comme au couvent, à tous les exercices de piété, il ne donnait absolument rien à la curiosité. Nous allions un jour en voiture de Naples à Capodimonte, pour rendre visite à la famille royale. Comme l'un de nous s'extasiait sur le paysage : « Je ne vois pas ce qu'il trouve de si admirable à Naples », murmura presque avec humeur le

P. Passerat. « Mais, Révérendissime Père, lui répondit-on, comment pouvez-vous juger de la beauté de Naples, si vous ne daignez pas ouvrir les yeux pour regarder? » Il voyageait les yeux fermés et récitait son chapelet. »

Cette héroïque fidélité trouvait son écho dans les enseignements et les exhortations pressantes qu'il donnait en ces termes aux rédemptoristines établies par lui à Vienne, puis en Belgique : « *Oportet semper orare*. Oui, mes Sœurs, il faut toujours prier et ne jamais cesser, puisque nos ennemis sont toujours là, et que de nous-même nous n'avons pas la force de les vaincre. L'orsqu'on prie sans cesse on a l'esprit de prière que le Seigneur promit à la famille de David : *Je répandrai sur elle un esprit de grâce et de prière.* (Zach., xii, 10.) Avec cet esprit on sent le besoin de prier toujours ; comme une personne immortifiée qui, sentant la faim, pense toujours à manger. On a vraiment faim et soif de l'oraison. L'Apôtre nous dit : *Per omnem orationem et obsecrationem orantes in omni tempore ; et in ipso vigilantes in omni instantia et obsecratione pro omnibus sanctis.* (Ephes., vi, 8.) Il faut invoquer Dieu en tout temps, par toutes sortes de supplications et de prières, et vous employer ainsi avec une vigilance et une insistance continuelles à prier pour vous et pour tous les saints, *et pro me,* et pour moi aussi. C'est comme s'il disait : Persévérez dans la prière. »

Le Vénérable donne ensuite les raisons de cette obligation : « La prière vous associe à la première fonction de l'apostolat. C'est elle seule qui peut convertir. Ainsi une simple religieuse peut, par sa prière, opérer de grandes conversions ; tranquille au pied de son crucifix, elle aura le mérite de traverser la mer. Vous avez la grâce de la prière fervente par votre vocation ; si vous ne faites pas tous vos efforts pour y correspondre, vous n'êtes pas dans l'esprit de votre ordre. Le Seigneur vous a mesuré le nombre d'âmes dont vous devez obtenir la conversion par vos prières : si vous ne remplissez pas cette mesure vous en rendrez compte à Dieu, oui, un grand compte, au moment de la mort. »

Puis c'est l'amour, la force, la persévérance qu'il leur montre attachés à l'esprit de prière : « Voulez-vous aimer Dieu ? Priez. Le prophète ne dit-il pas : J'ai senti par l'oraison mon âme s'embraser de la flamme de l'amour divin : *in meditatione mea exardescet ignis?* Où voyons-nous donc que les saintes Thérèse, Catherine de Sienne, Gertrude, et tant d'autres, se sont enivrées du divin amour, sinon dans ce doux cellier de la prière?

« La prière vous rend aussi *fortes* que Dieu. Par elle vous faites tomber de ses mains le glaive de la vengeance divine. *Dimisi juxta verbum tuum.* (Num., xiv, 20.) J'ai pardonné selon que tu me l'as demandé, et vous ouvrez les portes de la miséricorde de son cœur : *Benedictus Deus, qui non amovit orationem meam et misericordiam suam a me.* (Ps. lxv, 20.) Que Dieu soit béni, disait David, de nous avoir laissé le don de la prière et, avec ce don, l'espérance en sa miséricorde !

« Priez, mes Sœurs, pour réjouir les anges qui prient toujours près de nous ; priez pour obtenir la grâce de prier au moment de la mort. Si vous priez bien maintenant, à l'heure suprême, quand votre langue desséchée ne pourra plus prier, les anges le feront pour vous ; et vous monterez au ciel, entourées des âmes que vous aurez sauvées par la prière. »

Dans ses lettres à la Mère Marie-Alphonse, supérieure des rédemptoristines, que lui-même choisit dans le monde et forma longtemps à la vie religieuse, le

même thème revient sans cesse et parfois sous les
formes les plus véhémentes :

« Mon cœur ne peut tenir. Il faut vous demander :
Avez-vous prié ? Sinon, grondez-vous pour moi et
dites-vous tout ce que je pourrais vous dire dans ma
plus grande colère. Si oui, je vous loue, je vous bénis,
je vous aime, mais à cette condition seule que vous
persévérerez. Priez tranquillement, doucement, facilement et constamment, et vous pourrez tout en celui
qui vous fortifiera [1]. »

« Le démon, quand il veut emporter une place forte,
tâche de la prendre par la famine. Il vous suscitera
des difficultés pressantes et des incommodités notables
pour vous faire quitter, différer la prière. Si vous
obéissez à la suggestion vous ne trouverez plus le
temps de la faire et vous serez privée des grâces qui
étaient destinées pour ce jour. Le démon est un Pharaon qui vous accable de travail et de soins, pour vous
empêcher d'aller offrir au désert [2]. »

Sans doute le Vénérable sait mieux que personne
que la vie extérieure a ses devoirs ; mais la prière
comme il l'entend n'y met pas obstacle : elle les facilite au contraire : « Il ne faut pas, dit-il, vouloir trop
prier ni trop travailler, mais avoir l'esprit au ciel
quand les mains sont à l'ouvrage. »

Au demeurant il appuie pour que le souci de prier
ne fléchisse jamais : « On ne prie beaucoup, dit-il aux
rédemptoristines, que si l'on aime vraiment la prière ;
or on n'aime pas la prière quand on ne fait que les
prières commandées, quand on ne réunit pas les plus
petites parcelles de temps pour en faire quelques
heures de prière de plus, quand on est satisfait que les

---

1. Lettre de 1823.
2. Lettre du 4 avril 1834.

exercices de piété soient terminés pour se livrer aux ouvrages de fantaisie ou même de gain. »

« Pour prier toujours, il faut prier strictement, *stricto sensu*, autant qu'on le peut, écrivait-il au P. Wittersheim [1]. Et dans ce but il faut choisir le genre de prière qui nous est le plus facile ; car ce qui est difficile ne peut durer longtemps, encore moins toujours. »

« La prière la plus facile, explique-t-il lui-même, est celle qui naît du cœur et que le Saint-Esprit inspire. Ne nous mettons pas alors en peine des prières vocales que nous nous serions imposées. Il faut bien prendre garde de détourner le fil de l'eau que le Saint-Esprit verse dans l'âme, prendre garde de chercher ailleurs si le Saint-Esprit lui-même fournit la matière. »

Quant au Vénérable, toute prière lui était devenue non seulement facile, mais comme naturelle et nécessaire. Le jour ne lui suffisant pas pour son exercice favori, il y employait souvent une partie de ses nuits. « C'est dans l'oraison, disait-il, qu'il puisait sa joie au milieu de toutes les tribulations [2]. »

Lors du séjour qu'il fit à Vienne en 1847, le P. Dechamps habitait une cellule voisine de celle du vicaire général. Pendant la nuit, il l'entendit passer dans le corridor en prenant toutes les précautions possibles pour ne réveiller personne. Il se rendait à l'église, où, après un moment de profonde adoration, il récitait les bras en croix sept *Pater* et sept *Ave* devant chacun des vingt confessionnaux, en action de grâces ou en réparation pour les faveurs reçues ou les fautes commises au saint tribunal pendant la journée.

Le P. Dechamps apprit que c'était l'habitude du Vénérable de descendre ainsi à l'église toutes les nuits,

1. Lettre du 3 avril 1834.
2. Sœur Marie-Gertrude, rédemptoristine.

après avoir dormi, le plus souvent sur une chaise, de dix heures à minuit.

Pendant le jour, le spectacle qu'il donnait au peuple réuni en foule à Maria-Stiegen n'était pas moins émouvant : « L'âme du service divin y était sans contredit le P. Passerat, nous rapporte l'un de ses confrères [1]. C'est lui qui inspirait à tous l'esprit de ferveur. Lorsqu'il officiait il paraissait comme transfiguré; à l'entendre chanter, de sa voix superbe et inimitable, surtout la préface et le *Tantum ergo*, les pécheurs les plus endurcis se sentaient émotionnés et poussés à revenir à Dieu. C'est avec une profonde tristesse, ajoute le bon vieillard, que je me rappelle ces temps heureux, et que se les rappelle quiconque eut le bonheur de vivre avec le P. Passerat. »

« Pendant vingt-huit ans, dit aussi le P. Madlener, il a vécu parmi nous comme le meilleur des pères, toujours recueilli, marchant toujours sous le regard de Dieu. En dehors des occupations où l'engageaient l'honneur de Dieu et le bien des âmes, on le voyait sans cesse absorbé dans la prière ou dans l'étude. »

« Le P. Reyners, confident du Vénérable, résume les sentiments de tous, dans une lettre enthousiaste qu'il écrivait de Vienne, en 1844, à la Mère Marie-Alphonse, alors supérieure des rédemptoristines de Bruges : « Je ne puis vous dire combien je me trouve heureux en la compagnie de ce saint homme, qui n'est rien moins que plein de grâces et animé par l'Esprit-Saint. Aussi suis-je, pour ainsi dire, constamment auprès de lui. Nous allons ensemble à la Landstrasse ou à Weinhaus; nous récitons notre bréviaire en pleine rue, nous asseyant parfois sur quelque grosse pierre, au grand étonnement des passants dont la curiosité ne nous dis-

---

1. Le P. Wolhmann.

trait pas. A la maison, je suis dans sa chambre. Il me
lit ses lettres, me les fait cacheter; et à tout moment
j'entends sortir de cette bouche vénérable tantôt un
proverbe, tantôt une sentence, un texte de l'Écriture ;
et cela sur un ton, d'une manière que la grâce accompagne si bien, que des éclairs se répandent dans l'esprit, un feu dont on voudrait brûler toujours s'allume
dans le cœur. Aussi je ne lirai pas beaucoup dans les
livres d'ici Pâques : le bon et saint vicaire général sera
mon livre qui me nourrira suffisamment, abondamment et même surabondamment. Mon Dieu! quel
exemple de toutes les vertus que ce saint vieillard ! Le
Seigneur l'a rempli de l'Esprit de sagesse. Dans cette
absence de toute passion, dans cette tendance continuelle à se maintenir en une région supérieure à celle
des sens, je vois si bien la vérité de ce que dit l'Esprit-
Saint en parlant des saints de la terre : *Cogitatio eorum
apud Altissimum,* leur pensée est devant le Très-
Haut.

« Allons, Mère Alphonse, renouvelons en nous l'esprit de prière et le reste ira de soi. Marchons sur les
traces du vicaire général. C'est l'oraison qui l'a rendu
tel qu'il est. Il me demande : « Est-ce que la Mère
Alphonse prie? Il n'y a que la prière qui puisse la
sauver. »

Aucun obstacle n'arrêta jamais, chez le P. Passerat,
ses sublimes élans et son courage surhumain pour la
prière. Les plus violentes persécutions elles-mêmes,
au lieu d'éteindre son zèle, ne firent que l'activer.

En 1848, après l'expulsion brutale des rédemptoristes de Maria-Stiegen, le Vénérable est traité par ses
persécuteurs avec une barbarie révoltante. On l'emmène
sur une voiture dans la campagne, on le jette sans
pitié au pied d'un Calvaire en lui disant : « Tiens! voilà
ton Dieu! S'il est capable de te secourir, invoque-le! »

Le pauvre vieillard épuisé perd connaissance en tombant; mais, à peine revenu à lui, il se met à genoux et, les bras en croix, récite cinq *Pater* et *Ave* pour ses bourreaux.

Dans sa fuite en Belgique, tout le voyage ne fut qu'une longue prière. Les vêtements laïcs ne le déguisaient guère. Tantôt il oubliait son nouveau rôle et commençait à prier à haute voix; tantôt un objet révélateur lui échappait des mains, à la vue de tous les voyageurs. Sur le bateau qui le conduisait, une dame dit au **P.** Reiners également déguisé en civil : « Ce vénérable vieillard n'est-il pas un prêtre? » — « Comment un prêtre? » répond le Père. — « Oui, il ne fait que prier. »

Bruges fut sa retraite pendant deux ans. Là il continua, en les intensifiant si possible, ses usages d'oraison ininterrompue et de saintes veilles. « Je puis dire, écrit une rédemptoristine, Sœur Marie-Céleste, que je n'ai jamais vu prier comme lui. Il arrivait parfois que, se croyant seul à l'église, nous l'entendions du jubé dire tout haut, avec un accent de foi et de conviction profonde : *Miserere mei, Deus*. Il se frappait la poitrine et, prosterné devant le banc de communion, achevait lentement le psaume. Il semblait voir Notre-Seigneur. Nous en étions toutes émues. » Lorsque sa première attaque d'apoplexie l'eut obligé à l'inaction presque complète, retiré au couvent de Tournai, il donna à ses confrères le spectacle tout céleste d'une activité de foi et de prière qui tenait du prodige.

« C'est un fleuve de prière parfaite, disait le **P.** Dechamps, alors recteur; jusque dans ses rêves, ses absences d'esprit sont pleines de mystérieux enseignements; il est en purgatoire par le désir de voir Dieu. »

Lorsqu'on le visitait, sa première parole était souvent : « Allons! un peu de chapelet. »

« Récitant un jour le rosaire avec lui, raconte le
P. Duhamel, je disais : Je vous salue Marie et il répondait. O Sainte Marie, disait-il en levant les yeux vers
le ciel avec un sourire angélique. Arrivé aux mots
priez pour nous pauvres pécheurs, il baissait la tête et
appuyait sur toutes les syllabes avec une touchante
humilité. Sa piété faisait sur moi une impression plus
forte que celle d'un jour de retraite; et cette impression, à près d'un demi-siècle de distance, demeure
encore en moi. Il priait la sainte Vierge comme s'il
l'eût vue en personne. »

Toute l'histoire des huit dernières années de sa vie
à Tournai, vrai purgatoire d'amour où son âme acheva
de se purifier pour voir Dieu, tiendrait dans ce seul
mot : *il priait.*

« Je baise cordialement la main du P. Passerat,
écrivait de Caserta, le 15 mai 1851, le P. Jean Sabelli.
Il est entré dans sa quatre-vingt-et-unième année :
senectus ipsa mors, la vieillesse est une espèce de mort.
Je me recommande à ses prières même *endormies,* car
elles sont plus puissantes que les miennes faites à
l'état de veille. »

Le Vénérable lui-même écrivait alors au P. Czech :
« Priez beaucoup pour vous et pour moi, car il faut
beaucoup prier pour se sauver. Je ne prie pas assez,
moi qui suis tombé si bas et de si haut: *toutefois* je
prie autant que je puis. Prions bien, *porro unum est
necessarium,* car une seule chose est nécessaire. »

« Prier lui est aussi naturel que penser l'est aux
autres », disaient de lui ses confrères de Tournai. Le
P. Pilat, venu un jour pour visiter le Vénérable,
s'écriait : « Si je ne le voyais de mes propres yeux,
j'aurais cru qu'il y avait exagération dans tout ce
qu'on m'a rapporté des actes de piété du Révérendissime Père. »

Le médecin, craignant de nouvelles attaques de paralysie, avait ordonné de le distraire; et la chronique du couvent conserve le récit de scènes charmantes où le pauvre « *Prieur* », condamné à prendre en mains un jeu de cartes pour s'abstraire de l'idée de Dieu, jouait aux *Ave Maria*.

On lui fit remarquer qu'il lui était défendu de penser au bon Dieu. « Oui, répondit-il, mais pas à la sainte Vierge ! »

C'était alors comme une lutte entre l'obéissance et l'esprit de prière, dans ces mois douloureux où le vénérable vieillard, ne conservant pour ainsi dire rien de la terre, n'aspirait qu'au ciel, même au milieu des tentations et des pires alarmes intérieures. L'obéissance garda ses droits, mais l'esprit de prière ne perdit rien de son intensité. Jusqu'à son dernier souffle, le R. P. Passerat resta ce qu'il avait été toute sa vie, *un homme de prière*.

« S'il n'y avait pas de Moïse pour élever les mains vers le ciel, disait-il un jour aux rédemptoristines, nous ne ferions rien avec tous nos travaux, nos missions. » Le Moïse c'était lui-même. Son ardent esprit de prière communiqué à toutes les communautés alors nouvelles produisait les admirables fruits apostoliques dont l'histoire de ces maisons nous a conservé le souvenir. Surtout il sanctifiait les apôtres eux-mêmes.

CHAPITRE II

Après avoir montré le Vénérable agissant et prêchant par le feu intérieur qui le poussait à prier sans cesse et à faire prier, nous pouvons nous demander sur quelle base solide reposait l'édifice de prière si magnifiquement élevé par lui pendant les longues années de son existence.

Le P. Passerat fut avant tout un homme intérieur énétré de la pensée et de l'amour de Dieu. Son âme, sous la double influence de cette pensée et de cet amour, s'abstrayait des choses du monde avec la même facilité et le même bonheur que le savant captivé par ses études évite le bruit de la foule et se renferme dans la solitude de son laboratoire. Les créatures à ses yeux ne comptaient que pour autant qu'il y voyait un moyen de s'unir davantage au Seigneur.

Il pria parce qu'il était vraiment *recueilli*.

« La prière, écrivait-il à la Mère Marie-Alphonse[1], est la chose la plus nécessaire pour tendre à la perfection, mais elle est presque inutile sans le recueillement, ou plutôt il ne peut y avoir de prière sans recueillement. »

A Vienne, dès qu'il y parut, il fit l'impression d'un homme visiblement absorbé en Dieu, parfaitement

---

1. 1824.

27

détaché des choses extérieures, dit l'un de ses novices prêtres, le P. Pajalick. Il était profondément imbu de la science des saints et empressé de la communiquer aux autres.

« En maître de novices expérimenté, il s'efforçait d'inculquer d'abord un grand amour pour la retraite, la solitude, le silence, le recueillement. Sans cesse et à tout propos il citait les textes de l'Écriture : *Ducam eam in solitudinem, loquar ad cor ejus.* (Os., II, 14.) *In silentio et spe erit fortitudo nostra.* (Is., XXX, 15.) Je la conduirai dans la solitude et là je lui parlerai au cœur. Dans le silence et la confiance sera notre force. Jadis le P. Hofbauer m'envoyait, le dimanche et les jours de fête, à l'église de la colonie italienne, pour y donner le salut du Saint Sacrement. Or un jour, le baron Penkler, recteur de l'église, vint à notre couvent pour me prier de le remplacer une fois au salut. J'allai demander au P. Passerat cette permission qui, je le prévoyais, ne serait pas accordée facilement. Il la donna, mais la vivacité de sa réponse me fit comprendre combien lui déplaisaient ces sorties du noviciat, à cause des distractions et de la dissipation d'esprit qu'elles peuvent engendrer. Ce trait m'éclaira singulièrement sur les dispositions du Serviteur de Dieu. »

Un autre témoignage nous est donné par le P. Madlener, également novice : « Il nous précédait, dit-il, au chemin de la vertu comme un modèle accompli. On le voyait sans cesse calme, recueilli, priant, gai et souriant; il parlait peu ou ne parlait que de Dieu. Il était vigilant à limiter les sorties et les visites, même celles que l'on eût faites dans un but très louable. »

« Le train de vie du P. Passerat à Vienne ne différait pas de celui d'un Père du désert. Il se tenait loin des bruits du monde et ne communiquait avec aucun étranger, si ce n'est avec le baron Stifft, notre ami, et encore uniquement pour les intérêts de la congrégation. Pendant près de vingt-deux ans qu'il vécut à Vienne, il ne rendit pas même visite au prince de Metternich. Un jour pourtant, comme le prince avait laissé échapper cette réflexion : « Je connais tous les prêtres de Vienne, à l'exception du vicaire général des rédemptoristes », le P. Passerat, cédant à nos instances, alla le voir[1]. »

Le Vénérable explique lui-même sa réserve au recteur et aux étudiants de Fribourg : « Il me reste à vous adresser une recommandation : c'est de diminuer le plus possible les visites et les dîners au dehors. Depuis mon séjour à Vienne je n'ai accepté, pour moi personnellement et pour mes confrères, aucune autre invitation à dîner que celles du baron Stifft. Il nous invite parfois, et cette invitation se fait quasi au nom de l'empereur. Je ferais de même vis-à-vis de l'archevêque, mais celui-ci ne nous invite pas. Nous aurions reçu les invitations de plusieurs messieurs, comtes, etc., si tout de suite, dès le principe, nous n'avions été fermes. Ainsi nous sommes délivrés. »

Dans les sorties nécessaires, le Père non seulement n'accordait rien à la curiosité pour lui-même, mais volontiers il la combattait chez les autres. « Pour se garder des distractions inutiles, dit l'un de ses confrères[2], il observait strictement la modestie des yeux et l'exigeait de ses compagnons.

« Lors de la canonisation de saint Alphonse, se rendant à Rome avec plusieurs de nos Pères, il loue, à partir d'Ancône, une grande voiture afin de pouvoir voyager seul avec eux. Assis dans un coin, depuis Ancône jusqu'à Rome il ne fait que prier. A l'arrivée, les Pères se permettent de lui dire : « Révérendissime Père, nous

1. P. Wohlmann.
2. P. Kasselwalder.

sommes à Rome! Voyez donc. » Le P. Passerat jette un regard et répond : « Bah! ce sont des boutiques comme à Vienne. » Et il continue son oraison[1].

Un jour à Wandrues, en Belgique, son compagnon de route, le recteur de Mons, n'eut pas plus de succès. Il l'invite à visiter en passant la magnifique église. « Que voulez-vous que j'y voie? répond le Vénérable; une seule chose me paraît belle dans une église, c'est le Saint Sacrement. »

« Avez-vous vu la beauté du couvent dont nous sortons? » lui demandait-on une autre fois. « Moi, dit-il, je ne regarde pas tout cela. Cependant je me souviens de m'être une fois arrêté pour regarder la façade d'une maison. »

Le monde lui était un désert, et tous ses vœux allaient à la *solitude* où Dieu parle à l'âme. Même au couvent il s'entourait de précautions pour que le bruit du monde ne vînt pas jusqu'à lui.

« Si en récréation, par exemple, on parlait des nouvelles du jour il n'y prêtait aucune attention. Pour changer le cours de la conversation, il proposait quelque question sur un sujet religieux, ou interrompait les narrateurs par quelque aimable plaisanterie, ou enfin se raillait de la vanité du monde[2]. »

« Son zèle était si ingénieux, dit le Frère Lorenz, qu'il trouvait toujours des pensées intéressantes, neuves, édifiantes. Il stimulait les autres à faire comme lui, et recommandait souvent, avec insistance, de parler de choses de piété, tout au moins vers la fin de la récréation du soir. Parfois, en récréation, il se joignait aux Frères, les engageait à lui parler de ce qu'ils avaient lu dans la vie des saints. Il prenait grand plaisir à les écouter et racontait à son tour quelque trait édifiant. »

1. P. Looyaard.
2. P. Kasselwalder.

« Il lui était comme impossible de parler des choses de ce bas monde, ajoute le P. Pajalick, tant sa pensée était à Dieu et son bonheur de s'entretenir de choses spirituelles. »

« Je ne puis vous tirer de la clôture en vous parlant de ce monde, écrivait-il à la Mère Marie-Alphonse[1]. J'approuvais dernièrement le propos d'une rédemptoristine qui ne voulait pas laisser aller ses pensées hors de la grille : je n'irai pas tirer les vôtres hors des grilles rédemptoristiques. »

Il n'était jamais plus heureux que lorsque, s'arrachant aux affaires, il pouvait passer quelques jours de solitude, soit en pèlerinage à Maria-Zelle, soit au studendat de Mautern.

« Nous sommes dans le beau couvent et le beau pays de Mautern. Mais rien ne me plaît tant que sa *solitude*. Je suis bien séparé du monde, je ne vois personne : cela fait sur moi une impression bien aimable. Ce qui me délecte infiniment, c'est que je suis comme une religieuse entre quatre murailles, sans être obligé de sortir et de voir des étrangers. Je ne sais rien de tout ce qui se passe, se dit et s'écrit dans le monde. *O beata solitudo! o sola beatitudo!*

« Mais comme nous ne devons nous conduire que par la foi, ces avantages même spirituels ne retarderont pas, comme j'en prie Dieu, mon retour au delà du terme fixé par la volonté divine[2]. »

« Un bon religieux, disait-il encore, se figure être seul au monde avec Dieu. Soyez *solitaires* comme la tourterelle; aimez l'église et la cellule ; fuyez le parloir comme un lieu empesté : Jésus est mon tout, mon tout est Jésus. »

« Ne sortez pas de votre maison; vous y avez un

1. 1831.
2. Lettre à la Mère Marie-Alphonse.

grand Hôte : Jésus-Christ y est présent ; restez avec lui. Ne le laissez pas seul. Ne vous empressez jamais, afin de garder le recueillement. »

La comtesse de Brandi, fille de la Charité, rapporte que le P. Passerat, ayant reçu au noviciat son oncle Charles Welsersheimb, allait parfois avec le novice rendre visite à ses parents. On voulait un jour le retenir un peu plus longtemps que de coutume : « Non, dit-il, un religieux doit se hâter vers son couvent comme Jésus-Christ après sa résurrection se hâtait vers son Père. »

Le *silence extérieur* au couvent lui était si à cœur que sur ce point il se montrait tout à fait intransigeant. « Si, en temps de silence, dit le P. Aertnys[1], il entendait quelqu'un parler dans les corridors, il sortait aussitôt de sa chambre et imposait au coupable une pénitence que celui-ci devait accomplir à l'instant même dans le corridor, à genoux et les bras en croix. « Venez ici, dit-il un jour à un Frère, tirez la langue : il faut la couper en deux, car vous êtes trop bavard ! »

Ou bien, en de semblables occasions, on entendait tout à coup la forte voix du Père, qui, de l'oratoire ou de sa chambre, récitait : *Gloria Patri...* Et l'on savait ce que cela voulait dire.

« On le vit sourire souvent, dit un témoin, mais jamais rire bruyamment », tant il avait horreur de la dissipation et du bruit.

« Le *silence* est une disposition essentielle à l'oraison, enseignait le Vénérable. Sans silence point de recueillement, et par conséquent pas d'esprit de prière. Notre divin Sauveur a passé trente ans de sa vie dans le silence et la retraite. C'est une grande marque de sagesse que de savoir se taire, et le silence renferme bien des

---

1. Procès, n° 1420.

vertus. Nous en avons le plus bel exemple dans la sainte Famille : saint Joseph parlait peu, parce qu'il était saint ; la sainte Vierge Marie parlait moins encore, parce qu'elle était plus sainte ; mais Jésus-Christ se taisait, parce qu'il était la sagesse et la sainteté même. Tous les saints ont aimé le silence. D'ailleurs on n'apprend à bien parler qu'en gardant d'abord le silence. »

« Vous êtes à l'école de Jésus-Christ pour apprendre la vraie sagesse. Appliquez-vous donc au silence, afin d'avoir l'oreille attentive aux leçons du divin Maître. »

« Lorsque, dans un couvent, le *silence* n'est pas observé, ce ne sont pas des religieuses mais des femmes renfermées qui l'habitent ; car sans silence, point d'oraison. Saint Ignace avait le silence en si grande estime que pour réformer une communauté relâchée, il n'eût exigé que l'exacte observance du silence. »

« Lorsque dans un couvent le silence est bien observé, on sent quelque chose qui nous fait connaître que cette maison est sainte. Rien n'édifie plus, même les gens du monde, lorsqu'ils viennent au parloir, que cette espèce de silence qui consiste alors à ne pas s'informer de diverses nouvelles du dehors et à montrer ainsi qu'on les ignore, qu'on y est indifférent. »

« Le silence unit à Dieu. Celui qui parle peu aux hommes parle beaucoup à Dieu. Les bonnes pensées viennent d'elles-mêmes : Dieu parle au cœur [1]. »

Au silence il joignait le *calme*, la fuite de tout empressement, si indispensables pour le recueillement et la prière.

« Ne soyez jamais précipité à l'extérieur, ni à l'intérieur, quelque grande que soit votre occupation. Ayez le plus grand soin de ne jamais sortir de vous-

1. Conférence aux rédemptoristines de Bruges.

même, car rien n'est plus nuisible à l'esprit d'oraison.

« Ne marchez pas, ne mangez pas trop vite; faites tout avec modération; ne vous laissez troubler par quoi que ce soit au monde; car le malin esprit cherche autant qu'il le peut à porter le trouble dans une âme. »

« Que Marthe agisse, disait-il encore; mais surtout que Marie ne soit pas troublée, ni tourmentée par Marthe. Que l'extérieur souffre, plutôt que l'intérieur. »

« Tout ce qui se fait avec empressement est passionné, et par conséquent sans gloire pour Dieu, sans mérite pour le ciel. Quand on s'est formé une *demeure intérieure en Dieu*, il ne faut jamais que les choses extérieures nous en retirent, mais il faut tout attirer à elle. C'est dans cette demeure qu'il faut se livrer à ses occupations, et ainsi agir dans la paix, uniquement pour plaire à Dieu. »

Tous admiraient dans le Vénérable ce *calme* extraordinaire. « Il eut à souffrir de grandes contradictions, témoigne le Frère Lorenz; il supporta tout sans jamais se plaindre, et ce qui me parut le plus édifiant, sans jamais se laisser troubler ni distraire de son ardeur pour la prière. Je me demandais souvent avec admiration comment, au milieu de si nombreuses et de si importantes occupations et parmi tant d'entretiens, il était possible d'être aussi recueilli. »

Il eût voulu pour tous les siens la même tranquille *possession de soi-même*. « Dites au P. Berset de ma part que je me réjouis de son zèle et de ses succès. Mais il se laisse trop emporter par l'ardeur juvénile. *Festina lente, festina lente;* qu'il se hâte lentement[1] ! »

A l'impétueux P. Pilat, il adresse, le 23 septembre

---

1. Lettre au P. Czech, recteur de la Valsainte, 1821.

1833, cet avis pressant : « Pas tant de zèle en tout, je vous en prie, disait saint Vincent de Paul, autrement vous ferez beaucoup de mal. Répondez-moi en peu de mots, et dites-moi que vous vous modérerez, que vous ne voulez pas faire avancer vos novices comme d'une nuit croissent les champignons. Soyez prudent et contenez-vous. »

A la Mère Marie-Alphonse il écrit fortement : « Méfiez-vous de votre activité. Que rien ne vous empêche de prier toujours, excepté le cas où il faudrait éteindre le feu dans votre neuf et beau couvent. Ne vous livrez jamais aux choses extérieures : prêtez-vous-y seulement. Soyez tranquille, sans vous troubler d'être troublée. Patience dans l'impatience, tranquillité dans le trouble [1]. »

« Il y a des personnes que le démon n'empêche pas de faire beaucoup de bien, parce que le bien qu'elles font lui sert pour les tromper. »

« Retenez cette inspiration du Saint-Esprit : Occupez-vous de vous seule. Que sert à l'homme de gagner l'univers... ? Tenez cette maxime à deux mains : Je n'ai que Dieu et moi en ce monde, *Deus meus et omnia.* »

Si en effet il veut le silence extérieur et le calme, c'est pour amener l'âme au *silence intérieur* où elle écoute vraiment Dieu.

« Le *silence intérieur* nous est plus indispensable que le silence extérieur, car on peut être dissipé en restant seul et être très recueilli intérieurement parmi le bruit du dehors. La pensée de notre âme est notre parole intérieure. Si l'on n'a pas soin de retrancher tant de pensées inutiles, il est impossible d'écouter la voix de Dieu. On pense beaucoup trop, et voilà la cause de presque toutes les inquiétudes et les troubles de l'âme.

---

1. Lettres du 22 janvier 1846 et de 1837.

« Ayez des pensées dignes d'une épouse de Jésus-Christ; occupez-vous de Dieu et de son bon plaisir : alors vous imiterez en quelque sorte la très sainte Trinité, vous l'honorerez par votre conduite. Le sacrifice des pensées inutiles est plus agréable à Dieu que toutes les prières que nous pourrions faire. Il faut les éviter, par respect pour la divine présence. Pensons peu et ne pensons qu'à de bonnes choses : sans cela l'oraison n'est pas possible. Celui qui ne prie que lorsqu'il est à genoux le fera d'une façon bien imparfaite. Le temps de l'oraison sera déjà écoulé qu'il sera à peine recueilli. Pour bien prier il faut goûter Dieu, et comment goûter Dieu si l'intérieur est dissipé?

« Si voulez que l'Esprit-Saint élève dans votre âme l'édifice de la perfection, vivez dans le *silence et le calme*. Quand on a bâti le temple de Salomon, pas un seul coup de marteau n'y fut frappé. »

« Marcher en la présence de Dieu, soumettre facilement nos sens extérieurs et intérieurs à la foi ou à la raison éclairée par la foi, voilà le vrai recueillement. Renouvelons souvent la bonne intention, offrons toutes nos actions à Dieu, surtout dans les occupations plus capables de nous faire sortir de notre demeure céleste. Alors l'homme disparaît en nous; tout y est divin; l'Esprit-Saint agit par nous et nos paroles deviennent comme des sacrements. Il faut vivre dans l'intention surnaturelle comme le poisson qui nage dans l'eau et l'oiseau qui vole dans les airs[1]. »

A ces avis souvent répétés le Vénérable joignait, dans l'occasion, des conseils privés qui, sous une forme plus familière, venaient réveiller les âmes.

« Quatre choses font un saint, aimait-il à répéter : peu penser, peu désirer, peu parler, peu savoir. *Peu*

---

1. Instruction aux rédemptoristines.

penser, surtout dans les tentations. Si on réfléchit trop alors, on est obsédé d'idées noires. On s'attriste, on s'affaiblit, on est déjà vaincu à moitié. C'est dangereux : il ne faut pas raisonner avec le démon, mais penser à Jésus crucifié. *Peu désirer,* ne pas même désirer descendre de la croix et être délivré. *Peu parler*, sinon à Dieu. *Peu savoir* en dehors de ce que demande l'accomplissement du devoir. »

« Il interrogeait parfois les rédemptoristines sur le sujet de la méditation du matin, ou sur ce qu'on avait lu à table, et, si la réponse se faisait un peu attendre : « Oh! vous avez été un peu trop dans le plat, mon enfant. La lecture c'est la nourriture de l'âme. Allons, allons! la bonne intention! Elle change le plomb en or. »

« Plus d'une fois, dit le P. Neubert, lorsque j'étais jeune étudiant, il me dit : « A quoi penses-tu? » Et quand je répondais : « Je ne pense à rien », il me grondait en riant : « Pense à Dieu, à Jésus, à Marie, à ton âme, à l'éternité. »

Instruit à l'école de sainte Thérèse, le P. Passerat n'avait garde d'oublier le centre, le but et à la fois le moyen du vrai recueillement en Dieu : *Notre-Seigneur Jésus-Christ.* « Il est l'objet des complaisances éternelles du Père, disait-il : comment placerions-nous nos complaisances ailleurs qu'en Jésus-Christ? Allons à Dieu, misérables que nous sommes, par Jésus, avec Jésus, en Jésus. »

« Appliquez-vous bien, écrivait-il au P. Ludwig[1], à vous vaincre et à vous rendre un vrai adorateur du Cœur de Jésus. Vous pénétrerez alors dans ce sanctuaire adorable où a été formé, conclu, exécuté tout cet ensemble de mystères de la bonté et de la miséricorde infinies de la très sainte et auguste Trinité pour le bonheur du monde entier. »

1. 19 juin 1833.

Et il ajoutait : « Pour trouver plus sûrement Jésus, allons à lui par Marie, avec Marie, en Marie. »

L'échelle mystérieuse qu'il nous indique ainsi marqua pour lui-même, comme nous le verrons, des ascensions admirables jusqu'aux sommets du recueillement et de l'oraison mystiques. Il y fait allusion quelquefois, mais sa préoccupation principale est d'assurer à tous d'abord, comme de pratiquer lui-même, cette sorte de *recueillement actif* fondé sur la foi, entretenu par les bonnes œuvres journalières, qui est déjà par lui-même la prière en action et nous dispose efficacement au saint exercice de l'oraison proprement dite. Une instruction aux rédemptoristines donne sur ce point toute sa pensée : « Il y a, même dans le monde, des personnes pieuses et privilégiées qui sont toujours unies à Dieu : rien n'est capable de les éloigner de sa présence. Mais ce recueillement est rare, il est le fait des âmes parfaites qui se sont vaincues et restent entièrement détachées des créatures et d'elles-mêmes. Des âmes moins parfaites en jouissent aussi par intervalles, mais chez elles il ne dure pas longtemps. »

« Il est une autre sorte de recueillement propre aux personnes qui marchent dans la voie ordinaire : à ce recueillement nous pouvons et devons tous aspirer. Dieu le veut et nous donne toutes les grâces nécessaires pour cela. Vouloir toujours penser à Dieu, c'est impossible : il nous faudrait avoir quatre têtes, dit Rodriguez ; mais penser à bien faire tout ce que l'on fait, rapporter tout à Dieu par Notre-Seigneur Jésus-Christ nous est possible, et c'est là être recueilli. Travaillons, prions comme si un ange attendait notre œuvre, notre prière pour les porter à la sainte Trinité, ou comme si nous devions mourir aussitôt après.

« Quand une âme est recueillie et foule aux pieds ses

passions, elle devient en quelque sorte l'admiration des anges. En unissant ainsi toutes nos actions à celles de Notre-Seigneur Jésus-Christ, nous les divinisons en quelque sorte et en augmentons beaucoup le prix.

« Faire bien tout ce que l'on fait : voilà ce qui peut s'appeler une longue vie. Le Seigneur a dit du juste : *Longitudine dierum replebo eum*. (Ps. xc, 16.) Je lui donnerai une plénitude de jours. Les justes ne vivent pas tous longtemps. Saint Stanislas est mort bien jeune, mais il a vécu longtemps parce qu'il a fait beaucoup de bonnes actions. Je crois que nous pourrions facilement donner toute notre vie pour une année de saint Louis de Gonzague, parce que ses années étaient bien remplies. C'est là vraiment la vieillesse honorable devant Dieu.

« Pour obtenir le recueillement, il faut le demander à Dieu avec confiance et persévérance, vaincre notre défaut dominant qui toujours occupe une si grande place dans notre vie, veiller et nous considérer comme seul au monde en la présence de Dieu, afin que rien ne se glisse dans nos actions qui ne soit pour Dieu. Il faut enfin persévérer courageusement dans cette voie. Faisons notre vie pleine, vivons recueillis pour imiter Jésus-Chist.

Ce recueillement d'action est la porte d'entrée de l'oraison. Le Vénérable, écrivant à la Mère Marie-Alphonse, le résumait un jour pratiquement en ces termes : « Ne perdez jamais de temps; ne traînez pas dans vos affaires; ne soyez pas trop longue, mais prompte, active, même dans vos entretiens avec vos Sœurs; et vous ne perdrez jamais la prière. Tant que vous aurez bien employé votre temps, vous serez toujours disposée à l'oraison. Quelquefois cédez à l'attrait, et interrompez tout[1]... »

---

1. 1826.

CHAPITRE III

L'ORAISON

L'*attrait de l'oraison!* Bien souvent le Vénérable y cédait lui-même et interrompait ses occupations ordinaires pour s'y plonger seul avec Dieu seul. Le devoir sauf, il n'avait d'autre moyen de contenter sa soif de prière que de s'abstraire entièrement des créatures, et soit dans sa cellule, soit à l'oratoire, soit même dans une voiture publique, partout où il se trouvait, de continuer le saint commerce de l'oraison avec Dieu, à peine suspendu par les travaux de sa charge.

C'était vraiment l'oraison passée dans sa vie ordinaire, la dominant tout entière, et devenue comme le centre de son activité intérieure et l'attraction exclusive de son âme.

Pour satisfaire son attrait aucun sacrifice ne lui coûtait. Il abrégeait son sommeil et pendant le jour ne s'accordait aucune sorte de distraction.

« Comme novice et comme étudiant, dit le P. Zirnig, je me trouvais presque chaque jour en rapports avec lui ; il faisait sur moi l'impression d'un saint toujours uni à Dieu. Très rarement je le voyais dans sa cellule : il était presque toujours occupé à prier dans l'oratoire. »

Lui-même écrit un jour plaisamment au P. de Held, comment en voyage il fait de sa voiture un oratoire : « Hier je suis arrivé, grâce à Dieu, bien portant à Inspruck. Je salue le P. Berset, en lui disant que pendant la journée et les deux demi-jours que j'ai voyagé depuis Munich, j'ai fait non seulement l'exercice, mais *les saints exercices*, car j'ai été toujours seul dans ma voiture, ayant devant moi plusieurs livres étalés, et, bien que je fusse tout près du ciel, loin au-dessus des nues, j'étais pourtant, d'une certaine façon en enfer. Comment cela? Je le lui donne en trois et en cinq à deviner. Cependant non, je m'explique. Je méditais surtout le texte du sermon du P. Ludwig sur l'enfer. C'était le fond de mes méditations. Je n'ai vu sur ma route que des ombres [1]. »

Le P. Fey se trouvait un jour avec lui dans la salle d'attente d'une gare, bien avant l'heure du départ du train. « Mon Père, dit le Vénérable, faisons notre méditation », et, s'agenouillant dans un coin de la salle, il commence le *Veni, sancte Spiritus.* Naturellement le P. Fey dut imiter son supérieur.

Dans une autre circonstance, en attendant aussi le train, il prend son bréviaire et commence à le réciter, malgré la foule des voyageurs. « Il ne convient pas de prier ici, objecte son compagnon, puisque personne ne le fait. » — « Que dites-vous! répond le P. Passerat ; c'est justement là où personne ne prie qu'il faut donner l'exemple de la prière. »

Toute sa conduite s'inspirait des conseils qu'il donna un jour aux rédemptoristines : « Une rédemptoristine, dès qu'elle est libre, vole à l'oraison comme tombe vers son centre la pierre qu'on jette du haut d'une montagne.

« Les novices et les religieuses qui me donnent le plus de consolation sont celles qui (avec ma permission) se lèvent le matin avant l'heure fixée pour se livrer à la prière.

1. Lettre du 1ᵉʳ décembre 1834.

« Il faut laisser toute occupation de corps et de cœur lorsque le temps des exercices de la règle est là. Les anges travaillent pour nous quand nous prions, mais ils ne prient pas en notre place quand nous omettons la prière. Les exercices spirituels doivent être, pour une religieuse contemplative, ce qu'est une belle journée dans un été pluvieux pour le cultivateur diligent au temps de la moisson [1]. »

A ses confrères, c'est avec le même accent de zèle qu'il inspirait l'amour de l'oraison : « Il faut qu'un supérieur soit en communication avec le ciel, écrit-il au Provincial de Belgique, afin qu'il puisse toujours dire : *Haec dicit Dominus*. Pour y parvenir demandez cette grâce à Dieu ; ne faites rien sans avoir élevé votre cœur à Dieu, consulté la lumière de la foi et vu ce que Dieu veut. C'est notre règle qui veut que le supérieur ne perde pas l'union avec Dieu [2] ».

Sur le ton le plus amical, il encourage ainsi le P. Berset, alors maître des novices : « Allons, cher ami, écrivez-moi tout à l'heure que la méditation va bien ; que la vie contemplative marche toujours avant l'action ; que lorsque vous êtes contraint, par l'exercice du ministère, de transférer votre méditation, vous la réparez avec autant de promptitude et d'exactitude qu'un dîner manqué. J'ai mis toute ma confiance en vous, et je vous aurais confié toute la congrégation ; ne me trompez pas dans mes espérances [3]. »

Au Frère Lorenz, qui lui témoignait un jour la crainte de ne pas pouvoir assez bien remplir sa charge, il donne comme premier moyen l'oraison : « Frère, priez, priez ; dussiez-vous causer à la maison un dommage de trois mille écus, cela n'est rien : priez, priez seule-

1. Conférence. Archives des Sœurs de Malines.
2. Lettre au P. de Held, 23 août 1833.
3. Lettre du 6 janvier 1823.

ment. Le bon Dieu peut sans peine nous procurer ce que nous avons perdu. »

« Vous devez devenir des saints, disait-il parfois aux Frères : autrement on ne peut se servir de vous dans la Congrégation. S'adressant un jour à ceux qui travaillaient pour le maître-autel de notre église d'Altoetting : « Si vous ne faites que sculpter et ne priez pas, je vous renverrai au noviciat. »

« Il était, dit le P. Wolhmann, le premier à donner l'exemple le plus accompli. On observait scrupuleusement la règle qui prescrit de réciter le bréviaire en commun. Le P. Passerat y assistait lui-même et avait soin que personne n'y manquât. Il veillait avec la même sévérité à ce que tous s'acquitassent des trois méditations journalières. Même aux jours les plus occupés par les confessions, il fallait se munir de sa permission expresse pour rester au confessionnal pendant la méditation du soir. »

Un domestique de la maison, Joseph Krizeik, nous dit ingénument : « Le P. Passerat était strict pour l'observance. Si par exemple il arrivait qu'un Père ne parût pas à l'heure voulue pour la méditation du matin, il allait aussitôt à sa cellule et lui faisait cette question : « Mon Père, êtes-vous malade ? » A 4 heures du matin, je le trouvais à l'oratoire ; et quand, vers 11 heures à 11 h. 1/2 du soir, j'éteignais les dernières lumières, il s'éloignait silencieusement pour gagner sa cellule.

Ce lui était une grande joie lorsqu'il constatait autour de lui l'amour de l'oraison qui l'animait lui-même.

« Je suis continuellement occupé à entendre des confessions, écrit-il au P. Czech[1], ou à expédier d'au-

1. Novembre 1821.

tres affaires pressantes. Néanmoins, malgré tout cela, j'éprouve un vrai plaisir avec mes confrères, car je puis vous assurer, pour vous réjouir, que tous travaillent sous le regard de Dieu... Du matin au soir le peuple aussi persévère dans la prière, beaucoup même restent plongés dans l'oraison comme s'ils y étaient obligés par vœu. Nous en éprouvons une grande joie... »

Le Vénérable en effet voyait dans l'oraison la *condition nécessaire de toute vie chrétienne sérieuse* et surtout parfaite : « Le mal du monde, c'est qu'on ne médite pas. Le monde est plein de mensonge, nous dit le Prophète, parce que personne ne pense dans son cœur. Les animaux immondes, dans l'ancienne Loi, et ceux dont les pieds n'étaient pas fendus étaient ceux qui ne ruminaient pas. Ruminer, c'est méditer les vérités de la foi; et c'est une sorte de communion, car on s'unit aux choses auxquelles on pense comme on s'unit à Jésus-Christ par la communion. Il est impossible de rester en grâce avec Dieu sans la méditation.

« Les animaux aux pieds fendus grimpent sur les montagnes : ainsi les âmes, par la méditation, escaladent la montagne de la perfection, s'élèvent au-dessus des choses de la terre pour s'unir à Dieu. La méditation est donc nécessaire [1]. »

« Je vous souhaite par dessus tout le don d'oraison, écrit-il au P. Czech [2] : il sera pour vous la source de ce courage et de cette patience qui convertira en joie tout sujet de tristesse. Dans la prière sont toutes les vertus. Le nombre de nos occupations nous excuse à peine, puisqu'alors il n'y a rien à en conclure sinon que nous devons les diminuer. La principale chose sur laquelle vous devez vous appuyer, c'est la prière et les

---

1. Instruction aux rédemptoristines de Bruges.
2. Lettre du 6 janvier 1823.

exercices spirituels. Les fautes dans la prière sont des fautes capitales pour les religieux. *Qui novit bene orare, novit bene vivere.* »

Aux débuts de son séjour à Vienne, son zèle pour l'oraison l'avait entraîné au delà des limites de la règle qu'il ne connaissait pas encore, pour le temps à consacrer à cet exercice. Il se restreignit dans la suite, mais non pas peut-être sans quelque regret.

« Mon cher et révérend Père[1], si vous voulez un moyen sûr d'avancer l'ouvrage de la perfection, le voici : c'est de faire, comme nous à Vienne et dans l'Alsace, une heure de méditation le matin. L'avantage que nous y trouvons est incroyable. Depuis ce temps mon âme abonde presque toujours en consolation, surtout lorsque je puis me lever une heure avant la cloche et continuer ma méditation pendant deux heures. Je fais en sorte que les Pères continuent leur prière pendant deux heures le matin, ce qui s'obtient aisément en unissant le bréviaire, ou la préparation à la communion, à l'action de grâce. Une courte méditation n'a guère d'autre effet que celui d'une pluie de quelques minutes, qui s'évanouit aux premiers rayons du soleil. O mon Père, combien je me repens de ne m'être pas livré davantage à l'oraison comme à Vienne! Comme je m'en trouve bien! Que je désirerais encore n'être pas tant tiré de côté et d'autre! Priez Dieu qu'il me fasse la grâce d'être toujours de plus en plus ferme pour me soustraire à l'action. Je vous avouerai qu'à Vienne bien des personnes m'en veulent parce que j'ai retranché toutes les visites... Mon Dieu! qui me donnera des ailes comme à la colombe?...

« Avec la prière on est bien partout et sans elle on ne l'est nulle part... Le premier moyen pour avancer,

1. Au P. Czech, 1822 et 1825.

le second, le troisième, le cinquantième, le centième, c'est la prière; j'insiste là-dessus. Beaucoup de ceux qui se rendent à mes avis font de grands progrès. Faites-moi le plaisir de m'écrire que vous et vos confrères vous faites cet effort sur vous. »

Pour que ces efforts soient durables et le progrès assuré, l'oraison doit être bien menée et ainsi rendue vraiment féconde. Le Vénérable trace à cette fin des règles pratiques qui révèlent sa grande expérience.

Il veut la *préparation,* il veut une certaine méthode, mais à ses yeux la principale disposition pour méditer est la *mortification intérieure.*

Voici du reste sa pensée : « C'est tenter Dieu que de ne pas se préparer à la méditation ; c'est prétendre obtenir la fin sans prendre les moyens. Il faut donc une préparation éloignée à la méditation, et elle consiste en une grande mortification intérieure et dans le recueillement.

« Mortifier le jugement propre, c'est là le point essentiel. Saint François de Sales disait qu'il voulait commencer par la tête. Ensuite mortifier les passions, se dégager de toutes les choses terrestres pour avoir le cœur libre de toute affection aux créatures, et être attentif à réprimer tout mouvement naturel.

« Si on veut regarder le ciel avant cela, on ne verra rien : il sera fermé.

« Saint Philippe de Néri ne prescrivait aucune méthode de méditation à ses pénitents, mais il exigeait d'eux ce dépouillement total et cette entière abnégation. Une âme ainsi détachée prend facilement son essor vers Dieu : elle est semblable à la plume légère, qui, détachée de toute chair, vole au moindre souffle du vent. L'oraison vient alors d'elle-même. »

« Pour avoir l'âme en paix et disposée à l'oraison, répétait-il avec saint Bernard, il faut être libre de quatre choses : *culpa mordans :* pas de faute dont la présence tourmente l'âme ; *cura pungens :* pas d'inquiétudes qui la poignardent ; *afflictio crucians :* pas d'afflictions qui la crucifient ; *affectio vivens :* pas d'affections vives pour aucune créature qui l'enchaînent[1]. »

A ce point important de la préparation à l'oraison, le P. Passerat ajoute quelques *conseils pratiques.*

« Il est très utile de penser le soir à la vérité que l'on veut méditer le lendemain ; s'en faire l'application, produire déjà des actes à ce sujet; faire en sorte que la pensée nous en occupe le matin. Le bon Dieu aidera et donnera infailliblement le don de l'oraison si l'on persévère dans cette pratique. Ce don est une grâce insigne, puisque notre perfection dépend du plus ou moins grand degré d'oraison que nous avons acquis. »

Pour la méditation elle-même, le Vénérable suit la *méthode traditionnelle,* du moins quand il enseigne les autres. Il demande quelques instants de préparation prochaine, où l'on fera avec beaucoup de foi des actes qui nous mettent en la présence de Dieu, nous humiliant devant la Majesté divine et implorant la grâce de bien méditer.

Puis, s'inspirant des préceptes de saint Ignace, il conseille d'appliquer successivement la mémoire, l'intelligence et la volonté à la vérité proposée. Selon l'esprit de saint Alphonse, la prière circulera largement dans toutes les considérations de l'esprit. Les exemples de méditations qu'il prêcha aux rédemptoristines attestent que sur ce point il était vraiment le disciple et l'émule de son bienheureux Père. La prière fait tellement corps avec les diverses vérités ou les sentiments qu'il y suggère aux âmes, que l'en séparer serait déformer presque complètement sa manière d'aller à Dieu dans l'oraison.

---

1. Aux rédemptoristines.

C'est plutôt vers la fin de la méditation qu'il propose les actes de vertu appropriés au sujet que l'on médite, bien que ces actes apparaissent aussi selon les occasions fréquemment renouvelés, sous une forme ou sous une autre, dans tout le corps de l'exercice.

Enfin il conseille un court examen sur la méditation que l'on vient de faire; puis une résolution particulière accompagnée du bon propos général ; et veut que l'on termine par « un bouquet spirituel », pensée frappante à retenir dans le cours de la journée.

Aux temps de la sécheresse, on peut, dit-il, faire intérieurement le chemin de la croix, ou méditer quelque psaume.

Toutefois, comme il le fait assez entendre, ce procédé, si rationnel qu'il soit, était plutôt secondaire à ses yeux; en ce sens que toute l'oraison, sa marche comme ses fruits, dépendent, il nous l'assure, *de la foi vive* avec laquelle nous abordons ce saint exercice, et de notre docilité à suivre l'*impulsion du Saint-Esprit*.

« Qu'est-ce que la contemplation? disait-il : c'est la foi. Nous ne voyons Dieu que par énigme, comme au travers d'un voile. Mais lorsque nous faisons des actes de foi, le voile s'éclaircit un peu. Les actes de foi sont le fondement de l'oraison. »

Il veut qu'on s'établisse, par cette foi vive, dans la réalité d'une conversation avec Dieu : « Nous sommes devant Dieu; voyez Dieu dans votre cœur : regardez-vous en Dieu. »

« Il faut que le Saint-Esprit nous apprenne à prier, et à prier tranquillement. Pourquoi tant d'efforts de cœur et de tête pour parler à Dieu? Est-ce ainsi que l'on agit avec son supérieur? *Dominus prope est,* le Seigneur est proche.

« Cela du reste ne sert à rien; c'est produit par la chair et le sang, et par conséquent ne fait rien à l'âme.

Le Saint-Esprit nous apprendra cette manière aisée de nous entretenir avec Dieu, qui est la psalmodie du cœur aussi bien que celle de la bouche. Nous ne savons pas prier comme il faut ; mais si nous sommes fidèles aux mouvements de la grâce, le Saint-Esprit priera lui-même en nous par des gémissements ineffables, comme l'Apôtre l'écrit aux Galates : Dieu vous a envoyé l'Esprit de son Fils, qui crie en vous : mon Père, mon Père ! » (Galat., iv, 6.)

Ainsi, loin de prévenir *la grâce* par des efforts qui fatiguent l'esprit et rendent la prière difficile, le Vénérable veut qu'on l'attende, en se disposant avec calme à la recevoir. Mais comme cette action de la grâce est capitale dans l'oraison, il veut aussi qu'on mette un soin extrême à la suivre fidèlement. C'est au fond sa vraie méthode, celle qu'il a toujours pratiquée et enseigne avec insistance : « Quand on se trouve touché, dit-il, même si c'est pendant la préparation, il ne faut pas aller plus loin, mais demeurer sous cette influence de la grâce tant qu'on s'y trouve bien. Agir autrement serait contrarier l'action du Saint-Esprit. Il faut être prêt à suivre l'attrait qu'il nous donne, et dire avec la même docilité que le jeune Samuel : Parlez, Seigneur, votre serviteur écoute. Faites-moi connaître votre volonté : me voici prêt à exécuter vos ordres, *paratum cor meum.* »

« Lorsque vous sentez ces *touches intérieures* du Saint-Esprit, et que Notre-Seigneur répand dans votre cœur une certaine onction qui est le témoignage de sa présence, gardez-vous de perdre ces précieux moments où l'Esprit-Saint prie en vous. Demeurez dans le silence et le recueillement. Il fera plus en un moment que vous ne sauriez faire en beaucoup de temps [1]. »

---

1. **Aux** rédemptoristines.

Cette dépendance du Saint-Esprit était aux yeux du Vénérable la norme sûre pour l'exercice des vertus : « Soyez attentif à suivre l'attrait présent, écrit-il à ses missionnaires ; examinez la pente de votre cœur, vers quelle vertu il vous porte, et puis dans l'oraison il faut la pratiquer [1]. »

« Soyez attentif aux bonnes affections que l'Esprit-Saint vous donne, et faites beaucoup d'actes conformes. Je crois que c'est l'unique moyen [2]. »

Au temps de la prière, il reflétait dans toute sa personne les dispositions intérieures que prêchaient ses avis. « J'eus l'occasion, dit le P. Lueben, de le voir, avec mes confrères, dans la chapelle du noviciat. Son attitude était celle d'un homme extrêmement recueilli ; il nous paraissait comme transfiguré. »

« A genoux, les mains fortement serrées et le regard ardent fixé sur le tabernacle, on eût dit qu'il voyait Notre-Seigneur à travers les voiles eucharistiques. »

Cette ferveur, quelque expressive qu'elle fût, ne provenait pas en lui de ce qu'on appelle communément la dévotion sensible, mais uniquement de son ardeur *de foi et de charité*.

Sur les douceurs et les *consolations sensibles* en effet, ou plutôt sur l'attache qu'on pourrait y avoir, il a des conseils forts, convainquants, tous tendant à nous mettre en garde contre ce qui peut altérer en nous le pur amour de Dieu.

« Il faut que notre prière soit une prière d'union avec et par le Cœur de Jésus ; et pour cela nous devons prier avec ferveur, mais cette ferveur ne consiste pas dans une dévotion sensible. Chercher celle-ci avec contention, c'est faire violence au Saint-Esprit. »

A une jeune postulante encore dans le monde, la

1. Au P. Czech.
2. Au P. Witterscheim.

baronne de Lugo, plus tard sœur Fidélia, il écrivait :
« Que celui ou celle qui désire faire oraison utilement
ne tienne aucun compte des consolations sensibles.
Ainsi contentez-vous d'être attentive à ce que vous
dites, ou à celui à qui vous parlez; ne vous tourmentez
pas la tête pour trouver de belles pensées qui vous
touchent [1]. »

Cette erreur, assez commune aux commençants, trouvait en lui un adversaire irréductible. C'est très souvent qu'il y revient, afin de mettre les âmes en garde
contre les funestes effets qui en découlent pour la vertu
solide et pour la santé du corps elle-même.

« *Surge et comede* (III Reg., xix, 5), disait-il aux novices
de Saint-Trond. Un novice se trouve dans la situation
du prophète Elie. Le pain et le vin qu'il lui faut
manger et boire, ce sont les vertus qu'il doit acquérir;
le chemin qu'il doit parcourir, c'est le ministère dans
l'apostolat. Il est nécessaire qu'il nourrisse son âme;
et pour cela il doit surtout exciter sa foi, ne pas chercher
les affections, les accepter seulement quand il plaît au
Seigneur de les donner. Pour avoir trop recherché les
sentiments, bien des jeunes gens ont nui à leur santé,
se bandant la tête et s'agaçant les nerfs, et sont tombés
finalement dans la contention d'esprit. »

Aux rédemptoristines il prêche constamment cette
virilité d'âme dans l'oraison, basée sur la foi vive et
sur une volonté docile : « Chère éducante Elise, je vous
dis à vous, si vous en avez besoin, et à d'autres, ce
qu'on ne peut répéter qu'aux âmes de bonne volonté :
Ne chassez pas au sentiment; gardez-vous d'efforts de
tête et de poitrine pour avoir de la dévotion. Que votre
volonté suive ce que la bouche prononce. Voilà la vraie
dévotion : qu'elle vous suffise. »

------

1. 14 septembre 1844.

Il écrit à la Mère Marie-Alphonse alors à ses débuts dans la vie spirituelle : « Vous savez que souvent aux petits gourmands d'enfants on refuse les morceaux friands, justement parce qu'ils *font la tête* pour les avoir. Ne désirez donc pas tant le sucre de la dévotion; vous en aurez, je vous l'assure, mais en raison de votre détachement... Que vos exercices spirituels ne se fassent ni en soupirs, ni en lettres, mais en action, en sécheresse, en douleur. Oh les bons exercices! Ah le beau ciel[1]. »

Cette dernière réflexion touche un point important de la vie d'oraison et que le Vénérable n'avait garde de négliger dans ses conseils aux âmes qu'il dirigeait. A l'opposé des consolations sensibles, les distractions, l'aridité, la tentation, l'épreuve sous bien des formes s'imposent aux meilleures volontés. C'est *la croix de l'oraison*, croix terrible à certaines heures lorsque Dieu a des desseins spéciaux de purification sur une âme, croix pénible toujours et pour tous à quelque degré de l'échelle ascétique ou mystique qu'on se trouve.

Le P. Passerat s'appliquait surtout à enseigner aux âmes le moyen de profiter de cette croix. Sa méthode était d'en montrer le *bienfait* : de cette façon il relevait et animait le courage par la perspective même de ce qui d'ordinaire le retarde ou l'abat dans les âmes inexpérimentées. « Le sentiment, dit-il, n'est que le clinquant de la vertu. La prière que Dieu agrée davantage n'est pas celle où abonde la douceur des consolations sensibles : c'est l'oraison faite avec peine, où il a fallu se vaincre, surmonter les tentations, combattre les distractions. »

« Il faut mettre à profit de ne pouvoir prier. Lorsqu'on est dans la sécheresse et qu'on ne peut méditer, il faut

1. Lettres de 1828-1834.

s'humilier, prendre courage et patience. Une demi-
heure passée à combattre le sommeil ou une distraction
avec courage et patience vaut mieux que pleurer deux
heures entières sur la beauté de la patience. »

« Il faut des angoisses : c'est le meilleur signe, dit-il
à la Mère Marie-Alphonse [1]; mais vous devez les soutenir, ne pas désirer d'en être délivrée. C'est une croix,
supportez-la. Allez aux saints exercices de l'oraison
pour faire pénitence et souffrir : alors vous ne serez pas
trompée. Servez-vous d'une pensée dont je me sers
moi-même aujourd'hui : ma privation ô mon Dieu,
mon vide est ma faute; je vous l'offre, je le supporterai
comme le bon larron supporta la croix où ses iniquités
l'avaient attaché. Point de sentiments dans vos actes?
Cela va bien. Continuez de faire plaisir à Dieu et à
moi [2]. »

Au P. Wittersheim il écrivait dans le même sens [3] :
« Il n'y a que les âmes dans l'illusion qui ont toujours
des douceurs; outre cela, si vous avancez vous devez
vous attendre à de grandes épreuves, à des peines
semblables à celles du purgatoire. Adonnez-vous à la
mortification intérieure, qui surpasse l'extérieure autant que le ciel est élevé au-dessus de la terre. La
meilleure est celle qui nous fait supporter avec courage
la soustraction de la grâce et l'exil du cœur. Quand
vous regarderez vos délaissements, tentations, révoltes
intérieures d'amour-propre, impatiences, etc., comme
le signal pour faire des actes contráires et que vous
ne vous en étonnerez plus, vous aurez fait la plus
grande partie du chemin... Il faut plus compter sur
les lumières de la foi sèche que sur toutes les consolations sensibles. La foi, cher et révérend Père, la foi!

1. Aux rédemptoristines de Bruges.
2. 17 décembre 1834.
3. 1er avril 1834.

le chemin de la foi! Les sensibilités sont le dessert seulement, dont on peut se passer. »

Et dans une autre circonstance [1] : « Je la regarde cette tristesse comme le gage de grandes grâces qui suivront, mais il faut la supporter en héros. *Sustine Dominum.* Le démon vous suggérera : Mais c'est ma faute! C'était par sa faute que le bon larron fut cloué à la croix, et cependant sa croix fut pour lui l'échelle du ciel. Il ne faut pas vous attrister d'être triste et dire : Pas la moindre lumière, pas le moindre goût pour rien! mais c'est ma faute! mais ceci, mais cela! Il est nécessaire qu'il en soit ainsi et que toutes sortes de pensées noires nous viennent. La moindre lumière d'en-haut dissipera l'épreuve. En attendant agissez avec un grand courage, n'omettez rien de vos exercices accoutumés. Il faut vous réjouir d'être triste comme Jésus-Christ, unir votre tristesse à la sienne. Vous répondrez ainsi au désir de Dieu qui vous dit : *Agonizare pro anima tua et... certa...* (Eccles., IV, 33.) Agonisez et luttez pour votre âme. »

Au P. Huchant, alors engagé dans les voies mystiques, il disait simplement : « Il faut payer cela par des tourments intérieurs. Tâchez de vous résigner. Il pourra bien se faire que plus tard vous vous verrez tout à fait abandonné de Dieu. Si cela arrive il ne faudra pas perdre confiance, mais vous résigner... C'est bien, continuez, souffrez. Quand vous considérez Notre-Seigneur Jésus-Christ sur la croix ou bien dans sa divinité, pensez qu'il est encore bien plus beau dans sa gloire et qu'il souffrait bien davantage sur le calvaire. La foi [2]! »

Lui-même, s'il goûta de grandes joies dans l'oraison, les acheta le plus souvent par la souffrance paisible-

1. 2 octobre 1836.
2. *Vie du P Huchant,* par le P. Lejeune.

ment supportée. Le P. Pajalich disait un jour au R. P. Desurmont : « Le P. Passerat a tant souffert à Vienne, que c'est seulement au jugement de Dieu que l'on saura son martyre. Et cependant, pendant ces vingt-huit années, il a porté sans broncher sa lourde croix. »

Nous avons fait allusion à l'*oraison mystique*. Le Vénérable, en dehors des avis privés que nécessitaient les circonstances, ne faisait guère de cette sorte d'oraison la matière d'enseignements spéciaux. Il laissait à Dieu le soin, qui du reste n'appartient qu'à Dieu seul, d'y introduire les âmes; et s'il les y conduisait parfois ce n'était qu'indirectement, par la ferveur de prière, l'effort et le combat contre elles-mêmes qu'il leur prêchait sans cesse.

Un jour, à propos des stigmates de la Vénérable Catherine Emmerich, dont on parlait en récréation, il dit plaisamment aux étudiants de Wittem : « Voulez-vous un moyen infaillible d'obtenir les vrais stigmates? » Tous écoutaient suspendus à ses lèvres : « Eh bien! ce moyen, le voici : *Vince teipsum!* là! là! là! là! » et il désigne sa tête, ses mains, son cœur, ses pieds.

« Qu'est-ce que la contemplation? disait-il encore familièrement aux rédemptoristines : c'est détruire ses vices, ses défauts, ses imperfections; c'est travailler à la pureté de cœur. »

Avec une telle méthode, les dangers de la voie mystique et surtout ses contrefaçons étaient peu à craindre à l'école du Vénérable. Il savait du reste à l'occasion mettre en garde ses sujets contre les ruses du démon ou de l'amour-propre sur ce point.

« C'est sur les effets, écrit-il [1], qu'on juge des inspirations. La conduite de notre Frère Sabelli montre évi-

---

1. Au P. Czech, recteur de la Valsainte, 22 juin 1822.

demment qu'il prend une illusion pour une inspiration. Mon Dieu! je tremble quand je vois quelqu'un se jeter dans les pièges du démon! Où cela aboutira-t-il? Que le bon Dieu dans sa miséricorde veuille bien l'éclairer et le retenir au bord du précipice sur lequel il se promène. »

A Fribourg deux sujets, jeunes étudiants, prétendaient avoir des extases : « Ce n'est pas sincère, c'est exagéré, dit aussitôt le Vénérable. Ils ne persévéreront pas. » La suite lui donna raison.

Le détachement qu'il avait lui-même pour ces sortes de manifestations mystiques, surtout son ardeur de prière et de foi, jointe à une mortification et une pureté de cœur héroïques, reçurent précisément leur récompense dans les états mystiques extraordinaires auxquels il plut à Dieu de l'élever.

Ses ravissements à l'autel, par exemple, ont été constatés plus d'une fois.

La femme d'un brasseur de Bruges, Mme Rosalie Valke, a donné, au procès, cette déposition [1] :

« J'assistais régulièrement à la messe dans la chapelle des rédemptoristines. D'ordinaire je tenais les yeux baissés, uniquement occupée à prier aussi dévotement que possible. Un jour que j'avais une grâce toute particulière à demander au bon Dieu, je dirigeai par hasard mon regard vers l'autel où célébrait le P. Passerat. C'était au moment de l'élévation. Je vis avec la plus grande surprise ce saint homme comme soulevé de terre à un ou deux pieds au-dessus du sol, tandis qu'il tenait la sainte hostie entre les mains. Cela dura, me semble-t-il, plusieurs minutes. Je fus tellement émue de ce spectacle, qu'il me fut impossible de continuer ma prière. Pour mieux me rendre compte

____
1. Procès, n° 1596.

du fait, je m'approchai de l'autel après la messe, et pus constater qu'il n'y avait aucun banc ou escabeau sur lesquels le Père aurait pu monter.

« Un ou deux jours après, le même phénomène se produisit. Je fus de nouveau comme excitée à lever les yeux au moment de l'élévation, malgré ma résolution prise de les tenir baissés. Je vis parfaitement le P. Passerat, qui tenait en mains la sainte hostie, soulevé de terre de la même façon. Je pense que ces deux jours-là j'étais seule à la chapelle en ce moment.

« Je crois l'avoir encore vu ainsi l'une ou l'autre fois. »

Le P. Derning nous dit également qu'à Vienne, où il était alors novice, le même prodige s'est accompli plusieurs fois sous ses yeux, dans l'oratoire de la communauté.

Sur les faits extraordinaires d'union mystique, le cardinal Dechamps, lorsqu'il était provincial et visiteur de la Province belge, voulut avoir une déclaration du serviteur de Dieu. Celui-ci, bien malgré lui, dut lui avouer, entre autres phénomènes, que plusieurs fois, dans sa prière, il s'était senti soulevé jusqu'au plafond de sa chambre.

« Révérendissime Père, lui dit un jour le P. Dechamps, je suis ici pour faire la visite canonique : je suis donc votre supérieur. » — « Oui certes, vous êtes mon supérieur. » — « Dieu veut donc que Votre Révérence me rende compte de sa conscience. » — « Oui. » Et ôtant sa calotte, le P. Passerat se mit à la disposition du P. Dechamps, qui dirigea immédiatement l'entretien sur la prière et l'oraison.

Bientôt il put poser la question : « Mais dans votre état d'oraison, vous devez avoir eu l'expérience de l'extase et du ravissement. » Le P. Passerat rougit fortement. Il dut obéir et avoua qu'il avait été plusieurs fois élevé de terre. — « Que sent-on dans cet état ? » — « La première fois je croyais que la terre s'enfonçait sous moi, et je voulus me retenir à la table, mais plus tard je ne sentais plus rien. »

Le P. Dechamps voyant que le saint vieillard rougissait de plus en plus, n'osa pas insister davantage. Il pensa du reste n'en avoir pas le droit.

L'état de contemplation parut cesser lorsqu'à Tournai, après son attaque d'apoplexie, le P. Passerat se vit engagé dans le long et dur purgatoire qui termina sa vie. En réalité il ne fit que changer d'aspect. Au lieu des lumières de l'extase, c'était la nuit spirituelle où, dans les mêmes ardeurs de foi et d'amour, le saint vieillard achevait sa transformation en Dieu : « J'ai perdu la contemplation, disait-il tristement ; à présent je suis dans le purgatoire. »

Mais dans ce purgatoire même il recevait par intervalles de vives lumières ; le don de la pénétration des cœurs en particulier et celui de prophétie lui furent plus que jamais largement départis.

Une exclamation du Vénérable, peu avant sa mort, prouve aussi que la Mère de Dieu le visita : « O Marie, Marie, Marie ! Porte du ciel ! Qu'elle est belle, Marie ! On a les yeux éblouis quand on la voit ! » — « Ne désirez-vous pas qu'elle vienne vous visiter ? » lui dit alors le P. Huchant, son confesseur, qui l'assistait. — « Elle est déjà venue. O belle, ô bonne, ô tendre, ô douce, ô pure, ô pieuse, ô fidèle, ô clémente Vierge Marie, venez me chercher. »

Trois ans auparavant, le 7 février 1855, raconte le P. Gaudry, j'allais voir si le P. Passerat désirait communier. Nous le trouvâmes avec le regard brillant, la figure vermeille et comme en extase. Il venait de dire au Frère infirmier : « Que la sainte Vierge est belle ! Quand on la voit, elle est toute éblouissante. » Puis il demanda : « Que pensez-vous, quand vous dites : Je vous salue, Marie, pleine de grâces? Vous figurez-vous la sainte Vierge avec des douceurs et des friandises? » — « Je crois, répondis-je, qu'elle est pleine de grâces par rapport à elle-même, et pour nous faire beaucoup de bien. » — « Oui, répond le saint vieillard, et pour faire du bien au monde entier. »

« Oui, la sainte Vierge me parle quelquefois, déclarat-il un jour (le 22 juillet 1857); elle me dit de bien belles choses. »

Il avait eu, dans une autre circonstance, avec le P. Verhulst, à Liége, cette conversation révélatrice : « Je désirerais bien voir Marie », lui disait ingénument le Père. — « Il faut prier pour cela », répond le P. Passerat. — « J'ai prié, mais en vain. » — « Il faut croire que vous n'en êtes pas digne ! » — « Et vous, réplique le Père, l'avez-vous vue? » — A cette question le Vénérable, pris au dépourvu, se renferma dans le silence.

Qui ne serait touché d'un amour si extraordinaire et si persistant de la prière, comme celui que nous révèle la vie entière du vénérable P. Passerat? Cependant cet esprit de prière, si beau et si vivifiant qu'il soit en lui-même, n'est qu'une condition, une partie si l'on veut, de la vie intérieure à laquelle le serviteur de Dieu se consacra tout entier. Il appelle un complément.

Avant d'aller plus loin dans la contemplation des vertus du P. Passerat, il est donc nécessaire de fixer notre attention d'une façon spéciale sur son esprit d'abnégation et de mortification intérieure, seconde partie et condition tout aussi importante, en un sens, de la vie spirituelle et parfaite.

C'est du reste le plan d'ascétisme tracé et suivi par le Vénérable dans la formation de ses religieux. « Il avait soin, dit le P. Pajalick, de leur inculquer sans relâche la pratique de la mortification volontaire, afin de mieux les disposer à recevoir toutes les croix que Dieu impose d'ordinaire aux âmes qu'il veut purifier entièrement pour les unir à lui. »

« Il ne mettait aucune rigueur à punir et à charger ses novices de mortifications corporelles. En revanche il apportait une vive sollicitude à leur faire embrasser de bon gré les mortifications qu'entraînent avec soi la parfaite observance des règles, la lutte contre la volonté propre, et l'exercice des vertus.

« L'expérience lui avait appris à établir une profonde différence entre âmes dévotes et âmes vertueuses, entre celles qui se contentent de certaines mortifications extérieures, et celles qui s'imposent vraiment et avec constance le degré de mortification et de renoncement nécessaire à la vraie perfection intérieure.

« Introduire parmi ses novices le zèle pour cette pratique fondamentale, c'était, à ses yeux, avoir tout gagné. Détruire les vices dans leur racine. « *Vince teipsum*, vainquez-vous vous-même : c'est là toute la perfection. *Personne ne sera couronné s'il n'a légitimement combattu* (II Tim., II, 5). *Le royaume des cieux se conquiert de vive force, et ce sont les vaillants qui l'emportent* (Matt., XI, 12). *La vie de l'homme sur terre est un combat* (Job., VII, 1). La mesure de votre progrès sera celle de la violence que vous vous ferez à vous-même. »

Nous allons le suivre dans ce *combat spirituel* où, par son exemple comme par ses instructions, il entraînait tant d'âmes à sa suite. « Ce qui donnait à ses paroles une force irrésistible, ajoute le P. Pajalick, c'était l'autorité de l'exemple qui les appuyait. Tout ce qu'il prêchait, on savait fort bien qu'il l'avait d'abord pratiqué, on l'avait sous les yeux, traduit en actes dans sa vie. De toute sa personne se dégageait un rayonnement de prière, de mortification, de sainteté. »

DEUXIÈME PARTIE

COMBAT SPIRITUEL

Aucune méthode bien spéciale n'est imposée par le Vénérable à ses novices et à ses religieux dans le *combat spirituel* qu'il leur prêche pour les former à la vie intérieure. « Tout plan qu'on suit avec courage, disait-il, est excellent. » C'est sur la nécessité du combat lui-même qu'il appuie surtout.

La vie intérieure, d'après la définition qu'il en donne à plusieurs reprises, semblerait ne consister que dans la lutte contre les passions et pour l'acquisition des vertus, lutte dont le terme est la parfaite *pureté de cœur*.

Évidemment chez le P. Passerat, comme l'atteste sa propre vie intérieure, la pensée dépasse la portée de ses paroles. S'il veut un cœur mortifié, purifié, orné de vertus, c'est pour que Jésus-Christ y vive seul, selon la parole de saint Paul ; et cette vie de Jésus-Christ en nous est proprement la vie intérieure du chrétien.

Sans donc nous écarter de ce dernier sens, pas plus qu'il ne l'a fait lui-même en pratique, nous allons simplement écouter le Vénérable et le suivre dans ce combat de la vie intérieure tel qu'il l'entend et où, disent ses contemporains, il excella et entraîna à sa suite toute la congrégation. « Tout ce qu'en deçà des Alpes, dit le P. De Held, nous avons d'ordre et de ferveur régulière, ainsi que d'amour de l'oraison, nous le devons principalement au P. Passerat. »

Providentiellement le même témoignage sortait de la bouche du Révérendissime Père Mauron, en visite canonique à Trèves, au moment même où le Vénérable quittait cette terre : « Je faisais mon compte de conscience près du Père Général, raconte le P. Luchen. Je me rappelle que dix heures sonnaient lorsque le Révérendissime Père me dit : « Ce que nous avons dans la congrégation, en ascèse, nous le devons en grande partie au P. Passerat. » Vers deux heures, le P. Swinkels nous télégraphiait d'Amsterdam : Père Passerat mort à dix heures. Cette coïncidence m'est restée bien gravée dans l'esprit. »

Apôtre au dehors, mais chartreux au dedans, selon l'esprit de notre règle, le Vénérable n'a pas de plus grand souci que celui de faire prédominer en lui et chez les siens ce qu'on a si justement appelé « l'âme de l'apostolat », c'est-à-dire la pleine emprise de la grâce sur la nature, sans laquelle l'union à Dieu n'est pas possible ou reste trop imparfaite.

Considérée sous cet aspect, la vie intérieure est en effet le *combat spirituel* jusqu'à la purification complète du cœur, par l'abnégation principalement et par l'amour de la croix.

C'est la nécessité et l'objectif de cette lutte que, par la parole et par l'exemple, le P. Passerat met pleinement en lumière.

CHAPITRE PREMIER

Le P. Passerat écrivait en 1835 aux Pères de Belgique : « Gravez chaque jour plus profondément au fond de vos cœurs ce principe que plus vous travaillerez à votre propre sanctification, plus vous deviendrez aptes à cultiver la vigne du Seigneur, et plus votre travail sera fécond. C'est pourquoi, mes Frères bien-aimés dans le Seigneur, vous qui êtes ma consolation et mon espérance, soyez fervents dans la prière. Mais à la prière joignez l'esprit de pénitence, car *la prière est bonne quand le jeûne l'accompagne* (Tob., xii, 8) ; et ces deux forces réunies triomphent du démon le plus méchant. C'est cet esprit que je vous souhaite et demande chaque jour pour vous et pour moi au saint autel. »

Cet esprit est essentiel à la vie intérieure, parce qu'il donne à la prière son complément nécessaire et sa garantie d'union à Dieu.

« Vivre de la vie intérieure, dit le Vénérable, c'est maîtriser nos passions, nos vices, nos mauvaises inclinations ; c'est ne nous servir de nos sens que d'après les lumières de la raison éclairée par la foi. Ainsi nous pratiquons l'Évangile, et nous imitons Jésus-Christ. »

« Sans cette vie l'homme n'est ni un chrétien, ni même un homme. Voyez la nécessité de prendre cette voie, d'y marcher d'un pas ferme, d'y persévérer. Toutes les actions les plus éclatantes à l'extérieur ne sont pas par elles-mêmes d'un grand prix, elles ne peuvent assurer le salut, elles pourraient être dangereuses...

« Cette vie intérieure ne consiste pas précisément dans de nombreuses prières, toutes saintes et nécessaires même que soient celles-ci, ni dans les fonctions du ministère.

« Ce n'est pas même, pour une âme religieuse, l'amour de la retraite, la ponctuelle observance et la discipline régulière. Bien que ces choses soient nécessaires, elles ne sont pas, non! la vie intérieure, ce sont les moyens et non la fin. »

« La vie intérieure, écrivait-il au P. Fortner, est une haine continuelle de soi-même. »

« Elle consiste à combattre nos mauvaises inclinations, d'une volonté décidée, efficace, entière. L'âme qui ménage en elle-même une seule passion sans la combattre est le roseau agité par le vent dont parle Notre-Seigneur. »

Comme résultat pratique de ces principes chez le Vénérable lui-même, on ne lira pas ici sans intérêt le parallèle que le P. de Held établit un jour entre saint Clément-Marie et le P. Passerat, ses deux maîtres d'ascétisme à Vienne : « Le P. Clément a certainement dans un haut degré les vertus héroïques demandées d'un saint à canoniser; mais il n'a eu ni l'occasion ni le temps de soumettre sa nature bouillante à un contrôle si parfait que parfois elle n'ait éclaté de manière à donner, dans le procès, occasion de mettre le serviteur de Dieu à l'étroit. Le P. Passerat est parvenu à maîtriser sa nature d'une façon si complète et constante, qu'ayant été pendant plusieurs années son compagnon inséparable, je ne me rappelle pas avoir rien remarqué qui ressemblât à une faute volontaire. La nature paraît avoir donné souvent au P. Hofbauer l'occasion de la combattre, et il l'a fait ; mais chez le P. Passerat la vie surnaturelle est passée dans un état habituel. Le B. Clément a été, dans sa vie active, plus admirable qu'imitable ; le P. Passerat a été en même temps admirable et imitable dans sa vie extérieure et active [1]. »

L'auréole de sainteté et l'entraînement de l'exemple donnaient aux exhortations du Vénérable une puissance dont il savait user fréquemment auprès des siens. Beaucoup de ses lettres restent comme un monument de son zèle à promouvoir la vie intérieure et la lutte contre la nature.

« Le travail et l'action sont nécessaires à un rédemptoriste pour qu'il ne soit pas jeté, en serviteur inutile, dans les ténèbres extérieures. Mais pour qu'il parle comme d'autorité, *tanquam potestatem habens,* pour qu'il soit l'arbre planté au bord des eaux et qui donne son fruit et reste toujours verdoyant, *lignum quod plantatum est secus decursus aquarum quod fructum dabit, et cujus folium non defluet* (Ps. I, 3), il lui faut la vie intérieure. C'est en premier lieu ce que nos saintes règles et nos constitutions demandent de nous [2]. »

« Soyons donc vertueux et pieux ; fuyons les séductions du monde ; mortifions nos penchants déréglés ; supportons les maladies, les mépris, les peines, les persécutions ; visons à la parfaite pureté ; cultivons la sainteté. Tout notre travail sera léger et durera peu, mais nous avons en perspective une récompense incomparable et une couronne incorruptible. »

« Que chacun s'applique à vaincre son défaut dominant. C'est en cela que consiste la meilleure pénitence, la vraie croix dont Thomas à Kempis a dit : « Celui qui sait le mieux souffrir, celui-là est le dominateur du

---

1. Lettre au cardinal Dechamps, alors archevêque de Malines.
2. Aux seconds novices, à Wittem, 23 juillet 1838.

monde, le vainqueur de soi-même, l'ami du Christ et
l'héritier du ciel [1]. »

« Celui qui éprouverait une difficulté extrême pour se
vaincre montrerait qu'il n'a pas fait d'efforts, et ne s'est
pas donné à Dieu sans réserve. S'il ne prend courage et
n'emploie les moyens efficaces pour se vaincre, il perdra
sa vocation, parce qu'il ne pourra supporter le joug du
Seigneur. Dieu ne lui donnera pas l'onction, laquelle
n'est promise qu'à ceux qui se vainquent. Courage donc!
donnons-nous tout à Dieu. Dieu nous donnera ses consolations, multipliera ses grâces. Pensez-y bien, ce n'est
pas peu de chose que d'obtenir le royaume de Dieu,
*Non est parvum quid lucrari regnum Dei. Spiritu fer-
ventes, Deo servientes;* portez une âme fervente au service de Dieu. Autrement point de salut pour un rédemptoriste [2]. »

C'est sur ce ton enflammé que le P. Passerat exhortait
en général ses communautés à la vie intérieure. A ses
chères rédemptoristines il multipliait aussi ses avis, et
parfois sans une forme originale qui leur donnait encore
plus de saveur.

« Il faut tenir notre nature à deux mains : sans cela
elle nous dominera. Nous nous recherchons souvent
nous-mêmes jusque dans les meilleures choses. L'amour-
propre est plus attaché à notre âme que notre peau à
notre chair. Il se glisse partout, et il nous faut être
bien sur nos gardes, veiller et prier sans cesse. Il
faudrait toujours penser à Dieu, aux anges; avoir toujours le cœur en haut, comme nous le disons dans la
Préface : *Sursum corda!* »

« C'est mon cœur qui dirige ma plume, plutôt que
mon esprit, écrit-il à la Mère Marie-Alphonse [3]. Vain-

1. Lettre du 6 janvier 1841.
2. Lettre à Wittem, 23 juillet 1838.
3. Lettre de 1823.

quons-nous, ma chère Sœur, vainquons-nous. Croyez-moi, nous gagnerons toujours, quoi qu'il arrive, si nous nous soumettons bien au bon Dieu, et nous mettons bien le col sous le joug. Soyez soldat français dans la milice de Jésus-Christ. *Vaincre ou mourir!* Quoi! Jésus-Christ qui est en moi ne pourrait vaincre le démon! Vaincre ou mourir. Ne pensez pas tant et le bon Dieu pensera pour vous. Pensez surtout à chasser toutes les idées qui ne sont pas de Jésus-Christ. Jésus-Christ n'est pas à cent lieues : il est ici tout près de mon cœur, il peut tout ce qu'il veut, et il veut pour moi, qu'il aime encore plus que le pauvre Père Passerat! Quel bonheur! quelle allégresse! »

« Courage ! L'Esprit-Saint n'est que courage. C'est un feu, c'est un grand vent. Qui se ressemble s'assemble. Ainsi mettez-vous au-dessus de toutes les petitesses de femme par un orgueil saint et céleste. Dites avec saint Stanislas : *Ad majora natus sum,* je suis née pour de plus grandes choses[1].

« Dites-vous : Or il n'y a qu'une chose nécessaire, c'est de me vaincre.

« Vous êtes à présent au feu[2] ou plutôt à armes blanches. Combattez bien à droite et à gauche. Toute la différence entre vous et un héros soldat, c'est que vous êtes sûre de vaincre et de triompher sans perdre la vie, pourvu que ne vous mettiez jamais bas les armes. »

« Les vertus, disait souvent le Vénérable, s'acquièrent à la pointe de l'épée. De la *résolution!* de la résolution! Dieu nous aide dès qu'il nous voit résolus. »

« Les *actes* contraires à nos vices et que nous produisons avec courage nous fortifient et nous unissent plus à Dieu que les ravissements et les extases. Il faut

---

1. 22 avril 1830, à la Mère Marie-Alphonse.
2. 4 novembre 1826.

faire des actes jusqu'à ce que l'on sente de la joie à
supporter la tentation. C'est là un martyre caché. »

Le P. Passerat insistait avec tant de force sur ce point
essentiel du combat spirituel, que tous ses contemporains s'accordent à placer au premier rang des maximes
qu'il leur inculqua la nécessité *des actes*. A un siècle
de distance, ses exhortations n'ont rien perdu de leur
vigueur.

Écoutons encore sa parole entraînante :

« C'est par les actes, et non par le sentiment ou
même par la prière seule qu'on devient vertueux. *Fabricando fit faber*. C'est en forgeant que l'on devient
forgeron. »

« Je viens au nom de Jésus et Marie, vous parler
d'une chose bien essentielle, disait-il un jour aux
rédemptoristines. Elle est bien négligée dans le monde,
et on ne saurait trop le déplorer. Il s'agit de la passion
dominante. On s'excuse en disant : j'ai mauvaise tête,
mais j'ai bon cœur. Or je vous le demande, si le démon
prend la mauvaise tête, où ira le bon cœur? Nous
avons tous une passion dominante. Quand nous ne la
réprimons pas dès la jeunesse, elle devient habitude
et comme une seconde nature. Il est alors bien difficile de la vaincre. Mais ce n'est pas impossible : sinon
Dieu ne l'aurait pas ordonné. »

« Vous décrivez l'histoire du cœur humain, répond-il
à une jeune postulante qui lui parlait de ses luttes.
Vous n'éprouvez rien que nous ne sentions tous. Les
saints mêmes sont devenus saints, non parce qu'ils ont
été exempts de ces recherches du moi que nous ne
pouvons exterminer, mais parce qu'ils ont résisté et
combattu jusqu'à la mort. Courage donc ! La vie est un
combat continuel. »

L'application de son principe favori demande une
certaine dextérité que seule donne bien l'expérience.

Le Vénérable fait ainsi part de celle qu'il a acquise à la Mère Marie-Alphonse [1] :

« Par des actes même faibles on parvient à la ferveur, mais pas autrement. Faites des actes : un mal, le deuxième un peu moins mal, le troisième moins mal encore ; le quatrième, le cinquième... Voilà comment viendra la volonté, comment sortira votre mal, comme le mal de pied de votre P. Passerat, qui va beaucoup mieux. »

« Les actes ont quelque chose d'enchanteur. » « Commencez par le capitole, sans cela le paganisme régnera. Promettez-vous encore plus de choses contraires à vos vues humaines et à votre cœur terrestre. Si le bon Dieu vous prend au mot, il vous fera martyriser ou par vos sœurs, ou par le démon, ou par vous-même ; et si ces trois sortes de bourreaux ne font pas leur devoir, Dieu lui-même y mettra la main. »

Nous savons déjà par sa Vie, combien le P. Passerat pratiquait à la lettre ce qu'il recommandait avec tant d'insistance.

Dans les plus graves et les plus fâcheux événements, comme jusque dans les moindres détails de la vie ordinaire, sa vertu s'alimentait d'actes incessants, opérés avec vigueur. L'habitude qu'il en avait donna bien vite à sa force surnaturelle cet aspect doux et paisible qui ne paraît qu'après la complète victoire sur soi-même et sur les passions.

Pendant les rudes années de son exode à travers la Suisse, que de fois, réduit aux abois par les persécutions et des privations de toutes sortes, il soutenait par son seul courage et sa paix dans l'épreuve, toute sa communauté !

1. 7 juillet 1832.

« L'exemple du P. Passerat, dit le P. Héberlé, faisait taire tous les cris de la nature, et, au milieu des plus pénibles ennuis, on se trouvait content et heureux. Tous chérissaient tendrement le P. Passerat. Ses exemples et ses paroles étaient notre soutien, et il était lui-même le lien très doux et très fort qui nous maintenait dans une parfaite union. »

Chassé de Saint-Lucien de Coire, il fait part aussitôt à sa communauté de l'ordre reçu « avec tant de calme et de confiance en Dieu, dit le même témoin, que nous en étions dans l'admiration : « Mes Frères, ne craignez pas. Sans doute il est dur de devoir prendre la fuite au cœur de l'hiver, mais la Providence nous a certainement préparé un asile. Demain je pars pour le Valais, et vous me me suivrez tous. »

« Dans ses voyages, jamais il n'a omis ses pénitences ordinaires. S'il rencontrait des haies ou des broussailles, il y entrait pour se donner la discipline deux fois le jour.

« Malgré cette régularité sévère, il était toujours gai. Bien souvent il se vit réduit à quelques pièces d'argent pour nous tous. Malgré cela, nous n'avons jamais vu en lui le moindre signe de découragement, ni même d'agitation. Il était toujours calme, toujours serein, et nous, habitués que nous étions à nous fier à lui, nous vivions au jour le jour, sans nous préoccuper de quoi que ce fût[1]. »

La vertu la plus héroïque n'est pas toujours à l'abri des surprises de l'amour-propre, surtout quand l'insignifiance de l'occasion ne lui donne pas l'éveil. Chez le P. Passerat il semble que ces surprises n'existaient pas, tant il était habitué, par des actes prompts et forts, à réagir contre lui-même.

____

1. P. Czech.

« Savez-vous ce que vous devez faire pour aller vite en perfection ? disait-il aux rédemptoristines. Vainquez-vous ; sachez supporter un refus ; agissez en cela par esprit de foi. La mortification intérieure surpasse l'extérieure de toute la hauteur du ciel au-dessus de la terre. Elle va en tête de toutes les vertus, parce qu'elle est le moyen de les acquérir toutes. Supporter en paix tentations, dégoûts, tristesses, réprimandes contradictions, aversions, voilà la mortification intérieure, qui diffère de la mortification seulement extérieure comme le jour diffère de la nuit. Repoussons ces tentations en leur refusant audience à tout prix, oui, absolument. »

Aucune difficulté, ni les chutes mêmes, à ses yeux, ne devaient entraver la lutte. La Mère Marie-Alphonse, était, encore jeune, aux prises avec les lourds tracas de l'Œuvre des filles repenties. Voici en quels termes le Vénérable l'encourage : « Cédez à cet obstacle, et vous en aurez vingt autres. Vainquez bien celui-ci, et de grand cœur, vous n'en aurez plus. C'est sûr, sûr ! Pensez que vos efforts, si pénibles qu'ils soient, ne le seront jamais autant que de céder. »

« Mais je suis tombée, mon Père, lui dit la Sœur, encore novice dans la patience : que faut-il faire ? — Vous relever, ma fille. Courage ! Il y a plus de courage à se relever qu'à ne pas tomber. »

Et le bon Père s'anime ; son zèle éclate en des propos qui font sourire, mais en montrent bien l'ardeur : « Bon ! encore un peu ! Nous sommes en haut ! Mais *mordicus !* il faut que le torrent de la tribulation monte encore. Et puis tout ira mieux. Courage ! Sinon, je prie, je menace, je conjure !... Je dirais presque : je jurerai comme un charretier embourbé !... Pensez à Jésus-Christ, pensez à la très Sainte Vierge Marie et à moi ! »

Ces exhortations claironnantes ont, chez le P. Passerat, un charme d'autant plus prenant qu'elles forment contraste avec son extrême douceur, son affabilité, les élans et les effusions de sa piété mystique. C'est un général uniquement occupé de mener ses troupes au feu.

« Il faut être généreux : ne cherchez pas à éviter ce qui mortifie, mais allez au-devant. Il n'y a que les tentations contre le sixième commandement qu'on doit toujours éviter. Pour les autres il faut se mettre dans l'occasion, afin d'acquérir la vertu contraire, car elle ne s'acquiert que par les actes. Quand nous demandons au bon Dieu de nous accorder telle ou telle vertu, nous lui demandons, par le fait, l'occasion d'en produire les actes : sinon ce serait tenter le Seigneur. Voilà ce que faisaient les saints toujours avides de souffrir : ils n'en perdaient jamais l'occasion. Voyez une sainte Thérèse : elle envisageait les peines et les persécutions qui lui venaient de la part des hommes comme des gages de la bonté du Seigneur à son égard [1]. »

Une rédemptoristine italienne désirait aller au couvent de la Landstrasse, à Vienne : « Si c'est une bonne chrétienne, répond le P. Passerat, c'est-à-dire qui fasse plus de cas encore de la mortification intérieure que de la règle, qui puisse distinguer clairement une tentation, qui puisse la contempler sans sourciller et la rejeter en bon grenadier, ou, si vous voulez, qui soit une fille d'esprit, alors je la verrais volontiers puisque au jugement du Saint-Esprit il faut la faire venir des extrémités de la terre. Ne l'oubliez pas, il faut mettre la hache à la racine. J'aime mieux une petite victoire sur vous-même qu'une défaite totale de nos ennemis à Vienne. Faites donc beaucoup d'actes de vertus. Le B. Alphonse était d'une exigence inexorable pour

---

1. Aux rédemptoristines de Bruges.

tout ce qui opère dans les religieuses la pureté de cœur [1]. »

Le Vénérable a lui-même en horreur la piété sentimentale et molle, ou plutôt cette piété, à ses yeux, n'a pas de sens, elle est inexistante. Il n'est pas moins en garde contre les illusions de l'imagination, si communes parmi les âmes trop sensibles ou esclaves d'elles-mêmes.

Une femme dévote, à Vienne, le fait un jour appeler au parloir et lui demande si elle peut s'adresser à lui pour la confession et la direction. — « Pourquoi pas aussi bien que les autres ? » dit le Père. — « C'est, je dois vous avouer que je suis au neuvième degré de l'échelle mystique : il me faudra une direction spéciale. » — « En ce cas, réplique-t-il finement, mieux vaut vous adresser à un autre, car moi, qui suis encore tout en bas de l'échelle, je devrais plutôt vous suivre que vous conduire. »

« Il faut avoir lu saint Jean de la Croix, disait-il, pour conduire les âmes dévotes : il sabre joliment dans tous ces galimatias. Sous la direction de ses principes, on marche d'un pas sûr et rapide [2]. »

Confesseur très estimé de la haute société de Vienne, il avait plus d'une fois l'occasion de les appliquer, pour séparer l'or pur de l'alliage. « Unissez votre tristesse à celle de Jésus-Christ, disais-je un jour à une dévote pleureuse du premier rang : bientôt elle se convertira en joie. A mon grand étonnement elle m'a compris. Vous voyez qu'elle avait de l'esprit [3]. »

La bonne volonté sincère, droite, pleine, au service de Dieu, voilà ce qui constituait à ses yeux, la solide piété : « Ce qui me touche le plus dans le *Miserere*, ce sont

---

1. Lettre à la Mère Marie-Alphonse, 17 janvier 1831.
2. Au P. Czech, 11 septembre 1826.
3. Au P. Berset, 20 novembre 1833.

ces mots : *spiritu principali confirma me*, expliquait-il aux rédemptoristines. Voilà toute la contemplation que je désire et demande pour vous à Dieu : une volonté ferme, une volonté de prince, oui... de roi ! Voilà l'arme avec laquelle on remporte la victoire. C'est elle qui nous obtient la manne cachée et nous mérite un nom nouveau, comme le promet le Seigneur. Pour acquérir cette volonté ferme, sans doute il faut la demander à Dieu, mais il faut aussi y mettre du sien. Il ne faut pas, comme le sexe dévot, penser avec le cœur mais avec l'esprit ; dans nos doutes, nos tentations, nos troubles, nos faiblesses et misères de tout genre, il faut nous en tenir une bonne fois au conseil, à la décision de notre confesseur ou de notre supérieur.

« C'est aux âmes faibles toujours en quête de consolations que le Saint-Esprit dit : Sortez, filles de Sion, et voyez la couronne que la synagogue a mise sur la tête de votre Époux. *Filles*, et non pas *fils*, dit saint Bernard ; filles délicates, filles sensuelles, *pendants d'oreilles des confesseurs !* Sortez du tombeau des habitudes. Voyez votre Époux qui porte sa croix et vous précède afin que vous le suiviez et que vous soyez heureuses de mourir comme lui en croix.

« C'est ainsi qu'on porte sa croix avec courage et qu'on avance : sinon on ne profite pas des épreuves, moyens pourtant nécessaires et efficaces pour faire de grands progrès dans la perfection. Dès que le cœur est esclave, l'esprit n'a plus de liberté. Quand la servante est maîtresse à la maison, tout va mal. »

Ces rudes avis passaient aux missionnaires, aux recteurs mêmes, sous une forme ou sous une autre, mais toujours avec la même force incisive et pénétrante. Au P. Berset, alors missionnaire en Belgique, il écrit le 14 juillet 1835 : « Plus une chose nous répugne à faire ou à laisser, plus nous avons de raison de la faire ou de la laisser. On m'objectera : Oui, si on a la force ! L'expérience nous montre que nous nous faisons plus faibles que nous ne le sommes. L'Écriture nous dit : Personne n'a espéré dans le Seigneur et a été confondu, *Nemo speravit in Domino et confusus est* (Eccl., ii, 11). Il n'est pas jusqu'à la poésie qui ne nous dise : *Audaces fortuna juvat,* la fortune seconde les audacieux. Le bon Père Berset dira donc : Je puis tout en celui qui me fortifie, *Omnia possum in eo qui me confortat* (Phil., iv, 13). *Si consistant adversum me castra, non timebit cor meum* (Ps. xxvi, 3). Quand même des armées s'élèveraient contre moi, mon cœur ne craindra pas. »

C'est le même programme de combat qui est adressé au recteur de Fribourg[1] : « Pour la vertu, il faut l'exercice, comme pour apprendre à jouer du clavecin. *Fabricando fabri fimus.* Voilà toute l'ascèse. Faites de fréquents actes de vertu, bientôt vous serez vertueux. Excepté les vertus théologales, toutes les autres sont acquises. »

« Bien des religieux, disait-il, se trompent sur la vraie perfection. Ils la placent dans l'obéissance extérieure aux règles et négligent les préceptes. Ils ne voudraient pas manquer au silence régulier, mais ils se laissent facilement aller aux médisances, aux murmures. Beaucoup aussi suivent Jésus-Christ au Thabor, mais il en est peu qui l'accompagnent au Calvaire pour mourir avec lui. »

« Vous me donnez de bien mauvaises nouvelles du Frère Hersel. Ah ! mon Père, les hommes ne se vainquent pas ! Malheur à ceux qui ont de grands défauts ! Quand la tentation est passée tout va bien. Mais la tention revient, et on retombe[2]. »

1. 1827.
2. Au P. Czech, 16 novembre 1826.

« Poussez le Frère Martin Schmitt à la vie intérieure, sans laquelle il n'y a ni paix, ni bonheur dans une congrégation, et sans laquelle aussi l'âme est toujours en grand danger de se perdre. Car sans recueillement on ne tient pas ses résolutions : les passions croissent en conséquence, on ne combat pas. Quand on délaisse la vie intérieure, eût-on déjà un pied dans le ciel, on est en danger de se damner. »

« Mon Dieu! que faire avec les hommes? écrivait-il au P. de Held. Les bons restent bons, les autres gardent leur tête[1]! »

La mortification tant prêchée par le Vénérable était, on le voit, *celle du cœur*. Tout en estimant à son juste prix la mortification extérieure dont il faisait pour lui-même un si parfait usage, c'est à l'intérieure qu'il pousse surtout les âmes.

« Cette mortification est la vie de l'âme, l'échelle du paradis, la maîtresse de l'oraison : « Qui veut venir après moi, dit Jésus-Christ, doit se renoncer. »

« Qu'heureuse est l'âme mortifiée selon la raison et la volonté de Dieu! Elle est vraiment libre, elle est maîtresse d'elle-même. Elle jouit d'un repos et d'une tranquillité qui reflètent la paix des bienheureux. C'est l'état du premier homme dans le paradis terrestre. La mortification nous rapproche des anges, elle nous rend semblables à Jésus-Christ. »

« Il faut donc se faire sans cesse la guerre à soi-même : sinon pas de paix, pas de contemplation. Dieu est esprit, et ne se communique qu'à ceux qui vivent par l'esprit[2]. »

« Tendez à la pureté de cœur, écrit-il à la Mère Marie-Alphonse, mais en *détruisant la racine*. Mon Dieu! Quand donc aimerons-nous Dieu de tout notre cœur, de

1. Août 1840.
2. Aux rédemptoristines.

toutes nos forces et de toute notre âme? Que le vieil homme soit détruit; ayons de l'homme nouveau le cœur, la vie, les œuvres. Dépouillons-nous du vieil Adam, pour nous revêtir de Jésus-Christ. »

S'inspirant du *Combat spirituel,* de l'*Imitation de Jésus-Christ,* et surtout de la doctrine du P. Lallemant, jésuite, qu'il lisait assidûment, le P. Passerat donnait comme objectif immédiat à la lutte contre nous-même la *pureté de cœur.*

A ces auteurs qu'il apprit à connaître dès sa jeunesse, il joignit, dès qu'il les eut entre les mains, les œuvres ascétiques de saint Alphonse déjà assez connues en Allemagne. Il les goûtait à ce point que, dans le but de se pénétrer toujours plus de la doctrine du saint Docteur, il avait coutume, même pendant qu'il se rasait, de se faire lire quelque passage de la *Religieuse sanctifiée.* Il puisait à l'école du saint Docteur les forts conseils de mortification et d'éloignement des créatures, qui, unis à la piété la plus ardente, contribuaient à le fixer dans une ligne de combat invariable.

Nous allons voir plus au long comment il entendait la *pureté de cœur,* et en quelle estime il plaçait cette disposition essentielle à la vie intérieure. Tout l'enseignement du Vénérable sur ce point est du reste le commentaire du texte de saint Paul auquel il faisait tout à l'heure allusion.

CHAPITRE II

Ce mot, dans la bouche du P. Passerat, signifie parfois, au sens large, l'absence du péché dans le cœur; mais le plus souvent il comprend aussi la disparition de toute attache volontaire à quoi que ce soit qui puisse arrêter l'âme ou entraver sa marche vers Dieu.

Quand on sait quels obstacles le *moi*, plus ou moins esclave de ce qui le flatte ou le fait valoir, oppose aux âmes même vertueuses dans la pratique de l'amour de Dieu, on ne s'étonne pas de l'insistance du Vénérable à prêcher la pureté de cœur, ni de l'enthousiasme avec lequel il en célèbre la beauté.

C'est au péché qu'il s'attaque d'abord, mais toute source même lointaine de péché en nous, toute attache naturelle aux créatures ou à nous-même, est également prise à partie.

On a dit du P. Passerat que, durant sa longue vie, il ne commit pas la moindre faute volontaire. Et ce témoignage étonnant sorti de la bouche d'un religieux aussi sévère que le P. de Held, longtemps familier du Vénérable, semble bien confirmé par tous ceux qui l'ont connu de plus près.

Tous s'accordent à le dire : son horreur pour le péché véniel était si grande, que sans la moindre hésitation, il eût préféré la mort à la plus petite faute volontaire.

« N'oublions pas, disait-il, que nous ne pouvons

jamais commettre un péché véniel, dût-il en résulter un grand bien, comme la paix du monde et la délivrance de tous les damnés. » Il est au moins très certain, comme l'assure le P. Huchant, son confesseur à Tournai, qu'il mourut avec l'innocence baptismale.

Aux derniers jours de sa vie, le Vénérable, qui n'avait jamais cessé de s'appeler un grand pécheur, fut amené, en une circonstance, à rendre lui-même témoignage de son innocence, par la force de la vérité à laquelle il dut obéir. Le P. Gaudry qui l'assistait, entre autres réflexions, lui suggéra cette pensée : « Je devrais être maintenant en enfer. » « Oh! pour cela, mon Père, s'écria aussitôt le saint vieillard, je ne le crois pas! »

Et c'est là justement l'incomparable mérite du P. Passerat, d'avoir su pendant quatre-vingts ans, mener aussi parfaitement le combat pour garder et perfectionner en lui la pureté de cœur. Sa longue vie n'est que l'application très fidèle de sa doctrine.

Voici du reste comment il appréciait cette vertu [1] : « La pureté de cœur, c'est là tout ce que Dieu demande de nous. Oh! qu'elle est précieuse cette vertu! C'est elle qui fait la *sainteté de notre cœur*, elle est la fin de la perfection. A elle se réduisent tous vos devoirs et toutes vos obligations. C'est elle seule qui peut faire de vous des âmes contemplatives. C'est elle qui fait régner Jésus seul dans votre cœur, en vous détachant de tout ce qui est charnel et terrestre.

« C'est la pureté de cœur qui rendra *vos prières* agréables à Dieu. Elle seule donne à la prière cette véritable *confiance,* dont les actes coulent alors comme de source. Si le cœur n'est pas pur on fera bien des actes de confiance, mais ils seront forcés. La mesure de votre confiance c'est celle de votre pureté de cœur.

1. Aux rédemptoristines.

« Cette pureté donne à nos actions *le mérite*. Elle nous admet à la familiarité de Dieu, où l'on jouit d'une paix profonde. L'âme alors vole vers Dieu avec facilité. Oui, quand le cœur est pur Dieu le remplit bientôt...

« La pureté de cœur consiste à se vaincre soi-même. Dieu alors nous comble de ses grâces. Combattons généreusement. Si nous travaillons bien nous pouvons être saints en un moment, en nous détachant de tout.

« Et n'est-ce pas ce que vous demande Jésus-Christ quand il dit : Donne-moi ton cœur, c'est-à-dire donne-le-moi pur, détaché, libre de tout ce qui n'est pas moi, de tout ce qui n'est pas pour moi, de tout ce qui ne tend pas vers moi? Amour pour amour ! Voyez ! il vous a tout donné : il faut donner tout pour le tout. Alors vous serez agréables à Jésus-Christ, vous procurerez sa gloire, il prendra ses délices parmi vous. » « Oh ! qu'elle est belle la vertu qui établit *la familiarité de l'âme avec son Dieu !* C'est par la pureté de cœur que nous pouvons faire le plus de bien à l'Église et rendre le plus de gloire à Dieu. » « Un cœur pur est une plus sûre défense pour un pays qu'une grande armée : il y fait un bien immense. »

Aimer Dieu, s'unir à lui dans la contemplation, tel est le but qui incline le Vénérable avec tant de force vers la pureté de cœur :

« *Quis ascendet in montem Domini?* (Ps. xxiii.) Qui gravira la montagne du Seigneur? Ceux qui ont le cœur pur. Ils verront Dieu ; oui, ils le verront dans ce monde à la lumière d'une foi vive qui fera briller aux yeux de leur belle âme les mystères de la grandeur de Dieu, de son amour qui l'a porté jusqu'à immoler son divin Fils pour nous. Ils verront Dieu qui leur découvrira les admirables beautés de sa sainte Loi, et les leur fera goûter par le don de sagesse. Ces vérités seront plus douces au palais de leur âme que le miel à la bouche. Ils en seront extasiés. Ils le verront un jour face à face, l'aimeront en jouissant de lui pour l'éternité. O mon Dieu, qui êtes-vous pour ceux qui vous aiment et vous servent de tout leur cœur! »

Sur un ton plus simple, il reprend et explique pratiquement sa pensée. On y voit son âme de mystique, désireuse avant tout de s'élancer vers Dieu, mais sage, prudente et forte dans le soin vigilant qu'elle exerce sur elle-même pour se débarrasser d'abord de tout ce qui fait obstacle à l'amour.

Toutes les vertus, à ses yeux, entrent en jeu dans ce travail de purification parfaite du cœur; et c'est par là que, tout en s'inspirant de la doctrine du P. Lallemant, il reste, comme la suite le montrera, vrai rédemptoriste, préoccupé de retracer en lui la vie et les vertus du divin Rédempteur.

« La pureté de cœur, dit-il, nous fait voir Dieu dès ce monde. Nos péchés sont un bandeau : il se lève à mesure que nous purifions notre cœur. Si le rideau mis à la fenêtre est d'une étoffe épaisse, s'il est d'un tissu serré, les rayons ne peuvent pénétrer; mais si le rideau est d'une toile légère les rayons passent librement. De même plus nos péchés diminuent, plus nous voyons clairement. *Beati mundo corde...* Quand l'âme est pure les affections viennent d'elles-mêmes; la parole de Dieu la touche; elle y voit ce que d'autres n'y voient pas. Il peut pourtant arriver qu'une âme pure ne goûte rien, ne sente rien dans la parole de Dieu. Mais cela n'a lieu que lorsque Dieu conduit l'âme par des voies extraordinaires. »

« Celui qui tient son cœur pur fait son purgatoire en ce monde. Dieu lui rend évidente la paix attachée à la croix, afin qu'il l'embrasse.

« Malheur donc à celui dont le cœur n'est pas pur! il marchera dans les ténèbres. Doublement malheureuse est l'âme contemplative qui, par manque de la pureté de cœur, va sans cesse à la recherche de la lumière sans la trouver. C'est une aveugle qui a des yeux pour ne point voir. Quelle peine! Quelle fatigue! Chercher Dieu tout le jour, toute la vie, sans le trouver! Ah! cette peine surpasse de loin celle qu'il se faudrait donner pour acquérir la pureté de cœur. »

« Mais ce qui est plus terrible, c'est qu'une âme menant la vie de l'esprit court vraiment grand risque de se perdre si elle ne conserve pas la pureté de cœur. Le moindre mal qu'elle puisse attendre sont de grandes angoisses à l'heure de la mort et un long purgatoire. »

Le Vénérable passe alors en revue les défauts ordinaires qui chez les bonnes âmes, s'opposent à la pureté de cœur. Il dit aux Sœurs de Bruges :

« Sans compter tant de péchés d'action et d'omission, de combien de négligences, de lâchetés ne me suis-je pas rendu coupable par manque de vigilance sur moi-même!

« La plus légère offense, la moindre correction, le plus petit reproche, tout ce qui gêne a souvent été pour moi une occasion de mécontentement. La moindre parole blessante suffisait pour abattre toutes les forces de mon âme, me troublait souvent pendant tout le jour et quelquefois pendant des nuits entières.

« Un mal plus grand encore, c'est que je me laisse dominer par de telles pensées, par des opinions erronées, par des affections désordonnées, des passions, des sentiments malicieux qui s'emparent entièrement de moi. Mais le comble de mon malheur est mon opiniâtreté à ne point me laisser réprimander ni par les vivants ni par les morts.

« Après cela faut-il s'étonner qu'au lieu de voir Dieu, j'éprouve tant d'aridité, de tristesse et de mécontentement? Puisque ma condition m'impose la stricte obligation de la pureté de cœur et me garantit les grâces pour l'acquérir, je veux donner tous mes soins à cette vertu. Quelle gloire procure à la sainte Trinité une âme qui travaille sérieusement à l'acquérir! Quel bonheur pour moi! Je vous verrai donc, ô mon Dieu, en ce monde et en l'autre. *Beati mundo corde, quoniam ipsi Deum videbunt.* »

A propos de la pureté de cœur et comme moyen de l'obtenir, le P. Passerat insistait sur l'examen, qu'il définit de cette sorte : « Il est aussi impossible de faire des progrès dans la perfection sans l'examen particulier que de ne pas avancer rapidement avec lui. Mais je n'entends pas ici l'examen qui ne dure que quelques minutes le matin et le soir. Je veux dire qu'il faut veiller continuellement sur les mouvements intérieurs de notre cœur, nous humilier devant le bon Dieu chaque fois que nous tombons, puis nous relever par la confiance et marcher avec un nouveau courage. Cette sorte d'examen commence le matin au lever et se continue jusqu'au soir. »

Le jour même où le Vénérable fut frappé de sa première attaque d'apoplexie, il revoyait les notes qu'avaient prises les Sœurs de Bruges sur sa dernière conférence touchant la pureté de cœur.

Ce temps se passa presque tout entier en oraisons jaculatoires et en réflexions animées. Les sentiments déjà exprimés dans l'entretien s'exhalaient de son cœur en flammes d'amour : « Oui, une lumière se lèvera dans l'âme du juste et son cœur sera comblé de joie. Cette âme pure s'écriera alors comme le prophète royal : Seigneur, mon âme est anéantie en contemplant vos merveilles; ou encore avec l'Epouse des Cantiques : *Fulcite me floribus, stipate me malis, quia amore langueo.* (Cant., II, 5.) Appuyez-moi avec des fleurs, fortifiez-moi avec des fruits, car je languis d'amour. »

Puis, après quelque interruption, le saint vieillard reprenait tout à coup : « Pourquoi l'Épouse, qui déjà est toute languissante d'amour, demande-t-elle encore des fleurs et des fruits, c'est-à-dire des désirs et des œuvres pour augmenter en elle la charité? Ah! c'est que l'amour ne dit jamais : C'est assez. Il cherche toujours un nouvel aliment... »

Le Vénérable, tout absorbé en Dieu, parlait avec tant de feu que la Mère Marie-Alphonse craignant qu'il n'augmentât le mal de tête dont il avait souffert, lui dit : « Vous vous fatiguez, mon bon Père! » — « Non, non, reprit-il vivement, on ne se fatigue pas en parlant de Dieu. »

D'après le P. Passerat, comme d'après le P. Lallemant, c'est dans le cœur premièrement que se joue le drame intérieur d'où la vertu, l'amour pur doivent sortir triomphants. Si le Vénérable en appelle aussi aux motifs propres de chaque vertu, il place toujours au premier rang le souci de maintenir notre cœur détaché de la terre et uni à Dieu.

« Il y a trente ans, racontait un jour le P. Huchant aux rédemptoristines de Malines, je demandais au P. Passerat ce que je devais dire à ses chères Sœurs : « Dites-leur, me répondit-il, que le moindre attachement à la créature est un vol fait à Dieu. »

Par la pureté de cœur et par elle seule on arrive à cette vie intérieure dont il se fait l'apôtre infatigable auprès des âmes. A l'une comme à l'autre s'applique les belles paroles qu'il prononçait un jour :

« *Quis restitit Deo et pacem habuit?* (Job, ix, 4.) Qui jamais a eu la paix en résistant à Dieu? Faire la volonté de Dieu, voilà l'amour et l'amitié, voilà la paix. Et c'est là ce que fait l'*homme intérieur*.

« Cette vie donne une grande liberté d'esprit, une grande lumière pour distinguer le vrai du faux, dissiper les doutes, les scrupules, parce que alors les passions n'obscurcissent point l'âme.

« Les sujets du royaume de Dieu sont vraiment rois. *Fecisti nos Deo nostro regnum, et regnabimus.* (Apoc., v, 10.) Tu nous a fait le royaume de Dieu et nous régnerons. Trois choses accompagnent la royauté : la dignité ou la splendeur, les richesses et les plaisirs. Or les âmes en qui Dieu a établi le royaume de sa grâce possèdent ces trois avantages selon les degrés de leur ferveur.

« Leur état est d'une éminente sainteté, parce qu'elles obéissent à Dieu et ne dépendent intérieurement que de lui. Elles ont un parfait domaine sur le monde, la chair et le démon. Elles marchent tête levée, elles ne craignent rien, elles ont un courage à l'épreuve de tout ce qui peut arriver dans la vie.

« Josèphe appelle le gouvernement des Israélites avant les rois une *théocratie.* N'est-ce pas le nom qui convient au règne de Dieu dans les âmes intérieures ? C'est des richesses incompréhensibles de ce royaume que parle saint Paul en plusieurs endroits de ses épîtres. *In omnibus divites facti estis in illo.* (I Cor., I) »

Comme garant de si grands biens, le Vénérable donne à tous ses religieux ce conseil de vie : « Voici pour nous le premier de tous les commandements : Ne laisser jamais mollir l'énergie de la résolution une fois prise, mais y persévérer avec la juvénile ardeur d'un commençant[1]. »

Ce conseil, si difficile en pratique, recevait de la tactique de combat chère au Vénérable que nous allons expliquer, une aide puissante autant qu'efficace. *Vio-*

____

1. 6 janvier 1841.

lentum non durat, ce qui est violent ne dure pas, dit le proverbe ; et pour faire bien et longtemps une chose difficile il faut y trouver quelque plaisir. Pour rester toujours fort dans la lutte contre nous-même, le monde et le démon, le P. Passerat, s'inspirant de la parole de saint Paul : *Gaudete in Domino semper* (Philip., IV, 4), Réjouissez-vous toujours dans le Seigneur, veut que la joie demeure au service du courage dans le cœur qui tend à la perfection. Il fait de cette joie surnaturelle une règle inviolable de son ascétisme. A tous il l'inculque, et ne souffre pas qu'on s'en écarte.

Cette tactique assurément vaut d'être étudiée à loisir.

CHAPITRE III

La joie spirituelle est un fruit du règne de l'Esprit-Saint dans l'âme parfaite : « L'Esprit-Saint, répète le P. Passerat, est un Esprit de joie, de paix et de consolation. »

Mais ce n'est pas seulement au sommet de la vertu que cette joie doit se faire sentir : il faut qu'elle nous soit une aide pour en gravir les différents degrés. L'Écriture ne dit-elle pas : La joie du cœur est la vie de l'homme et un trésor indéfectible de sainteté ? *Jucunditas cordis hæc est vita hominis, et thesaurus sine defectione sanctitatis.* (Eccli., **xxx**, 23.) Elle dit aussi : La tristesse du cœur est une plaie : beaucoup sont morts par elle, et elle ne renferme aucune utilité. (Eccli., **xxv**, 17-**xxx**, 25.)

Or le Vénérable connaît à fond le cœur humain. Il sait que la tristesse s'y enracine avec la facilité des mauvaises herbes dans un marécage. Lorsque par peur de l'effort ou amour de ses aises, l'âme recule devant le sacrifice, elle se replie alors sur elle-même et perd de vue la vraie confiance en Dieu qui dilate le cœur et seule peut le faire courir dans la voie du salut.

Le démon en profite à son tour pour l'occuper en de vaines chimères qui dissipent ou détournent ses forces : « Il n'est pas concevable, dit le P. Passerat, combien le démon empêche notre avancement spirituel. Il nous trompe en général par quelque peine, quelque chagrin, quelque scrupule, ou par quelque autre mauvaise disposition, pour nous détourner du soin de la prière et de notre avancement. Prenons garde de nous laisser amuser par ces *marionnettes* qu'il a en abondance et fait toujours mouvoir aux yeux de notre âme. O mon Dieu! ne me suis-je pas laissé tromper? N'est-il pas temps de m'attacher à vous seul? »

Joie et tristesse sont donc l'objet spécial de sa préoccupation, mais dans des sens diamétralement opposés. Autant il aime la joie au service de Dieu, autant il a en horreur la tristesse. C'est une de ses maximes favorites et qu'il emploie à tout propos, que « *toute pensée triste vient des pays-bas* »; c'est-à-dire de l'amour-propre ou du démon et « qu'il faut la chasser comme on s'empresse d'enlever un charbon ardent tombé sur un tapis ou sur une étoffe de soie. »

« Tout ce qui altère tant soit peu la joie spirituelle vient du diable. »

Les lettres de direction qu'il adresse à la Mère Marie-Alphonse dès le début de sa vie religieuse, montrent clairement quelle importance il attachait à cette maxime. Jamais peut-être conseils plus multipliés et plus pressants ne sont sortis de la plume du Vénérable, que sur ce point à ses yeux vital pour l'avancement spirituel. Citons un peu au hasard :

« Au nom de Dieu et de votre âme, ayez un peu de raison. Persuadez-vous donc que dans cette malheureuse vallée de larmes on ne peut faire un pas sans rencontrer une pierre. Alors si on se fâche contre cette pierre, si l'on s'obstine à y fixer les regards, à la frapper des quatre côtés, qu'est-ce que cela donnera? Si au contraire on affleure gaiement, légèrement chaque pierre, la marche sera facile. Je vous commande au nom de Jésus-Christ, de chasser comme une pensée impure toute réflexion pénible[1]. »

« Tout ce qui nous afflige ici-bas n'est que sottise ; mais c'est encore une plus grande sottise que de s'affliger d'avoir été triste. »

L'OEuvre des filles repenties, à laquelle se consacrait la Mère, lui apportait ainsi qu'à ses compagnes des soucis chaque jour plus nombreux et plus lourds. Aux peines inhérentes à un ministère si difficile s'ajoutaient des avanies, des outrages qui rendaient la croix bien rude. En juillet 1824, leur maison fut même l'objet d'une sauvage agression, que l'on put heureusement réprimer à temps. Elles durent enfin l'abandonner pour s'établir, le 16 octobre suivant, dans un endroit plus convenable et plus sûr, au faubourg de Land-strasse.

Les lettres du P. Passerat sont significatives : « Pour rien au monde il ne faut céder d'un pas à la nature qui gémit, et la tristesse n'est acceptable en aucun temps. »

« Vous n'avez pas encore vaincu votre tristesse ? Cela me fait extrêmement de peine. Toute personne qui est possédée de cette passion n'en sera jamais délivrée si elle ne sait pas supporter quelque chose. Je vous en prie, faites donc un acte généreux et vous serez tranquille. Cramponnez-vous fortement à cette pensée : tout vient de Dieu. Qui suis-je pour résister à Dieu ? Ayons de la foi, et rien ne nous attristera que le péché et ses suites, rien ne nous réjouira que l'espé-rance du ciel. O beau ciel[2] ! »

« Très chère Sœur, je vous exhorte à faire bien des actes. Il faut vaincre cette tristesse, il faut la tuer : sans cela elle reviendra. Réjouissez-vous donc de la

1. Lettre de 1824.
2. 5 mai 1824.

peine que vous ressentez, comme du plus beau sacrifice que vous puissiez faire à celui qui vous a aimée jusqu'à mourir en croix pour vous. Vous pouvez toujours faire ces actes de joie, au moins en esprit de foi. Faites-en donc tous les quarts d'heure. Soyez sage et courageuse, plus que... le P. Passerat[1]. »

« Vous êtes fille du Très-Haut : abhorrez les pensées de tristesse plus qu'une princesse héritière abhorrerait un pourceau immonde envahissant sa chambre. La tristesse est inséparable du malin esprit, comme la joie est inséparable de l'Esprit-Saint. »

Près d'un quart de siècle après, c'est du même ton qu'il répète le même conseil à ses filles : « Mes chères Sœurs, rappelez-vous les vérités que l'on vous a prêchées si souvent. Tout ce qui inquiète, ou ce qui porte, même de loin, une ombre de tristesse, fuyez-le des yeux de l'esprit, comme vous fuiriez à l'aspect d'un serpent. Sans cela pas de paix durable. Voilà la plus belle mortification. Quelle joie vous causeriez à Jésus-Christ si vous faisiez votre examen particulier sur cette excellente sorte de mortification, et que de bien vous vous procureriez à vous-mêmes! Ne pensez pas tant, aimez davantage. »

Auprès de ses missionnaires, de ses religieux, il insiste pour qu'ils fassent de la joie une de leurs armes principales dans la lutte spirituelle. Par les sacrifices même qu'elle impose, autant qu'elle les facilite, n'est-elle pas déjà un garant de victoire?

« Retenez-le bien, écrit-il au recteur de Fribourg, l'Esprit-Saint ne nous donne que des idées et des pensées conformes aux saintes Écritures, et ces pensées sont inséparables de la confiance et de la joie componctueuse du cœur. Tout ce qui n'est pas revêtu de

1. 5 août 1824.

ces deux conditions doit être rejeté comme de mauvaises pensées. Et combien de fois faut-il faire effort pour se défaire de cette malheureuse habitude de pusillanimité? Septante fois sept fois! Oh! si les âmes de bonne volonté voulaient le comprendre, il y aurait bien des âmes ferventes, puisqu'il y en aurait autant que l'on trouve de tristes *bigottes*[1]*!* »

Il écrit au P. Berset : « Je vous le dis pour vous et pour vos pénitents, toutes les pensées qui sont accompagnées de tristesse, de découragement, d'inquiétude viennent des *pays-bas*. Il faut donc les rejeter mais *prompte et fortiter*, vite et fortement, *et pertinaciter* et *quasi iracunde*, obstinément et comme en colère; en se servant du glaive de la parole de Dieu : *sufficit diei malitia sua*, à chaque jour suffit son mal[2]. »

« De même toute résolution violente ou empressée vient de la nature. Tout projet, toute représentation, tout avertissement qui est accompagné de ces associés de l'une ou de l'autre espèce, doit être rejeté *quo citius eo melius*, le plus tôt possible, ce sera le mieux. Et c'est là une très grande mortification et perfection. Tout cela est au moins du vin nouveau, auquel il faut donner le temps de se reposer pour qu'il n'attaque pas les nerfs de votre âme.

« Mais plus que tout le reste, vos tristesses, vos craintes et vos angoisses sont objet de la mortification intérieure, plus sublime et infiniment, que l'extérieure. C'est même le *surfin* de la mortification intérieure. Ne cédez pas aux pensées noires et unissez votre tristesse à celle de Jésus-Christ : bientôt elle se convertira en joie[3]. »

Et à l'occasion de minimes cadeaux réciproques du

1. 10 octobre 1829.
2. 5 février 1833.
3. 6 février 1834.

nouvel an, il donne au Père cette gracieuse leçon :
« Je vous envoie cette petite image de nos religieuses,
en remerciement de vos beaux cœurs, l'emblême du
vôtre. Que le Seigneur l'embellisse de plus en plus et
lui conserve toujours sa couleur douce et non foncée
que j'admire dans ceux que vous m'avez offerts; car je
n'aime en tout que ce qui respire un air doux, léger,
facile, suave et gai. C'est ainsi que je me représente
Jésus-Christ et le ciel[1]. »

Les confrères du Vénérable et en général tous ceux
qui le connurent soit en Suisse soit à Vienne nous le
représentent réalisant à la perfection dans sa personne
ces leçons de joie et de courage dans la lutte quoti-
dienne pour la vertu.

La joie qu'il préconisait et montrait n'avait, on le
pense bien, rien de la joie fausse du monde ou simplement naturelle. Elle était entièrement spirituelle,
comme il s'en explique lui-même. Après la première
prise d'habit des rédemptoristines à Vienne, il écrit en
effet : « Depuis la vêture, il me paraît qu'un nouveau
soleil luit à mes yeux, surtout quand je suis dans votre
couvent. Tout me paraît beau et éclatant. Ne croyez
pas cependant que cette joie soit naturelle, car je la
rejetterais et n'en parlerais pas. Vous savez sur cette
sorte de joie, mon sentiment : elle désunit de Dieu et
elle est toujours produite par l'amour-propre[2]. »

« Le 16 décembre 1840, dit le P. Kasselwalder, j'ai
vu le Révérendissime Père Passerat pour la première
fois; ce jour-là il m'envoya au noviciat à Eggenburg.
Cet homme vénérable, à la chevelure toute blanche,
me fit de prime abord une impression que je ne puis
expliquer. Son regard était serein et sa figure presque
souriante. Il me parla d'une manière si aimable et si

1. 5 janvier 1833.
2. Lettre à la Mère Marie-Alphonse, 1831.

bienveillante qu'il semblait me connaître depuis longtemps. »

« Jamais, écrit une rédemptoristine, Sœur Marie-
Victoire, je ne l'ai vu ni impatient, ni de mauvaise
humeur. Toujours serein, toujours content de Dieu, il
désirait voir contents aussi tous ceux qu'il abordait...

« Il avait des moyens à lui pour communiquer aux
autres sa douce paix. Une Sœur venait-elle au parloir
le cœur gros, l'esprit agité pour lui faire part de ses
peines. Le bon Père pénétrait aussitôt le secret de son
trouble, et souvent il lui arrivait alors pour toute
réponse de fredonner joyeusement un petit air de cantique. Il donnait ainsi à l'âme affligée l'occasion et le
temps de recouvrer la lumière et la paix. Il savait si
bien consoler !

« Ses principes sans doute étaient sévères contre les
faiblesses et les retours de l'amour-propre, mais sa
tendresse pour les âmes, son indulgence à supporter
leurs misères et à pardonner leurs fautes étaient
extrêmes. L'esprit de saint François de Sales paraissait
animer le sien.

« Un jour de fête de l'Ascension, il entre soudain
dans notre petite chapelle et s'approche de la grille du
chœur où se trouvaient deux ou trois sœurs : « Mes
Sœurs, s'écrie-t-il, avec l'expression d'un vif étonnement, un miracle ! un miracle ! » Les Sœurs accourent
l'une après l'autre. « Oui, un grand miracle est arrivé.
Notre-Seigneur est monté au ciel couronné de gloire.
Il y est allé pour vous préparer des places ; vous avez
récité ce matin les psaumes : *Cantate Domino... Laeta-
tus sum...* et vous êtes tristes, et vous pleurez, et vous
manquez de courage ! Quel miracle ! »

Un autre jour il complète ainsi sa leçon de sainte
joie : « Vous êtes enfants de Dieu, princesses du ciel,
épouses de Jésus-Christ, héritières du paradis, et vous

craignez tant! Vraiment j'admire votre simplicité. Elle me met dans la contemplation. Vous cherchez la sainteté au delà des mers. Elle est toute proche de vous : prenez-la. Soyez contentes de Dieu, et Dieu sera content de vous. »

Au P. Huchant, il donnait un jour ce conseil : « Soyons toujours en paix. Soyons toujours contents de Dieu. Jamais de mécontents parmi les âmes intérieures, jamais d'âmes intérieures parmi les mécontents [1]. »

De tels avis portaient leurs fruits, tout en manifestant la vertu de celui qui les donnait. Un courage qui sourit, qui plaisante au milieu du combat et pour mieux combattre est bien celui d'un héros et d'un saint. Le Vénérable ne concevait guère autrement la vertu d'abnégation. Son cœur toujours au ciel appréciait à leur juste valeur et tenait pour ce qu'ils valent les événements et les épreuves d'ici-bas.

« *Peto, nate, ut respicias ad caelum; je vous prie, mon fils, de regarder le ciel,* écrivait-il le 15 janvier 1845 à tous ses religieux. Voilà le principal objet de mes vœux pour vous et pour moi. Regardons seulement le ciel. Souvent nous épuisons notre rhétorique à nous tourmenter par tant de raisonnements. Je vous en prie, détournez les yeux de ces épaisses ténèbres, regardez le ciel. Ce coup d'œil sera un rayon de soleil qui dissipera tous les nuages. Par là nous nous épargnerons bien de mauvaises heures et de mauvais jours, par là, nous aurons le paradis en ce monde et en l'autre. On ne peut presque, en ce sens, aller en paradis que du paradis. Il faut aller au ciel pendant la vie pour y aller après la mort. *Conversatio nostra in caelis est.* Je prie Dieu et la sainte Vierge Marie qu'ils nous aident

---

1. *Vie du P. Huchant*, par le P. Lejeune, p. 253

puissamment à nous servir d'un moyen si doux et si efficace pour notre sanctification. »

« Souvent, à table, en donnant colloque les jours de récréation, il lui arrivait de laisser aussitôt éclater au dehors sa joie intérieure. Il chantait alors en plein réfectoire, en élevant les bras, les premiers mots d'un cantique très populaire à Vienne : « *Nimm mich mit...* Avec toi prends-moi, ô Mère bien-aimée; conduis-moi près de Dieu... » Puis il lui arrivait d'ajouter : « Ah! si nous étions déjà là-haut! » Les jours de fête en particulier [1], il paraissait comme transfiguré par la joie. Une veille de l'Assomption, il disait le soir en récréation : « Je conseille à tous mes pénitents de faire des actes de désir du ciel. »

Le P. Aertnys, qui connut le Vénérable lors de ses visites au studendat de Wittem, aimait à répéter que, durant sa présence, la maison était dans une atmosphère de joie et comme embaumée de sa sainteté. Tous ressentaient cette sainte allégresse. Pour lui si profondément recueilli en Dieu et priant toujours, il aimait à converser familièrement avec tous. Comme il était de haute taille et sentait le poids des ans, en se promenant avec ses Pères au début de la récréation, avant de s'asseoir, il étendait les bras sur les épaules de ses deux voisins.

Dans le but d'égayer ses confrères, il ne reculait pas devant quelques petites plaisanteries. C'est ainsi qu'un jour en présence de graves Pères, parmi lesquels se trouvait le célèbre P. Bernard, il demanda : « Pourquoi donc, après la mort de son fils, David disait-il si souvent : *Absalom, fili mi; fili mi Absalom!* » Des raisons sans doute profondes furent proposées; le P. Bernard, paraît-il, y mit son éloquence. En écou-

---

1. P. Kasselwalder.

tant tout cela, le P. Passerat souriait : « Vous n'y êtes pas! dit-il; la vraie raison c'est que son fils s'appelait ainsi. »

« Pourquoi donc disons-nous toujours : *Ora pro nobis, sancta Dei Genitrix?* demande-t-il une autre fois, en se relevant après l'*Angelus,* au jardin. — Je ne sais quelle réponse lui fut faite. « Ce n'est pas cela, et c'est pourtant bien simple : *Ut digni efficiamur promissionibus Christi.* Tout le monde est convaincu et sourit.

« Il rit un jour de bon cœur sur la parole qu'on lui rapporta d'un pauvre marchant en sabots : « Je me promène dans mes bois! »

A Saint-Trond, ce lui était une joie de passer la récréation avec les novices. Il les égayait par des histoires ou des faits intéressants, ou par ses questions originales, toujours dans le sens de l'édification et de la piété.

« Il est plus difficile, disait-il, de bien faire la récréation que de bien faire oraison. »

Pour lui, il avait vraiment le don de la rendre charmante sans lui enlever le cachet religieux. Il lançait de petits mots pour rire, des traits plaisants, et savait à merveille tirer de là quelque réflexion salutaire sur quelque vertu.

« Nous avions à Vienne, nous racontait-il un jour, certain postulant qui aimait fort les cerises. Il se laissa une fois tenter et monta sur l'arbre pour en cueillir. Elles étaient bonnes. Mais bientôt repentant il vint s'accuser : « Vous n'avez donc pas craint, lui dis-je, que le démon ne se trouve dessus et ne s'empare de vous? Car il a pouvoir sur ceux qui désobéissent pour toucher un fruit défendu. » Le bon Frère écoutait humblement. Mais quelque temps après il succomba de nouveau à la tentation et vint encore s'accuser : « Mais quoi. lui dis-je. vous n'avez donc pas craint que le démon ne fût cette fois dans le cerisier? » — « Oh! mon Père, j'ai bien eu soin de faire le signe de la croix avant de monter sur l'arbre. » Puis le Vénérable ajoute quelques mots sérieux sur l'obéissance aux règles et la fidélité à s'accuser de ses fautes. »

Dans les dernières années de sa vie, malade et tourmenté de scrupules, affaibli de la tête par ses multiples attaques d'apoplexie, au point de n'avoir plus qu'une demi-conscience de ce qui se passait autour de lui, le P. Passerat jusqu'à la fin conserva l'humeur paisible, souvent joyeuse, qu'il devait à sa grande habitude de se vaincre en tout.

Des reparties plaisantes sortaient facilement de sa bouche. Au recteur des jésuites venu le voir et qui lui parle de patience : « Il faut bien que j'en aie, répond-il en souriant, car je ne pourrais plus battre personne. ». — « C'est comme cela que je frapperai à la porte du paradis, disait-il un jour, en frappant doucement du doigt sur la muraille. »

Il lui arrivait en récréation, sur la demande de quelque confrère, de raconter des anecdotes amusantes et de chanter même quelques vieux refrains.

En 1854 au jour de sa fête, il se prêta volontiers aux compliments; on le vit, au dîner, entrer au réfectoire comme en triomphe sur sa petite voiture ornée de fleurs, et venir présenter le dessert à la communauté.

La joie surnaturelle, la douce gaieté du P. Passerat étaient le fruit de sa généreuse fidélité au Saint-Esprit : « Conservez-vous, écrit-il, dans la gaieté du Saint-Esprit, qui, comme l'explique le bienheureux Alphonse, consiste à embrasser avec amour tout le bien comme le mal que Dieu nous envoie. *In labore requies.* »

Elle avait sa base dans ses fortes convictions sur la

nécessité et les bienfaits de cette vertu, tels qu'il les prêcha un jour aux rédemptoristines de Bruges : « *Gaudete in Domino semper ; iterum dico, gaudete.* Réjouissez-vous toujours dans le Seigneur; je vous le répète, réjouissez-vous. Il y a une joie mondaine, mais ce n'est pas de celle-ci que je veux vous parler. La joie des mondains se termine toujours par la tristesse et tire des larmes des yeux. Quand on doit chercher la joie hors de soi, c'est un signe qu'on ne l'a pas en soi. Remerciez le Seigneur d'être délivrées de ces joies mondaines.

« L'Apôtre parle d'une joie intérieure que donne la bonne conscience et que rien ne doit nous ôter, puisqu'il nous dit : Réjouissez-vous toujours.

« Quand donc? comment? et quel moyen de se réjouir? Il faut se réjouir dans les tentations, dans les sécheresses, comme dans les consolations. Même après avoir péché, il faut encore en un sens se réjouir : Si vous avez péché, dit saint Jean, vous avez un médiateur auprès du Père : Jésus-Christ le juste.

« Je crois en effet qu'une religieuse qui, après une faute commise se relèverait promptement en demandant pardon à Dieu avec confiance, serait meilleure qu'auparavant, parce qu'elle aurait ainsi rendu honneur à la miséricorde de Dieu. Oui, après avoir commis un péché même mortel, l'avoir confessé et obtenu le pardon, il faudrait encore se réjouir d'avoir un si bon Père dans le ciel.

« Gardons-nous bien de nous attrister des fautes journalières que nous commettons par surprise, par faiblesse. Ce serait pécher contre la vérité, car nous ne sommes pas des anges pour ne jamais tomber. D'après *Le Combat spirituel,* vous avez autant d'orgueil et de confiance en vous-même que vous avez de tristesse et de trouble après une faute commise.

« Réjouissez-vous encore lorsque Dieu vous cache vos

progrès dans la perfection : il le fait pour que vous ne deveniez pas orgueilleuses.

« Il faut aussi se réjouir d'être humilié; car nous ne pouvons rien offrir au Seigneur qui lui soit plus agréable. La vertu ne consiste pas à ne pas éprouver de mauvaises inclinations et de mauvais sentiments, mais bien à les surmonter avec courage.

« *La joie est notre force.* Lorsque les Israélites furent revenus de la captivité, Zorobabel leur lisait dans le temple les livres de la Loi. Le peuple, touché des infidélités dont il s'était rendu coupable, lui et ses pères, se mit à pleurer. Alors le grand prêtre, parcourant les rangs, dit : Allez dans vos maisons, buvez et mangez, réjouissez-vous car c'est le jour du Seigneur. Nous lisons aussi que Judas Macchabée faisait de grandes choses, parce qu'il *combattait les combats du Seigneur avec joie.*

« C'est un précepte du Seigneur qu'il faut toujours se réjouir. Les religieux et les religieuses ont tant de sujets de pratiquer la sainte joie ! La grâce de la vocation est un signe de prédestination. Réjouissez-vous de ce que vos noms sont inscrits dans le livre de vie. »

Le combat spirituel ainsi mené ne suffirait pas à lui seul, il est vrai, pour nous unir à Dieu dans la réalité de ce que les ascètes appellent la *vie intérieure.*

Il faut y joindre d'abord la pratique constante des trois vertus théologales, inhérentes à l'état de grâce et dont le progrès augmente notre union avec Dieu.

Sur ce fondement essentiel posé par l'Esprit-Saint lui-même au baptême, l'âme aidée de la prière et de la mortification élève l'édifice spirituel de sa perfection et fait les actes de vertus dont elle remplit ses journées.

Le P. Passerat inculquait ces principes à ses novices et à ses religieux; il en pénétrait sa propre vie intérieure, comme nous allons le voir.

TROISIÈME PARTIE

VERTUS THÉOLOGALES

I. — *La foi du P. Passerat.*

Un homme de foi. — Il prêche la foi vive. — La foi pure. — Des actes.
— Foi théorique et foi pratique. — Héroïsme de sa foi dans les
grandes épreuves. — Dans sa vie ordinaire. — Effets de la foi vive :
fuite du péché. — Force pour se vaincre. — Lumière et ferveur dans
l'oraison. — Foi privée de sentiment : « *les deux aveuglements* ». —
Nombreux exemples de foi vive dans la piété du Vénérable. — Tentations contre la foi. — « *Vivre de la foi!* »

II. — *Confiance héroïque.*

Le Vénérable prêche la confiance parfaite. — Vertu difficile. — « Il y a
un Dieu dans le ciel! » — Sa confiance, spécialement au milieu des
persécutions. — Cette confiance a, à sa base, la crainte de Dieu. —
Confiance : 1° dans la pratique de la vie spirituelle — ses motifs — ses
obstacles — les tentations — le scrupule. — 2° Dans tous les événements et les difficultés d'ordre extérieur. — Abandon à la Providence ;
compter sur elle seule. — Le supérieur confiant.

III. — *Charité pour Dieu.*

Importance capitale de cette vertu. — Vives exhortations à l'amour. —
Dieu seul ; la volonté de Dieu. — Actes d'amour et bonne intention.
— L'amour de Dieu est facile. — Amour du Vénérable pour Jésus-
Christ. — Jésus-Christ, objet, source, exemple d'amour. — A Jésus
par Marie. — Toute la vie intérieure.

La foi, l'espérance, la charité nous unissent intimement à Dieu dès ici-bas, et sont de l'essence même
de la vie intérieure, le fondement nécessaire sans lequel
il nous est impossible de poser la moindre pierre à
l'édifice spirituel de notre sanctification.

Avec l'esprit de prière, les trois vertus théologales
éclatent pour ainsi dire en chacune des journées du

Vénérable. Son âme en vit comme le corps vit de l'air. Livrée par sa prière continuelle à l'influence continuelle de la grâce, c'est à la grâce aussi qu'elle demande les touches profondes de foi, de confiance et d'amour qui l'élèvent vers Dieu. Une activité intense coopère à ces mouvements surnaturels. De là les admirables fruits de vertus théologales dont s'alimente la vie d'oraison du P. Passerat, selon la parole de l'Écriture qu'il applique lui-même à l'âme intérieure : *Fulcite me floribus, stipate me malis, quia amore langueo.* Soutenez-moi avec des fleurs, fortifiez-moi avec des fruits, car je languis d'amour.

Voyons les fruits en détail et écoutons les leçons du vénérable patriarche.

CHAPITRE PREMIER

LA FOI DU P. PASSERAT

Ce qui fait notre force dans le Christ, dit saint Paul, *c'est la foi agissant par la charité.* (Gal., v, 6.) La foi vive animait effectivement toute la vie intérieure du P. Passerat et lui donnait cette intensité, cette ardeur de vertu que tous admiraient en lui. C'était une de ses maximes « qu'on a autant d'espérance, d'amour de Dieu, d'obéissance, d'humilité, de renoncement, bref, autant de vertu qu'on a de foi, pas davantage ».

« Ah! quel homme de foi! » s'écriait l'un de ses confrères, le P. Kaltenbach.

« C'est la foi qui l'a soutenu dans toutes les pérégrinations, toutes les misères, toutes les difficultés qui ont marqué le cours de sa vie[1]. »

« Cette foi était si vive; la vie intérieure de son âme était si pénétrante, qu'on eût dit que pour lui il n'y avait plus de mystères. Tout était grand chez lui par l'esprit de foi et d'amour dont il animait ses actes[2].

Cette foi, il la comprend pour lui-même et la prêche aux autres sans aucune compromission avec l'esprit naturel. Il veut la pleine adhésion à toutes les exigences pratiques qu'elle impose à l'esprit et au cœur.

« J'ai la persuasion, écrit-il aux Pères de la Pro-

1. P. Blum.
2. Sœur Philomène Basiez, rédemptoristine.

vince belge, qu'un moyen aussi efficace qu'indispensable pour arriver à la perfection de notre saint état, est une foi vive. Je n'entends pas seulement une foi accompagnée des œuvres qui nous conservent dans la grâce de Dieu, mais une foi qui nous représente avec plus de clarté et de fermeté qu'au commun des fidèles les vérités éternelles.

« C'est cette foi dont parle l'Apôtre dans le onzième chapitre de son Épître aux Hébreux et à laquelle il attribue les actions héroïques de tous les saints de l'Ancien Testament.

« C'est cette foi que Notre-Seigneur compare au grain de sénevé, dont la vertu et l'activité agissent sur nos sens avec tant d'efficacité.

« C'est de cette foi que saint Étienne était animé quand il faisait tant de prodiges et de miracles. C'est cette foi qui, dans les saints, était le principe et le fondement de toutes les vertus[1]. »

Le Vénérable lui met en parallèle la foi qu'il appelle *ordinaire* : « Tant qu'on marche à sa faible lueur, on ne fait de propos que pour gémir de ne les avoir pas observés. L'extrême faiblesse de notre nature a besoin d'une lumière forte qui l'attire et l'entraîne. *Omnis peccans ignorat*, dit un païen ; on ne pèche que parce qu'on ne connaît pas, ou au moins pas assez clairement le mal.

« Oui, la faiblesse de notre foi est la source de tous nos désirs terrestres, vains, inutiles ou vicieux, des mauvaises inclinations auxquelles nous cédons, de nos tristesses, de nos troubles, en un mot c'est elle qui nous rend la perfection non seulement difficile et amère mais même impossible. »

Il faut donc acquérir et fortifier en nous la foi vive.

____

1. 6 janvier 1842.

Deux moyens nous sont indiqués par le Vénérable :
D'abord la *prière* : « Cette foi vive est un don de Dieu,
mais un don qu'il désire plus nous accorder que nous
ne pouvons désirer de le recevoir. Il nous invite à le
lui demander : *Si quis indiget sapientia, postulet a
Deo, qui dat affluenter* (Jac., I, 5). Si quelqu'un manque
de sagesse, qu'il demande à Dieu, lequel accorde abondamment. »

« Je vous exhorte, écrit-il aux étudiants de Wittem,
à demander à Notre-Seigneur Jésus-Christ une foi vive.
Cette divine vertu n'est pas seulement la racine de
toutes les vertus, elle les contient toutes. C'est pour
cela que saint Paul l'appelle *substantia rerum*, la
substance des choses. De même que l'arbre est dans sa
semence, ainsi les choses futures nous deviennent pré-
sentes par la foi.

« O Saint-Esprit, donnez à tous mes confrères et à
moi ce don excellent, faites briller à nos yeux ce doux
flambeau. Comme nous vous aimerons! comme nous
haïrons le péché! comme nous serons humbles!

« Oh! si la foi nous montrait clairement les cou-
ronnes des saints dans les cieux, oui sans doute nous
les imiterions. Non, on ne peut pratiquer aucune vertu
qu'autant qu'on a la foi. Que Notre-Seigneur nous
donne cette foi vive, qui n'est autre chose que le don
de science et, si vous voulez, de contemplation[1]. »

Mais à la prière pour obtenir la foi vive doit se
joindre une *généreuse coopération* à la grâce. « Il
faut, dit le Vénérable, avoir en haute estime cette foi
vive et animée, pour la demander avec instance ; mais
en même temps il est nécessaire d'y *mettre du nôtre*,
d'y contribuer. Dans l'oraison multiplions les actes de
foi. Ne cherchons pas à comprendre pour croire, comme

1. 15 janvier 1846.

dit saint Augustin, mais croyons pour comprendre : *noli velle intelligere ut credas, sed crede ut intelligas.* Quand le sentiment veut l'emporter sur la raison éclairée par la foi, fixons notre regard avec une sainte opiniâtreté sur l'auteur et le consommateur de notre foi. Alors la foi en Jésus-Christ triomphera en nous. Il croîtra ce don céleste et fera fleurir toutes les vertus religieuses dans notre âme. Nous serons des imitateurs de Jésus-Christ[1]. »

« Faites des actes de foi, répétait-il souvent. Que la foi est belle dans ses principes! Elle est comme le soleil qui éclaire et réchauffe tout. Il ne faut pas raisonner, mais croire. Dieu a livré le monde aux disputes des hommes, mais non pas lui ni ses mystères. »

A des sujets trops raisonneurs il imposa un jour, avec ces dernières paroles, une heure d'adoration et de prière devant le Saint Sacrement.

Comme professeur de théologie à Varsovie et inspirateur des études dans la congrégation lorsqu'il fut vicaire général, le Vénérable eut à lutter contre les erreurs de son temps, surtout le fébronisme et, à Vienne, le joséphisme. Il voulut toujours que ses disciples recourussent aux sources les plus pures de la foi catholique, dans les œuvres de saint Thomas et de saint Alphonse. A force de lutte contre les influences du dehors et d'énergique attention au dedans, il parvint à préserver ses jeunes clercs et à leur conserver toujours le pain de la vraie doctrine romaine.

Mais ces combats en vue de maintenir la foi intacte n'étaient, à ses yeux, qu'un préambule nécessaire. Tous ses efforts tendaient à développer *l'esprit de foi* et à lui livrer les âmes tout entières.

« Souvenez-vous de vos maîtres, dit-il avec saint

______

1. 8 janvier 1842.

Paul, à ses étudiants; et, considérant leur conduite, imitez leur foi. Adonnez-vous à la science de telle sorte que vous ne perdiez jamais de vue l'unique nécessaire, c'est-à-dire la vie intérieure. Oh! quelle différence entre la science d'un homme intérieur et celle d'un simple érudit! Pour comprendre les mystères de l'Écriture, la prière est plus utile que les efforts de l'esprit humain. Priez en étudiant et étudiez en priant[1]. »

Lui-même nourrissait assidûment sa foi de la lecture et de la méditation de l'Écriture sainte. Il avait pour les livres sacrés un souverain respect, un vrai culte d'adoration et d'amour. Aussi y puisait-il sans cesse les lumières et les encouragements appropriés aux diverses situations et aux travaux comme aux difficultés par où le faisait passer la Providence.

D'ordinaire la bible était ouverte sur sa table et c'est à genoux qu'il la lisait : « Dieu nous y parle directement, disait-il, comme il parla à Moïse sur le mont Sinaï. »

Sa foi était souvent récompensée par des grâces et une onction spéciales. « Un jour, rapporte le P. Huchant son confesseur, comme nous parlions de l'Écriture sainte, il me posa cette question : « Quand vous lisez l'Écriture, est-ce que vous ne voyez pas une atmosphère divine? » Il pensait sans doute que tout le monde participait à son privilège. Souvent en effet, il voyait le texte sacré rayonner d'une lumière surnaturelle, et il en sortait comme des étincelles qui lui pénétraient le cœur. »

Sous cette impression de foi, les oracles divins devenaient pour lui comme une manifestation de Dieu présent et lui parlant en personne. Une phrase, un

1. 1835.

mot suffisait pour l'absorber pendant un temps considérable. Il en pénétrait son âme et y cherchait une direction pratique pour sa vie.

« C'est par la foi, dit-il aux rédemptoristines, que Dieu a voulu sauver l'homme. Les vérités de la foi sont infaillibles, elles élèvent l'homme au-dessus de tout ce qu'il est ordinairement. Il faut se rappeler les vérités pratiques et s'appliquer dans l'occasion à les exécuter d'après ce que Dieu veut actuellement de nous sans aucun égard pour la nature. Rappelons-nous les principes de la foi dans les épreuves, les tentations, combattons en esprit de foi. »

Le P. Weinauer nous parle ainsi de la foi du P. Passerat : « De toutes ses vertus la foi était la plus éminente. Son extérieur, son calme, sa parfaite modestie montraient l'homme de Dieu qui ne vivait que de la foi. L'Esprit-Saint nous affirme que la bouche parle de l'abondance du cœur. J'en conclus que la foi avait jeté de profondes racines dans le cœur du serviteur de Dieu ; dans ses exhortations c'est à la foi qu'il revenait toujours : Mes frères, il faut croire, il faut avoir la foi. Je l'entendis un jour prêcher sur ce sujet avec une telle ardeur que j'en garde encore aujourd'hui le plus vif souvenir. »

La première application que le Vénérable faisait des principes de sa *foi pratique* regardait les *dispositions ordinaires* ou *extraordinaires* de la *Providence,* tant à son égard qu'à l'égard des autres et du monde entier. De là sa paix imperturbable et son acquiescement joyeux dans les épreuves les plus dures. N'est-ce pas ce même esprit qui mérita à Abraham la bénédiction du Seigneur, guida la Mère de Dieu elle-même dans son pèlerinage ici-bas, et reste toujours, pour les amis de Dieu, comme le fondement de leur fidélité et de leur courage à son service ?

Plusieurs exemples héroïques chez le P. Passerat vinrent éclairer d'un jour lumineux ses conseils de foi en la Providence. Nous les mettrons en regard de sa doctrine.

« Faisons des actes de foi sur la Providence de Dieu, dit-il, sur son gouvernement du monde en général et de nous en particulier. Tout ce qui nous arrive au corps ou à l'âme, en nos biens, notre honneur ; tout ce qui se passe dans l'univers entier pour la génération et la mort des individus, les changements et les révolutions des états, des empires, des familles, tout est régi par Dieu avec sagesse, amour et bonté. La Providence y ordonne tout pour la gloire divine et notre bien.

« *Si erit malum in civitate quod Dominus non fecerit*, dit Amos (iii, 6); il n'y a aucun mal dans la cité, aucune affliction, aucun opprobre, aucune misère du corps ou de l'âme dont le Seigneur ne soit cause. Oui, nous assure le Sage, *Bona et mala, vita et mors a Deo sunt* (Eccli., xi, 14), les biens et les maux, la vie et la mort viennent de Dieu.

« Quelle merveilleuse influence a cette vérité pour nous faire accepter avec résignation et patience, avec grand profit, toutes les épreuves de cette vie, changer les épines en roses, faire régner le calme au sein même de l'orage, et nous soumettre à l'ordre divin ! Là est notre perfection. Il importe extrêmement que nous en vivifiions souvent notre foi par des actes généreux et forts. »

Les dix-huit années que le P. Passerat vécut en Suisse, continuellement chassé d'un refuge à un autre par la révolution; les incidents pour la plupart désagréables et parfois fort fâcheux qui marquaient chacune de ses journées, peut-on dire, furent pour le Vénérable une rude école où sa foi en la Providence acquit cette maîtrise que nous lui voyons déployer dans la charge de vicaire général.

Alors aux prises avec des difficultés de toutes sortes, préoccupé de fondations toujours plus nombreuses, attiré lui-même parfois par son zèle brûlant dans le tracas des missions, toujours en alerte pour tout ce qui de près ou de loin touchait la congrégation et les âmes, le P. Passerat demeurait un modèle de sérénité et de paix. Les choses de la terre, il les voyait du ciel.

« Il dominait sa vie, dit la Mère Marie-Joseph, par une foi vive, une ferme confiance, un amour sans bornes qui ne refusait rien à Dieu et se réjouissait de souffrir en union avec Jésus-Christ crucifié. »

Il savait, avec la même foi, porter la consolation, inspirer le courage à ses confrères en butte comme lui aux ennuis et aux persécutions :

« Nous savions déjà par les gazettes le sort de l'Alsace, écrit-il en 1826, au P. Czech. C'est un malheur, et cependant nous devons remercier Dieu de nous avoir préservés de maux plus grands encore. Je ne puis approuver votre inquiétude. Je m'étonne qu'après tant de guerres, né et nourri dans la guerre, vous ne soyez pas encore plus aguerri. Gardez-vous de vous méfier de la Providence. Vous la verrez venir à votre secours, et cela bientôt, sur ma parole! C'est aux persécutions que vous devez les succès que Dieu vous accorde. »

Au sujet du couvent du Bischenberg, qui avait particulièrement souffert des ennemis de la religion, il écrit au P. Berset : « Dites à vos amis qu'ils me paraissent semblables à des soldats qui croiraient être en droit d'abandonner leur poste parce que le canon gronde. *Estote fortes in bello*, soyez forts dans le combat[1]. »

Et lorsque la maison fut sur le point d'être évacuée

1. 21 septembre 1826.

et pillée : « Ces circonstances font du bien à l'âme, elles la fortifient, l'élèvent, et font des chrétiens des hommes que le paganisme pouvait dépeindre, mais non pas reproduire : Ne craignez rien tant que la défiance[1]. »

En 1824, lors de l'agression dont nous avons parlé contre le couvent des Sœurs Oblates du Très-Saint-Rédempteur, la supérieure, Sœur Eugénie, future Mère Marie-Alphonse, était en pèlerinage au sanctuaire de Maria-Zelle. Le P. Passerat lui écrit simplement : « Que de croix sont tombées sur Velhring! ou plutôt, puisque les croix sont un signe que Dieu nous aime, que de marques de la tendresse de notre Père céleste, que de gages de sa protection future! Ce coup, bienfait de la Providence, aura les meilleurs effets; nous l'éprouvons déjà. Reprenez haleine. Je vous conseille, pendant votre retour, de vous préparer à une bonne ou mauvaise *mine!* Je ne sais pas quel vent soufflera alors. Quoi qu'il en soit, il viendra certainement de celui qui a dans son sein le bon et le mauvais temps. Mais préparez-vous à tout, pour ne pas être surprise[2]. »

Lui-même, vingt-quatre ans plus tard, subit une épreuve autrement terrible. Aux approches des troubles de 1848, à Vienne, grand sans doute fut son chagrin à la vue de maux imminents. Mais la foi le conservait dans le calme. Un confrère lui parla de la peur qui le gagnait : « Avez-vous quelque péché grave sur la conscience? » lui dit le P. Passerat. — « Je ne crois pas. » — « Eh bien! alors que craignez-vous? »

L'émeute envahit le couvent de Maria-Stiegen, chasse les rédemptoristes avec des menaces de mort et, pour un temps, détruit leur œuvre.

Recueilli par un ancien domestique de la maison,

1. 17 février 1831.
2. Octobre 1824.

le Vénérable est de nouveau chassé de l'asile de fortune qui l'avait reçu, et ne trouve qu'à grand'peine un refuge au presbytère d'Enzersdorf, pour de là fuir en Belgique.

L'âge, les infirmités, les mauvais traitements, la douleur de voir ses enfants dispersés n'ébranlent pas son courage. Aucune plainte ne lui échappe contre ses persécuteurs : « S'ils m'assassinent, avait-il dit, je n'irai que plus vite en paradis. »

Il écrit, dès qu'il le peut, au P. Reyers : « Que la très sainte volonté de Dieu soit louée, adorée, bénie et accomplie en tout. Nous avons été surpris, chassés, ainsi que les révérendes Sœurs. Nous sommes tous épars sans presque rien savoir les uns des autres. *Cum persecuti vos fuerint et dixerint omne malum adversum vos, mentientes, propter me, gaudete et exsultate.* Lorsqu'ils vous persécuteront et lanceront toutes sortes de calomnies contre vous à cause de moi, réjouissez-vous et tressaillez de bonheur.

« Nos hôtes craignent même de nous recevoir, et je ne sais combien de temps je resterai ici. Montrez que vous m'aimez en vous réjouissant de savoir que je souffre avec patience. Plût à Dieu que je souffrisse plus parfaitement ! »

« Le pauvre vieillard ! s'écriait plus tard le même P. Reyers, qui l'accompagna alors en Belgique, il ne fait que prier et répéter : *Non est malum in civitate quod Dominus non fecerit.* Il ne permet pas qu'on montre le moindre fiel contre nos ennemis en sa présence, ou qu'on parle d'eux avec animosité. Sa tendresse est vraiment celle d'un saint. »

Arrivé à Altœtting, le 14 avril, sous un déguisement de laïc : « Me reconnaissez-vous ? dit-il en souriant. On m'a forcé de quitter Vienne, et en m'éloignant j'ai béni la ville d'un signe de croix. Réjouissons-nous, tressaillons de joie; car tout ce que nous avons à souffrir en ces temps malheureux, c'est uniquement pour le nom de Jésus que nous le souffrons. »

Dans le cours ordinaire de la vie, le P. Passerat se conduisait par les mêmes principes et la même ardeur de foi pratique. A ses yeux, comme à ceux du divin Maître, aucune action n'était petite, et toutes pouvaient être l'occasion d'une fidélité héroïque, par l'esprit qui les animerait.

« Si vous aviez la foi, disait-il un jour, au parloir, à la Sœur chargée du linge de la sacristie, avec quel respect vous toucheriez ce linge! Vous imiteriez cette sainte qui, pour faire sécher les corporaux au soleil, les tenait en mains plutôt que de les poser à terre. Et il ajoutait : « Si l'on avait la foi! »

« Il faut souvent penser à régler tous nos désirs sur la foi. Foi admirable, foi sainte, foi l'unique appui de notre âme et notre seule consolation! Dans la tentation surtout, lorsque la nuit nous environne, attendons le jour : hâtons-le par quelque pensée céleste[1]. »

On peut dire que continuellement son esprit était occupé de quelque pensée de foi. Outre l'Écriture sainte, il trouvait son aliment dans la liturgie, les sentences, les exemples des saints, dont il lisait la vie assidûment.

Toute lecture se rapportant à la piété le captivait par la grande foi qu'il y apportait. De là tant de pensées admirables, de souvenirs édifiants, de maximes ascétiques qui soutenaient sa vie et qu'il répandait à profusion autour de lui.

Les effets immédiats qu'il attendait de cette foi vive étaient surtout la *haine du péché* et *la générosité* à

____

1. Aux rédemptoristines.

vaincre la nature pour avancer dans l'exercice des vertus.

« Oh! si j'étais bien persuadé de la grandeur, de la majesté et de la bonté de Dieu trois fois saint, comment oserais-je l'offenser, même par un péché véniel? » écrivait-il aux Pères belges.

« Si cette vérité brillait à mes yeux que le supérieur me tient la place de Dieu, pourrais-je lui résister? n'entendrais-je pas sa voix comme celle de Dieu? Ses paroles seraient des oracles qui me rassureraient dans mes tentations et dans mes doutes.

« Si je croyais fermement que je commets un sacrilège en faisant ma volonté, puisqu'à l'exemple d'Ananie je reprends ce que j'ai donné à Dieu, oserais-je désobéir? *O mi Deus, adauge mihi fidem. Omnia possibilia sunt credenti.* O mon Dieu, augmentez en moi la foi. Tout est possible à celui qui croit[1]. »

Aux rédemptoristines il expliquait longuement comment cette foi vive est tout d'abord une arme de combat spirituel. Citons quelques passages :

« Pour mener la vie de foi, il faut résister au torrent de l'amour-propre. Cette vie nous pousse à mortifier les sens, nos commodités, tout ce que la nature recherche avec tant d'empressement. Il faut réduire en nous ce petit monde intérieur; il en faut être le maître si l'on ne veut pas en devenir l'esclave, car la nature fait toujours la guerre à l'esprit.

« On demandait à Massillon comment il connaissait si bien la cour sans la fréquenter. C'est que, dit-il, nous avons la cour en nous. Eh! mes Sœurs, il pourrait bien y avoir une petite cour même au couvent, si chacune de vous ne travaillait pas à amortir en elle les malheureux germes du péché par l'esprit de foi.

1. 6 janvier 1842.

« C'est le manque de foi qui est cause de toutes nos fautes et de notre faiblesse dans les tentations. On ne blesserait pas si facilement la charité si l'on voyait avec une foi vive Jésus-Christ dans le prochain. On excuserait, on pardonnerait tout par amour pour ce bon Sauveur.

« N'êtes-vous pas aussi quelquefois un peu hérétiques de cœur? Vous croyez, par exemple, que les humiliations sont nécessaires : pourquoi alors êtes-vous tristes quand elles se présentent, et vous efforcez-vous de les éviter? C'est encore le peu de foi qui produit le découragement dans les tentations. Oh! quelle grande et excellente mortification est la foi pratique, la foi envers ceux qui vous tiennent la place de Dieu! »

« C'est le courage qui manque le plus aux religieuses, surtout le courage dans les ténèbres, tentations, difficultés... Soyez femmes de foi; suivez alors votre raison éclairée des lumières de la foi.

« Les femmes ont les pensées dans le cœur. C'est avec l'esprit qu'il faut penser, non avec le cœur. Une femme qui se conduit non par le sentiment mais par les pensées de la foi est une femme forte, infailliblement elle sera une sainte. »

Mais où la foi vive du P. Passerat se manifestait avec un éclat incomparable, c'est dans *la prière*. Elle était tout ensemble et la *préparation* et l'*âme de son oraison*. C'est elle qui le maintenait dans un état de prière continuelle.

« Voyez les courtisans lorsqu'ils doivent paraître devant leur prince, disait-il, quelle décence, quelle attention, quel respect! »

Au début de la méditation, lorsqu'il la faisait à haute voix, il appuyait avec une énergie saisissan'e sur cette pensée : Je suis en présence de Dieu.

Dire le souverain respect dont le pénétrait partout cette divine présence est chose difficile.

Un jour à Tournai, en récréation, raconte le P. Ingels, quelque confrère se permit en parlant de Dieu une expression peut-être un peu trop familière. Je n'oublierai jamais l'air majestueux que prit alors le P. Passerat. D'un ton sévère il apostropha le coupable : « Mon Père, quand on parle de Dieu on doit le respecter. »

La même énergie de foi présidait à ses réflexions intimes soit dans l'oraison soit en dehors.

« Entendant un jour ces mots d'un sermon : Celui qui possède Jésus-Christ possède tout, celui qui n'est pas en grâce avec lui n'a rien, il s'arrêta plus d'une demi-heure sur cette pensée, et fit ensuite prévenir le prédicateur de bien l'inculquer au peuple. »

« Je lui faisais la lecture spirituelle dans la vie de saint Éphrem, dit l'un de ses confrères. A un passage où il est parlé du jugement, il me demande de m'interrompre, appuie la tête sur la table pour mieux réfléchir : « Ah ! s'écrie-t-il enfin, nous ne pensons pas assez au jugement ! » L'heure de la méditation sonna sans qu'il s'en aperçût, tant il était absorbé, et il eut le regret d'y arriver en retard. »

On a comme un reflet de sa ferveur de foi dans ce conseil donné à Sœur Maria-Mathilde du Saint-Sacrement : « Récitez toujours le *credo* avec une attention spéciale. Il faut former alors l'intention de faire une profession de foi, désirer de la confesser devant les hommes et les anges, dût-il nous en coûter la vie. »

Dans la prière, c'est la foi simple et obscure qu'il préférait de beaucoup aux *sentiments*. Ce qu'on doit y chercher en effet, c'est d'abord la victoire sur nous-même ; or la foi simple et forte nous y conduit efficacement.

« Que vous me faites plaisir, écrit-il au P. Berset, de me dire que votre cœur restera près de la douloureuse T. S. Vierge Mère de Dieu ! Mais que ce soit pour qu'elle nous donne la grâce de porter notre croix *in filio* et non *in filiâ* Sion ; et que vous correspondiez par des actes de courage[1]. »

Sur la foi obscure et virile il avait coutume d'exprimer originalement sa pensée par ce qu'il appelait *les deux aveuglements.* Je cite au long ce passage assurément digne d'intérêt :

« Il y a deux excellents et mystérieux *aveuglements* dans la vie spirituelle. Nous devons y participer et pour cela faire avec grand soin tout ce qui est nécessaire.

« Le premier *aveuglement* concerne tout ce que Dieu dit, et se rapporte à la foi ; le second, qui naît du premier, est pour tout ce que Dieu fait et regarde la Providence divine. Par ces deux *aveuglements,* sans chercher à ne rien voir ni connaître par nous-même, nous acceptons tout ce que Dieu dit, tout ce qu'il fait, quelque élevée que soit sa conduite au-dessus de l'entendement humain ; quelque bassesse, quelque simplicité, quelque répugnance ou impossibilité qu'elle nous présente à l'extérieur. Nous l'acceptons sans l'examiner, sans pointiller ni murmurer, sans nous plaindre, les yeux fermés et avec grand respect. Il nous suffit que ce soit la première Raison, la souveraine Sagesse, la Vérité essentielle et la Bonté infinie qui parle et qui ordonne. Nous ne pensons qu'à entrer dans ses desseins, assuré qu'elle ne saurait rien dire que de très vrai, ni rien faire qui ne soit parfaitement bon.

« C'est là, pour tout homme judicieux, une raison incomparablement meilleure et plus apte à nous donner la paix que tout ce que notre petit esprit et même celui des anges pourraient nous fournir.

« Ces *aveuglements* sont ténébreux et tout ensemble lumineux : ténébreux, puisque ce sont des *aveugle-*

---

1. Février 1829.

ments, puisqu'on y ferme les yeux et qu'on n'y veut rien voir ; lumineux, d'autant qu'ils sont éclairés de la lumière de la souveraine Vérité. Car c'est Dieu qui conduit ces sages et bienheureux aveugles dans la voie de leur salut et leur découvre mille choses qu'il cache aux autres. Il leur dit par Isaïe (XLII, 16) : *Ducam caecos in viam quam nesciunt, et in semitis quas ignoraverunt ambulare eos faciam. Ponam tenebras coram eis in lucem, et prava in recta.* Je conduirai les aveugles sur un chemin qu'ils ne connaissent pas, et je les ferai marcher dans des sentiers qu'ils ignorent. Je changerai devant eux les ténèbres en lumière, et les chemins tortueux en voie droite.

« Saint Paul, au moment de sa conversion, perdit la vue et demeura trois jours aveugle. Pendant sa cécité il entendit des secrets ineffables, il vit des merveilles ravissantes, et reçut des trésors de biens immenses. C'est la vraie image de l'*aveuglement* dont je parle. »

Nous avons vu quelle énergie et quelle vertu le Vénérable tirait pour lui-même de ce saint *aveuglement* dans les épreuves extraordinaires. Sa vie de prière en était aussi constamment illuminée et sa vertu de religion en recevait des magnifiques accroissements. De nombreux exemples vont nous le montrer.

La foi vive était vraiment pour lui le char de feu, qui, comme Élie, l'élevait vers Dieu, au-dessus de toutes les obscurités, obstacles, vicissitudes où se débat d'ordinaire la vie spirituelle de ceux qui lui préfèrent le *sentiment.*

Tout ce qui se rapporte au service de Dieu et au culte était traité par lui avec le plus souverain respect. Jusque dans son extrême vieillesse, aucune considération d'incommodité ou de maladie ne retenait les démonstrations de sa piété envers les augustes mystères de notre foi et tout ce qui les concerne. Sa conversation était dans le ciel : Dieu, Jésus-Christ, Marie, les anges et les saints lui étaient familiers autant que s'il les eût considérés des yeux du corps.

Sa dévotion envers la très sainte Trinité était ardente. « Le P. Passerat, dit la Mère Philomène, rédemptoristine, insistait pour qu'au *Gloria Patri* on restât incliné jusqu'aux paroles : *Spiritui sancto*. »

Les *Gloria Patri* qu'il récitait au cours de ses journées étaient, pour ainsi dire, innombrables.

« En arrivant à Bruges, après l'expulsion de Vienne, raconte le P. Reyers, le serviteur de Dieu marchant les yeux baissés et dans un grand recueillement, me dit : « Père, adorons la sainte Trinité » ; et dévotement il fit le signe de la croix[1]. »

Fidèle jusqu'au bout à sa chère dévotion, il eut un jour l'occasion, peu de temps avant sa mort, de la recommander très vivement au P. Huchant. Celui-ci rapporte que venant de Bruxelles par Tournai, il voulut saluer le Vénérable. Comme les visites alors fatiguaient trop le malade, sa porte d'ordinaire se maintenait fermée. « Je pus, dit le Père, pénétrer dans sa chambre par le jardin et y restai trois quarts d'heure : « C'est la dernière fois que nous nous voyons dans ce monde, vous allez me donner vos derniers avis. » — « Il faut, répondit le Vénérable, il faut bien aimer la sainte Trinité. » Et il répéta cette parole au moins dix fois. — « Et après, donc? Révérendissime Père. » — « Il faut être bien soumis à la sainte Trinité. » Et il le répéta au moins dix fois encore. » Le Vénérable confia ensuite au P. Huchant que ce jour-là même il avait reçu du ciel l'assurance qu'il n'irait pas au purgatoire.

Ses démonstrations de foi envers le mystère de l'Incarnation étaient touchantes.

1. Procès n° 305.

C'est lui qui exposa, à Vienne, la première crèche de
Noël, dans l'église de Maria-Stiegen. Une rédemptoristine, Sœur Marie-Céleste, rapporte qu'il paraissait tout
enflammé lorsque, tenant en ses mains l'image de l'En-
fant-Jésus, il allait la déposer à la crèche.

Mais c'est surtout à l'autel qu'éclataient ses sentiments
de foi. A la messe, au salut du Saint Sacrement, qu'il
donnait souvent lui-même, le ton de sa voix, son maintien, son regard et jusqu'à l'enthousiasme de son chant
révélaient ses dispositions intérieures. Sa messe était
si pieuse que parfois, après y avoir assisté, des prêtres
venaient par respect lui demander sa bénédiction. Tant
qu'il put célébrer il observa avec le soin le plus scrupuleux jusqu'aux moindres rubriques. Il tenait spécialement à faire la génuflexion jusqu'à terre, fallût-il
s'aider de deux confrères pour se relever.

« A l'époque où le serviteur de Dieu, à Vienne, souffrait d'un mal de pied et ne pouvait se tenir debout,
encore moins marcher, raconte le Frère André Gotz, je
le portai un jour avec un autre Frère, en qualité de
sacristain, de sa chambre à l'oratoire, où il commença
à prier assis. Bientôt il se leva, se revêtit des ornements
et célébra facilement la messe, sans auxiliaire. Voyant
cela, je ne m'occupai plus de lui, et, le laissant seul
avec le servant, retournai à la sacristie. »

Le sacerdoce était pour lui l'objet d'un vrai culte.
Parlait-il à un prêtre, ou quelque Père se trouvait-il
sur son passage, lors de son séjour à Tournai, il ôtait
révérencieusement sa calotte, bien qu'ensuite il eût
beaucoup de peine à la remettre. « Très souvent, dit le
P. Foy, je l'ai vu baiser la main aux prêtres. »

Il savait pour la foi, s'imposer de grands sacrifices.
Dans ses voyages, pour pouvoir célébrer la sainte
messe, il marchait à jeun des matinées entières et
arrivait exténué à quelque église de village.

Il arriva un jour que le curé fit quelque difficulté de lui ouvrir l'église. Hélas ! ce n'était pas sans motif. En voulant, pendant la messe, donner la communion au Frère qui le servait, le P. Passerat ouvre le saint ciboire. Une affreuse odeur s'en dégage ; les hosties étaient gâtées. S'armant de tout son courage, après en avoir donné une au Frère, il consomme toutes les autres, au risque de se nuire gravement. La messe terminée, il envoie aussitôt son compagnon à l'auberge voisine pour y prendre du café ; pour lui, il se plonge comme de coutume dans une fervente action de grâces.

Les actes du procès racontent qu'en l'une de ces circonstances il fut favorisé d'un miracle. Trouvant fermées les portes de l'église, il fait le signe de la croix avec une grande foi. Aussitôt, dit le P. Sabelli, la serrure saute et les portes s'ouvrent.

Il savait du reste profiter des déceptions qui l'attendaient parfois. Voyageant en Suisse avec le P. Berset, il arrive devant une église fermée. Malgré le froid et le mauvais temps, il s'agenouille devant la porte, prie longtemps, et, comme personne ne vient ouvrir : « Partons, dit-il, en se relevant, nous ne sommes pas dignes de paraître en la présence de Dieu. »

Rendu impotent par suite d'un accident, et obligé de marcher avec des béquilles, on le vit, non sans stupéfaction, à la procession du samedi-saint, dans les rues de Vienne, par un acte de foi et d'énergie, abandonner ses béquilles et porter lui-même le Saint Sacrement. « Ce fait, dit le P. Helffer, jésuite, émerveilla beaucoup de spectateurs. » Il écrivait à cette époque au P. de Held : « J'ai fait les cérémonies de la semaine sainte, et bien sué pour ne pas empirer mon pied[1]. »

Devant le Saint Sacrement exposé, il ne s'est jamais

____

1. Avril 1833.

assis; il ne se servait même pas de prie-Dieu. On le voyait à genoux, immobile comme une statue.

Rien ne lui paraissait assez beau pour l'Eucharistie. Il voulait que les solennités en son honneur revêtissent un éclat exceptionnel.

« A l'autel [1], lorsque le diacre ou le sous-diacre manifestaient quelque négligence au sujet des rubriques, il ne pouvait s'empêcher de montrer quelque animation. »

Dans l'administration des sacrements, son maintien était admirable; il veillait à ce que les fonctions sacrées s'accomplissent avec respect et dignité. « Ceux, disait-il, qui ne font la génuflexion qu'à demi, rappellent les juifs qui insultaient Jésus-Christ au Calvaire. »

« J'ai vu pour la première fois le P. Passerat en 1840, témoigne la Sœur Gérard, rédemptoristine, à Liége dans l'église de nos Pères. Je ne le connaissais pas, mais je fus frappée de son aspect vénérable et de la révérence avec laquelle il donnait la sainte communion. Il semblait plutôt un ange qu'un homme [2]. »

Au confessionnal il n'admettait pas qu'on s'entretînt de quoi que ce fût qui n'eût pas trait à la confession : « Si vous parlez au confesseur de choses superflues, disait-il, vous mêlez de la boue au sang de Jésus-Christ. »

Il était tellement pénétré de la pensée que la gloire de Dieu se manifeste avec un éclat particulier dans le sacrement de la réconciliation, que souvent il s'inclinait en passant devant les confessionnaux et disait : *Gratias agimus tibi propter magnam gloriam tuam* [3]. »

Son bréviaire était récité posément, et, quand il le pouvait, dans un coin solitaire de l'église, en présence du Saint Sacrement. Il donna un jour au P. Berset

1. P. Kasselwalder.
2. Procès 396.
3. Procès 330.

cette leçon délicate à propos d'une lettre peu soignée :
« Une petite humiliation vaut beaucoup mieux que
dix sermons, quand on la prend bien. Écrivez-moi donc,
cher Père, un peu plus lisiblement. Cinq minutes de
plus pour une lettre, comme pour Matines, et voilà une
lettre bien faite et un bréviaire bien dit[1]. »

Sa foi et sa dévotion à la Passion de Jésus-Christ
étaient ardentes : « Je regarde comme l'une de nos principales règles, disait-il, celle qui nous oblige à méditer
la Passion de Jésus-Christ chaque jour. »

Il avait extrait du P. Croiset quelques considérations
sur ce sujet, divisant les heures du jour de façon à
suivre pour ainsi dire pas à pas Notre-Seigneur dans
sa voie douloureuse. Quand il apprit qu'on les avait
publiées sous son nom, il en conçut une vive peine :
« Ce n'est pas de moi, disait-il, c'est un mensonge ! »
Mais son zèle était grand pour inspirer à tous sa chère
dévotion. Il y voyait pour la foi une arme triomphante
contre les sentiments de la nature. « Quand le sentiment veut l'emporter sur la raison éclairée par la foi,
écrivait-il, il faut : 1° faire le signe de la croix sur le
front, en disant : que Jésus crucifié soit dans mes pensées ; 2° sur la bouche, en disant : que Jésus crucifié
soit dans mes paroles ; 3° sur la poitrine en disant : que
Jésus crucifié soit dans mes actions. Alors la foi de
Jésus-Christ triomphera. Il s'augmentera en nous ce don
céleste qui fera fleurir toutes les vertus dans nos âmes :
nous serons des imitateurs de Jésus-Christ. »

Le Vénérable passait parfois des demi-heures entières
à faire sur lui-même le signe de la croix, avec toutes
les marques d'une foi profonde et d'une vive piété :
« Le signe de la croix fait avec foi, disait-il, fait tres-
saillir de joie les anges[2]. »

1. 27 février 1833.
2. 6 janvier 1842.

Tout ce qui se rapporte à la Passion de Jésus-Christ le remuait jusqu'au fond de l'âme. Le chemin de la croix, qu'il faisait chaque jour, était l'objet de sa contemplation la plus chère. « J'étais présente, en 1845, attesta la Sœur Jeanne-Marie Theunis, rédemptoristine, lorsque le P. Passerat vint ériger le chemin de la croix dans notre monastère. Je me souviens encore avec quel accent de foi et de piété il s'écria à la première station : « Un Dieu debout devant un homme assis !... Seigneur, pardonnez-moi mes péchés ! » Et le serviteur de Dieu resta un temps considérable plongé dans la contemplation de ce mystère. »

Sa dévotion à Marie s'inspirait de la foi la plus vive dans les grandeurs, la puissance et la maternelle protection de la reine du ciel. Le rosaire ne sortait pour ainsi dire pas de ses mains. On assure que l'extrémité de son pouce s'était comme creusée à force de tenir les grains du chapelet. Le bout de l'ongle portait aussi une empreinte profonde; on l'a coupé et conservé comme une relique après la mort du Vénérable. Quant au chapelet, il demeura si usé qu'il ne put plus servir à personne.

Lorsque le P. Passerat récitait l'*Ave Maria* sa foi semblait pénétrer les cieux : « Quand nous récitons l'*Ave Maria* avec piété, disait-il, nous faisons autant et peut-être plus de plaisir à la très sainte Vierge que lui en fit saint Gabriel lorsqu'il le lui adressa pour la première fois. »

« Plût à Dieu que nous disions le rosaire avec dévotion tous les jours de notre vie! Qui douterait alors de ne pas mourir entre les bras de cette bonne Mère ? »

« On est sous le manteau de Marie, disait-il encore, comme dans le sein d'Abraham : aussi sûr. »

« Il faut nourrir une grande dévotion à Marie et y joindre une grande humilité si l'on ne veut pas se perdre. »

A Tournai, le Frère Henri, infirmier, qui veillait le P. Passerat, affirmait que même pendant son sommeil on l'entendait souvent réciter des prières, surtout l'*Ave Maria*. Un jour il engagea avec le Frère ce dialogue charmant : « Frère, comment aimez-vous la sainte Vierge? » — « De tout mon cœur. » — « C'est bien, et après ? — « Comme la mère de Dieu. » — « Fort bien, et après? » — « De toute mon âme, de tout mon esprit et de toutes mes forces. » — « Et après? » — « Comme le P. Passerat. » — « Taisez-vous donc. » — « Mais, Révérendissime Père, est-ce que vous n'aimez pas la sainte Vierge ? » — « Oh ! si : mais je ne l'aime pas assez, il faut l'aimer plus que je ne l'aime. »

« Marie, disait-il, est l'échelle de Jacob, parce qu'elle nous élève à Dieu, nous apprend à monter par degrés vers Dieu, et à en descendre par degrés aux occupations terrestres sans nous y livrer tout d'un trait; échelle toujours à la disposition des pauvres pécheurs. »

Sa grande foi en la protection de Marie se fortifiait encore de cette considération qu'en qualité de fils de saint Alphonse, il était spécialement sous la garde de cette bonne Mère : « Nous devons invoquer Marie parce que nous sommes fils de saint Alphonse. Si le Seigneur châtie les péchés des pères sur leurs enfants, il aime beaucoup mieux récompenser la vertu des pères dans leurs enfants, même devant les hommes. Or saint Alphonse a tant aimé la sainte Vierge, tant écrit sur ses gloires, si bien prié et recommandé le chapelet, le saint scapulaire, les *Ave Maria*. Si donc saint Alphonse a été honoré comme l'apôtre de la sainte Vierge ; si la sainte Vierge l'a honoré comme son fils, combien n'avons-nous pas le droit d'espérer que cette bonne Mère nous protégera comme ses fils ! » Cette protection il savait l'attirer lui-même à l'exemple de saint Alphonse par son extraordinaire ferveur, et nous avons vu déjà comment la Mère de Dieu répondit plus d'une fois sensiblement à tant d'amour.

Lorsqu'il faisait la visite canonique au couvent d'Altoetting, dont l'église est un sanctuaire de Marie célèbre en Bavière, on le voyait souvent, avant la méditation du matin, faire à genoux le tour de la sainte chapelle. Comme il encourageait un jour les Frères à faire de même, l'un d'eux lui dit : « Mon Révérendissime Père, les pantalons en souffriront trop. — N'importe, répondit le Vénérable en riant, allez quand même : je me charge de vous acheter des pantalons. »

Il savait unir le sacrifice à la prière ; tous les jeûnes et toutes les abstinences prescrits par la règle en l'honneur de Marie étaient sacrés à ses yeux, ainsi que les moindres pratiques en usage dans la congrégation concernant le culte de la Mère de Dieu.

A saint Joseph son cœur allait aussi avec l'abandon d'un enfant pour son père. Sa foi en la protection du saint Patriarche lui inspirait les plus touchantes démarches. A la Valsainte il l'avait constitué *recteur* du couvent et lui présentait ses requêtes en chaque nécessité. Il alla un jour jusqu'à lui écrire une longue lettre, lui demandant, entr'autres bienfaits pour la maison, un frère..., qui du reste arriva dès le lendemain avec, dit la chronique, toute sa fortune, c'est-à-dire une vache, cadeau aussi de saint Joseph.

« Chez le P. Joseph Passerat, disait-il en plaisantant, il n'y a de bon que le nom, et je ne voudrais pas le changer pour tout au monde: »

Il eut aussi pour saint Alphonse un culte vraiment filial. Dès que notre saint Fondateur fut élevé sur les autels, le P. Passerat eut soin de faire placer sa statue à la Valsainte, et fit célébrer sa fête avec grande solennité.

« Voulez-vous, dit-il un jour au Frère infirmier, à Tournai, promettre à saint Alphonse de l'honorer pour plaire à Jésus-Christ? Dites donc : oui. Oh ! quel bonheur au dernier moment de la vie, de voir la sainte Vierge et saint Alphonse nous regarder en souriant ! Oh ! saint Alphonse, mon bienheureux Père, quand les démons viendront pour nous précipiter en enfer, dites-leur que ce n'est pas là notre place... Nous n'honorons pas assez saint Alphonse. Quel bonheur de l'avoir pour protecteur ! O grand saint Alphonse, souvenez-vous que nous sommes vos enfants, et ne permettez pas qu'aucun de vos fils périsse. »

Avec le saint de chaque jour il avait ses colloques familiers inspirés par la foi, surtout pendant les longues années de sa dernière maladie, où *en prison*, comme il se disait et se croyait alors, son âme faisait de si belles sorties vers le ciel, en compagnie de ses saints protecteurs.

Les saints dont il avait reçu le nom au baptême, son ange gardien, tous les saints anges étaient les compagnons ordinaires de sa vie de foi et de sa conversation avec le ciel.

« Le saint que nous avons reçu pour patron au baptême ou à la profession, disait-il aux rédemptoristines, nous est donné par une disposition de la divine Providence et non par un effet du hasard, afin qu'il nous aide de sa protection spéciale. »

« Sans doute le bon Dieu lui aura dit alors : Voici un enfant que je vous confie ; vous prendrez de lui un soin particulier. Ses prières viendront de vous à moi, et mes grâces descendront par vous sur lui.

« Il faut aussi beaucoup honorer les saints anges. Ah ! si nous avions la foi vive sur cette vérité que toute la cour céleste a les yeux attachés sur nous ! Ayez un grand respect pour votre ange gardien. Lorsque vous

entrez ou sortez, laissez-le toujours passer devant vous
Entretenez-vous fréquemment avec lui ; demandez-lui
conseil dans vos petites difficultés. Quand vous rencon-
trez une Sœur, saluez son ange gardien. »

Il va sans dire que cette pratique de foi lui était à
lui-même familière dès qu'il rencontrait quelqu'un,
fût-ce un ennemi ou un grand pécheur : « Pourquoi,
Révérendissime Père, lui demandait-on un jour en
récréation, saluez-vous des gens qui ne daignent pas
vous répondre, et même sont pleins de mépris et de
haine pour les prêtres? » — « N'importe, répondit-il,
je salue leur ange, qui lui-même salue le mien. Les
anges, eux, s'aiment entre eux. »

Cette foi si simple du Vénérable revêtait dans les
démonstrations de sa vie ordinaire, un aspect de
grandeur et de véritable héroïsme dès que les circonstances ou même le seul sentiment de son cœur y con-
viaient. Il eût voulu la sceller de son sang ; il appelait
le martyre de tous ses vœux. Grande fut sa joie lorsque
enfin, au temps de la persécution qui le chassa de
Vienne, il put croire un moment qu'il serait exaucé.

« Nous devons craindre de ne pas être martyrs,
écrivait-il à la Mère Marie-Alphonse. Ne faites pas des
actes de peur, mais des actes de courage. Il faut qu'on
dise de nous que le martyre nous a manqué, mais que
nous n'avons pas manqué au martyre. »

Lors des troubles politiques de 1830, à Fribourg, il
encourageait ainsi la communauté : « Pensez souvent aux
grâces dont Dieu vous a comblé en vous conservant la
foi, et vous serez consolés d'être persécutés. En lisant la
vie des saints, vous avez regretté de n'avoir pas vécu
dans ces temps. A présent que vous avez ce bonheur,
ne vous en affligez pas[1]. »

---

1. Décembre 1830.

A défaut du martyre, ou peut-être pour l'obtenir, il eût voulu se consacrer aux missions lointaines. Jeune Père encore, il se proposa au Bienheureux Clément-Marie pour évangéliser l'Amérique. Ce projet lui resta toujours cher. Il l'accomplit en envoyant plus tard ses sujets là où l'obéissance ne lui avait pas permis d'aller lui-même. On l'entendait alors dire tristement : « Hélas! Dieu m'a repoussé. »

La paix de l'Église, sa prospérité et celle de son chef visible, le pape; le bien des âmes en général étaient l'objet des vives préoccupations du Vénérable et de ses ardentes prières. Ses exhortations sur ce point se faisaient pressantes, surtout en temps de persécution : « Il faut avoir un cœur catholique, disait-il, sensible aux douleurs et aux joies de l'Église universelle. »

Il semble avoir eu des vues prophétiques sur les épreuves de l'Église :« Je vois des martyrs parmi vous », dit-il un jour à ses confrères. Dans sa vieillesse, à Tournai, il lui arrivait de parler d'un temps où il n'y aurait plus de sécurité, où il faudrait se cacher pour pratiquer la religion : il y aurait alors des martyrs. — « Et vous, serez-vous martyr? » lui dit-on. — « Je ne sais. »

Rien ne lui faisait plus de plaisir que de l'entretenir en récréation des progrès de la foi ou du succès des missions.

Un jour qu'à Tournai, on lui parlait du retour de l'Angleterre à la vraie foi, il écoutait avec une sainte avidité. Ayant ensuite repris sa prière habituelle, au bout d'une demi-heure il l'interrompit pour demander : « Les Anglais aiment-ils bien la sainte Vierge? la prient-ils beaucoup ? »

Du pape il parlait volontiers, et toujours avec une affection filiale. Lors du décès de Léon XII, il ordonna des prières pour le repos de l'âme du pape défunt et pour l'élection de son successeur : « La piété, ajouta-t-il, non moins que la gratitude, le demande. »

« Qui ne regarde pas le pape comme le Vicaire de Jésus-Christ, un autre Jésus-Christ, et ne prie pas pour lui, n'est pas un bon catholique. »

Toujours il eut grand soin, dans ses difficultés et spécialement dans ses luttes contre le joséphisme, de consulter ou faire consuster Rome et de ne marcher qu'à la lumière des avis des chefs ecclésiastiques.

Lors de sa démission la Congrégation des Évêques et Réguliers rendit hommage à la soumission du Vénérable envers le Saint-Siège.

En religion, sa déférence était extrême pour tout ce qui touche l'autorité. Quand il s'agissait du Supérieur général de la congrégation, le P. Passerat ne connaissait qu'une méthode de conduite : la confiance filiale unie au plus profond respect pour les avis de son supérieur. Il sut, il est vrai, quand la vérité l'y obligeait, exposer son propre avis et le défendre ; jamais pourtant, même en certaines circonstances plus délicates, il ne se départit de son esprit d'obéissance et de vénération inspiré par la foi.

Le recteur de chaque maison où il passait était l'objet de toutes ses prévenances. A Tournai, il avait coutume de ne lui parler qu'en enlevant sa calotte, bien que ce ne soit pas l'usage.

C'est dans cette dernière résidence peut-être que sa foi brilla avec le plus d'éclat, mais sous un jour bien différent.

Pendant ses dernières années en effet, le Vénérable fut sujet à de nombreuses et fortes tentations contre cette vertu. Dieu plongeait sa foi dans le creuset, pour qu'elle en sortît plus vive et plus pure de tout alliage.

Un jour que le serviteur de Dieu paraissait plus abattu que de coutume, son infirmier ouvre la fenêtre et feint de réunir tous les objets pieux de la chambre pour les jeter dehors. « Que faites-vous là, cher Frère? » s'écrie le bon vieillard. — « Mais, Révérendissime Père, puisque vous n'avez plus la foi, toutes ces choses sont inutiles. » — « Arrêtez! vous ne voyez donc pas que c'est une tentation ! »

Il le voyait certes lui-même, mais en souffrait d'autant plus que la délicieuse vie de contemplation dont il avait joui si longtemps semblait s'être évanouie alors, bien qu'elle persistât sous cette forme crucifiante et, à certains jours, si terrible.

Du creuset de la souffrance et dans ces ténèbres mystiques, sa foi jetait de vives flammes, portant aux témoins la conviction qu'au déclin de sa vie le saint patriarche vivait déjà dans le ciel. Un mot, la moindre occasion suffisaient à provoquer ces élans.

« Un Père sculptait un jour une sainte Face devant lui : « Oh! mon Seigneur Jésus-Christ, s'écrie le malade, que je voie votre adorable humanité! Elle surpasse toutes les beautés du monde. »

« C'est aujourd'hui la fête du saint Cœur de Marie, lui dit, un dimanche, le P. Dechamps : « O saint Cœur de Marie, par vos sept douleurs, obtenez-moi le pardon de mes péchés, le saint amour de Dieu, le paradis! Oh! comme il est dur de vivre! Heureux ceux qui offrent leur vie à Dieu! »

Il interpelle en une occasion le P. Gaudry : « N'est-ce pas qu'il ne faut pas dire ses tentations aux autres? Le démon le saurait, et, voyant qu'on est ennuyé, nous tourmenterait davantage. Allons trouver le Saint Sacrement. » Il s'incline profondément en arrivant à l'oratoire : « Je vous adore, ô Jésus, dans le Saint Sacrement. Ayez pitié de moi, qui suis bien misérable. Mon Dieu, je crois fermement tout ce que vous avez révélé. »

Jusqu'au dernier moment de sa vie, le Vénérable ne cessa d'exercer le *don excellent, donum electum, de foi*, que Dieu lui avait départi. Au milieu de tous les combats, de toutes les tempêtes, il garda dans son âme la vision sainte et sereine de ce qu'est l'homme, le chrétien fervent devant Dieu et aux mains de la Providence. Il vérifiait la parole de saint Paul : sa *conversation fut vraiment dans le ciel*.

Il avait écrit un jour à la Mère Marie-Alphonse comment il entendait la *vie de foi*. Sa vie fut comme le commentaire de cette magnifique lettre que nous citons en finissant :

« *Mon Juste vit de la foi.* » *Vivre de la foi*, c'est croire sans raisonner, sur la seule parole de Dieu, sans vouloir même donner un coloris de raison, tout ce que Dieu a révélé à son Église ; parce que Dieu l'a dit et que l'Église nous enseigne que Dieu l'a dit.

« *Vivre de la foi*, c'est croire aussi fermement les vérités pratiques que les spéculatives. C'est croire, par exemple, que la pauvreté est préférable aux richesses, le mépris aux honneurs, l'affliction à la prospérité, la sécheresse aux consolations ; c'est y conformer sa vie.

« *Vivre de la foi*, c'est s'exercer dans les actes de cette vertu avec zèle et ferveur.

« *Vivre de la foi*, c'est s'instruire non par un motif de curiosité, mais dans l'unique intention de connaître Dieu de la façon dont il s'est manifesté à nous.

« *Vivre de la foi*, c'est, dans nos difficultés, nos embarras, nos doutes, nos tentations surtout, avoir recours à cette adorable foi, la faire toujours présider à nos délibérations, prenant garde de ne rien résoudre que par quelque motif de foi ou par quelque raison chrétienne. C'est ne pas désirer avec inquiétude d'être délivré des tentations, mais porter avec patience, même avec joie, la peine que l'on en ressent.

« *Vivre de la foi,* c'est faire ses exercices spirituels non pour se contenter par les consolations sensibles que nous y trouvons, mais pour plaire à Dieu, comme la foi nous enseigne que nous devons le faire.

« *Vivre de la foi,* c'est soumettre toutes ses inspirations à l'obéissance, rejeter toutes les notions particulières qui nous éloignent des ténèbres de la foi, pour nous contenter de ce que Jésus-Christ a révélé. »

L'une des grandes lumières que le P. Passerat puisa dans sa foi, fut l'intelligence pratique de la bonté et de la miséricorde de Dieu envers ceux qui espèrent en lui.

Sa confiance s'en accrut jusqu'à revêtir cette assurance dont parle saint Paul, lorsqu'il dit : « *Scio cui credidi, et certus sum quia potens est custodire depositum meum* (II Tim., I, 12). Je sais à qui je me suis confié, et je suis certain qu'il gardera mon dépôt. »

La confiance du P. Passerat s'éleva facilement jusqu'à l'héroïsme dès son entrée, pour ainsi dire, dans les combats de la vie spirituelle.

Il en avait donné de magnifiques exemples au temps de sa jeunesse, quand, aux prises avec la persécution révolutionnaire, il marcha d'un pas ferme et résolu, à travers tous les obstacles, là où Dieu le conduisait.

Sa vie religieuse est une école de parfaite confiance en Dieu; et les avis qu'il multiplie sur cette vertu achèvent de nous montrer à quel point son âme en fut pénétrée.

CHAPITRE II

CONFIANCE HÉROÏQUE

« La confiance est d'une très grande importance, disait le P. Passerat. Il est presque impossible de porter le joug de la vie religieuse sans cette vertu. Otez l'espérance de la victoire, l'armée est en fuite; ôtez l'espérance au laboureur, les champs sont incultes. L'espérance est la messagère du ciel, elle porte nos demandes. Elle est la fille de la miséricorde de Dieu, qui vient relever le courage abattu et fait courir dans la voie des commandements. C'est cette divine consolatrice qui a soutenu les martyrs dans leurs prisons, fortifié les solitaires contre les tentations du démon. C'est elle qui a inspiré aux vierges timides un courage au-dessus de leur sexe. Je parle ici d'une espérance héroïque, extraordinaire : *in verbum tuum supersperavi.* Elle s'appelle *fiducia,* confiance, et c'est là que nous devons viser. »

L'espérance renforcée dont parle le Vénérable fut, avec sa foi vive, le principal ressort de son énergie au milieu des épreuves et de sa continuelle ascension dans l'amour de Dieu.

C'est à la confiance, même héroïque, qu'il excitait les siens, parce qu'il était persuadé que le moindre fléchissement dans cette vertu entraîne d'immenses pertes pour l'âme. Ses exemples confirmaient ses leçons.

« Le Vénérable, dit la Sœur Mathilde du Saint-Sacrement, avait en horreur tout ce qui tend à rétrécir le cœur au service de Dieu. Dieu est un bon Père, disait-il, et non un tyran. Nous devons nous entretenir avec lui comme avec un ami. Le plus grand sacrifice que nous puissions faire à Dieu, c'est celui des pensées qui nous troublent. »

« Il voulut que nous écrivions à l'encre rouge, pour la mieux remarquer, dans notre cahier de notes, la pensée suivante : Si vous n'avez pas en Dieu une confiance ferme, constante, toute filiale, vous n'êtes que des squelettes de rédemptoristines. Vous portez un habit rouge, mais il n'est pas teint du sang de Notre-Seigneur Jésus-Christ. »

« Ne vous contentez pas d'une confiance ordinaire. Ceux qui l'ont sont joyeux aussi longtemps que tout va à leur gré, mais deviennent tristes, abattus et commencent à murmurer lorsqu'une contrariété leur survient. »

Cette vertu, on le sait, n'allait pas chez lui aux consolations et aux douceurs sentimentales, mais à la force de l'action : « Un jour, en ma présence, raconte le P. Aertnys, il demanda aux Pères de Wittem quelle était la vertu la plus difficile à pratiquer. Interrogeant tantôt l'un, tantôt l'autre, comme il n'obtenait pas la réponse désirée, il finit pas dire : « Non, mes Frères : la vertu la plus difficile c'est la confiance en toutes circonstances. »

Un monument de sa confiance héroïque nous est laissé dans les chroniques de la maison d'Altœtting. Alors que l'orage de la persécution grondait déjà de toutes parts, le Vénérable ouvre la visite canonique, le 12 juin 1846, par cette exhortation magnanime :

« La congrégation en Bavière ressemble à une maison qui menace ruine ; c'est pourquoi premièrement *Confiance! — Confiance humble :* Nous ne méritons rien, nous avons péché, peut-être n'avons-nous pas toujours cherché uniquement la gloire de Dieu, bien de l'humain s'est glissé dans notre activité.

« *Confiance aimable* : Ne pas murmurer contre nos ennemis; nous devons plutôt avoir de la compassion pour eux : Seigneur, ils ne savent pas ce qu'ils font.

« *Confiance généreuse :* Se confier en Dieu, mais néanmoins compter sur les hommes qui nous rendent service. Se confier en Dieu alors que tout secours humain s'évanouit. Se confier en Dieu quand même les hommes nous prépareraient des obstacles de tout genre. Ensuite prier, prier encore, prier toujours; nous résigner parfaitement à la volonté de Dieu. »

Souvent, dans les moments de détresse, il s'écriait lui-même, ou disait aux autres : « Il y a un Dieu dans le ciel! »

Ces paroles, sur ses lèvres, avaient leur sens plein, absolu. Dieu était tout pour lui. Sa grandeur infinie, ses droits, sa justice, son amour surtout, sa Providence, sa bonté sans bornes et ses promesses infaillibles, les mérites du Sauveur et l'intercession de Marie, tout cela il le renfermait dans sa formule d'espérance : « Il y a un Dieu dans le ciel! »

Qu'il s'agît des difficultés de la vertu, des croix dont est semée notre route, des entreprises ardues de l'apostolat ou des persécutions des hommes, son âme ancrée en Dieu et en sa volonté sainte, par la conviction que ce grand Dieu notre Père veut en tout notre bien, passait sereine, imperturbable au milieu de tous les obstacles.

« Pourquoi, disait-il aux siens, tant vous agiter, vous remuer, vous tourmenter? C'est Dieu que cela regarde, c'est à Dieu de régler toutes choses. »

« Il se tient aussi sûr de Dieu, disaient à leur tour ses confrères, que s'il avait lu dans les décrets de la divine Providence. »

Il passait à leurs yeux pour un thaumaturge, tant les effets de sa confiance et de sa prière continuelle étaient frappants, extraordinaires.

« Jamais il ne faut se défier du bon Dieu, disait-il aux rédemptoristines. Vous savez que le monde périra par le feu. Eh bien! lors même que vous verriez le ciel tout rouge, vous devriez dire encore : « O mon Dieu, j'espère en vous. »

Malgré le voile de discrétion et de silence jeté par le Vénérable sur les situations terribles où il fut bien souvent engagé par ses persécuteurs pendant ses longues étapes à travers la Suisse, un écho unanime d'admiration nous arrive des témoignages de ceux qui alors partagèrent ses travaux.

Il était l'âme et le soutien de sa communauté, et c'est dans sa confiance en Dieu qu'il puisait son courage. Pauvreté, disette, souffrances de toutes sortes s'accumulaient : le P. Passerat restait toujours le même, comme impassible, serein, sans que rien chez les hommes ou dans les événements pût lui enlever la paix de l'âme.

A Babenhausen, où saint Clément avoue qu'il est comme écrasé sous le faix de la tribulation, le P. Passerat continue en silence son ministère auprès des âmes, comme il l'eût fait dans la période la plus calme et la plus assurée. « Il est tellement occupé que je ne puis pas même lui parler, écrivait alors assez plaisamment saint Clément-Marie. Il semble croire que le comble du mérite est de rester jour et nuit au confessionnal. » Et lorsque le saint reprit la route de Varsovie, par son entremise le P. Passerat écrivait à ses confrères de Pologne : « Ah! si nous étions aussi saints que le comporte la règle! Soyons obéissants, chastes et pauvres; aimons le silence et la méditation, et nous verrons des miracles de Dieu. » Pas un mot de plainte. Rien ne l'étonne ou ne l'arrête. C'est en Dieu qu'il voit les événements, c'est de sa main qu'il reçoit les épreuves.

L'incertitude pour l'avenir, jointe aux tracas du présent, effleure à peine son âme. « Au sein de la misère et des privations, dit un témoin, on admirait l'ordre le plus parfait, une observance régulière irréprochable et l'épanouissement d'une joie inséparable de la vie fervente où l'on ne cherche que Dieu. Le centre d'où rayonnait cette pieuse allégresse était, après Dieu, le Vénérable supérieur, qui possédait à un degré peu commun l'art précieux de rendre la vertu aimable[1]. »

De Viège, le serviteur de Dieu ne trouvait que ces mots pour peindre à saint Clément sa situation nouvelle : « Dieu soit loué de nous avoir si miraculeusement soutenus dans ces circonstances difficiles. Nous nous sommes toujours bien trouvés de sa protection divine, quoique vivant dans une incertitude continuelle et sans cesse pourchassés d'un endroit à l'autre. Tout va bien ici, malgré la persécution qui s'attache à nos pas. »

Ne disait-il pas aussi aux siens, dans un temps où quelques défections venaient de lui déchirer le cœur : « Mes enfants, ne craignez rien : ne fussions-nous que dix, nous sommes la semence. Elle pourrit maintenant en terre, mais un jour viendra où elle portera ses fruits. »

De ces temps héroïques, il conserva toujours un souvenir attendri : « Vous êtes ma consolation, ma joie et ma couronne, écrivait-il sur la fin de sa vie à ses compagnons d'autrefois, vous qui avez persévéré avec moi au temps de la tribulation. »

Ce coup d'œil d'ensemble jeté sur l'esprit de confiance qui anima le P. Passerat, nous invite à en consi-

---

1. P. Heberlé.

dérer plus attentivement et en détail les diverses applications.

Le Vénérable nous met lui-même au courant des motifs si forts qui excitaient sa confiance et la soutenaient en toute circonstance. Toutefois jamais cette confiance ne dégénéra chez lui en présomption. La *crainte de Dieu,* nous le savons par ses contemporains et par son propre témoignage, l'accompagna jusqu'à la mort. N'est-elle pas du reste une condition essentielle de la vraie confiance ? Il nous faut donc aussi en dire un mot tout d'abord.

Après avoir reçu l'extrême-onction, le Vénérable désira, mais sans y réussir, parler à ses confrères. « Je voulais leur dire, expliqua-t-il ensuite, qu'ils aient la crainte de Dieu. » — « Et quelle crainte, Révérendissime Père ? » — « Je veux parler de la crainte filiale. »

Plus d'une fois, surtout dans les retraites aux rédemptoristines, le P. Passerat revint sur ce sujet de la crainte de Dieu. Il ne la séparait guère de la confiance : « La crainte et l'espérance, disait-il, sont les deux ailes qui nous élèvent à l'amour et nous y soutiennent. »

« La contemplation a ses dangers. Il est des âmes qui veulent s'élever dans ces hautes régions. Elles veulent avancer dans la perfection sans assez penser aux vertus fondamentales du christianisme. Peut-être cherchent-elles des consolations. Elles se croient au troisième ciel, et en sont bien éloignées, semblables au voyageur qui regarderait toujours en haut, sans voir le danger du précipice qui est à ses pieds. Taulère les compare à Icare qui voulut voler trop haut : la cire qui tenait les ailes se fondit, il tomba dans la mer.

« Il faut craindre pour honorer la justice de Dieu ; craindre par humilité. Au nom de Dieu, avez-vous donc un billet d'assurance pour le ciel ? Saint Jérôme tremblait, et vous, vous voulez que l'Époux commence par

vous donner le baiser de sa bouche! Restez plutôt
pécheresse à ses pieds, comme Magdeleine, jusqu'à ce
qu'il lui plaise de vous élever. »

« *Beatus vir qui timet Dominum* : Bienheureux
l'homme qui craint le Seigneur! Celui qui est juste
doit devenir plus juste encore. Comment? Par la crainte.
Justus vix salvabitur : le juste à peine se sauvera. Il
craint parce qu'il est juste. *Qui non transivit per metum
non est justus, quia plenus miseriis.* Qui n'a pas passé
par la crainte n'est pas juste : il est plein de misères;
je veux dire : par une crainte filiale. C'est l'aiguillon
dont se servait saint Louis de Gonzague : *Post hoc
judicium,* tu seras jugé sur cette action. »

« Il était lui-même, dit le P. Madlener, un homme
rempli de la crainte de Dieu. Il aimait à méditer sur
l'enfer et nous le conseillait. Sa confiance reposait sur
Dieu seul, et il exigeait la même chose de nous. »

« Ceux-là se damnent, avait-il coutume de dire, qui
ne craignent pas de se damner », et par suite ne recou-
rent pas assez à Dieu par une prière humble et confiante.

Son humilité profonde lui représentait vivement son
indignité, sa qualité de pécheur, le terrible compte que
nous aurons un jour à rendre à Dieu. Aussi redoutait-il
de perdre la persévérance, le ciel. « Jusqu'au moment
d'y entrer, cette crainte l'assiégeait parfois, dit le
P. Gaudry, mais c'était plutôt alors une tentation. »

Un pieux laïc, Mr Defoss, notaire à Tournai, après
avoir réglé toutes les affaires des maisons d'Autriche,
lui dit : « Maintenant, j'espère que vous ne refuserez
pas de contribuer aussi à l'arrangement de mes affaires
spirituelles. Dites-moi donc une bonne parole, qui reste
et me fasse du bien. » Le Vénérable, jetant sur lui un
regard pénétrant, proféra ces simples mots : « La
crainte de Dieu, Monsieur, la crainte de Dieu ! »

Il prêchait cette crainte avec force. Aux exercices

qu'en 1813, il donna au clergé de Fribourg, cette force produisit de tels effets que les prêtres effrayés le supplièrent d'adoucir un peu la sévérité de sa parole. Ils se sentaient trop émus pour en supporter davantage. Le P. Passerat y consentit avec bonheur.

La crainte filiale, qu'il voulait surtout, est inséparable de la confiance ; toute crainte de Dieu en général, si elle n'est pas exclusivement « la crainte du mercenaire », demande la vertu d'espérance comme complément nécessaire. A propos d'un sermon, qu'il estimait trop sévère, sur le *délai de la conversion,* le Vénérable fit un jour cette réflexion : « Il faut toujours finir par la confiance. Nous ne devons pas dire en chaire une chose qu'il faudrait rétracter au lit de mort. »

Et parlant du chapelain des rédemptoristines de Bruges : « Le P. Joseph (Reyners) les tient toujours sous la crainte. Ce n'est pas cela. C'est bon pour commencer, mais il faut leur dilater le cœur par la confiance et l'amour. »

« Ne vous gourmandez pas tant, conseillait-il aux Sœurs, prenez les sentiments des saints et réjouissez-vous de votre misère, afin que la miséricorde de Dieu brille mieux en vous. Aimez votre abjection. Il est bon de penser à la justice de Dieu. J'aimerais cependant que vous vous occupiez de sa miséricorde. Élevez-vous au-dessus des croix journalières, et ayez confiance dans la prière. »

Le saint vieillard vérifiait en lui-même son enseignement. Quand la tentation, le scrupule, l'obscurcissement de ses facultés, la souffrance sous mille formes, le tenaient attaché à la croix : « Je suis pauvre et misérable, disait-il, mais j'espère en Dieu. »

Comme on lui demandait quels actes étaient le plus à recommander : « C'est le *mea culpa* », répondait-il. Mais de cette humble confession jaillissait les plus vifs transports de confiance : « Mon Dieu, prenez-moi dans votre paradis, venez me chercher. »

« Allons! soyons braves, disait-il au P. Huchant; nous nous reverrons au ciel. Quel bonheur! Qu'il sera beau de se revoir dans la belle éternité! Où êtes-vous? où suis-je? Dans les bras de Dieu. Dites à tous les Pères de bien aimer Dieu. Je ne désire que Dieu! Oh! Marie, Porte du ciel, venez me chercher! »

Ainsi parlait, aux derniers jours de sa vie, celui qui, parmi nous, fut vraiment l'apôtre et le modèle d'une parfaite et héroïque confiance en Dieu.

Appelé à propager et à diriger l'institut pendant plus d'un quart de siècle, il lui fallait en effet une grâce spéciale de confiance pour surmonter les obstacles intérieurs et extérieurs qui s'opposaient à sa double mission.

Comme directeur il sut communiquer aux siens cette confiance par ses avis si forts et si paternels. Comme supérieur chargé du soin de toutes les maisons, il fit passer en elles le même esprit d'abandon à Dieu et d'intrépide confiance qui l'animait.

Voyons d'abord comment il l'inculquait aux âmes pour la pratique des vertus.

« J'entendis un jour le P. Passerat, déclare le P. Vanderborne, dire dans une méditation : « Il me semble que Dieu soigne mon âme comme si elle était seule au monde. »

« Pourquoi, dit-il tout à coup dans une circonstance analogue, ne suis-je pas devenu impie et franc-maçon, comme plusieurs de mes amis d'enfance et compagnons d'études? Mon Dieu, mon Dieu! Ah! c'est votre miséricorde qui a veillé sur moi. Vous m'avez conduit par la main au milieu de tous les dangers. Vous m'avez amené à la congrégation et comblé de vos bienfaits. »

« Dieu prend tant de soin d'une âme qui se jette entre ses bras, qu'il semble oublier pour elle seule tout le reste de l'univers. »

Cette vérité sentie par le Vénérable, pourrait être comme le résumé des exhortations à la confiance qu'il adressait spécialement aux âmes religieuses.

« Ayez confiance en Dieu, disait-il à la Sœur Marie-Anne-Joseph. Il a mille moyens de nous sauver, même quand tout paraît perdu. Il laisserait périr le monde entier plutôt que d'abandonner une âme qui met sa confiance en lui. »

A la Mère Marie-Alphonse il écrivait en 1827 : « Regardez le ciel et vous l'aurez. Regardons-le long-temps, regardons-le fixement, regardons-le efficace-ment... Priez, vous pouvez tout ce que vous voulez. »

Au confessionnal, c'était son habitude inviolable de terminer ses exhortations en priant Jésus-Christ de donner au pénitent la confiance en ses mérites.

Sur l'obligation de cette vertu, il expose aux ré-demptoristines ces pressants motifs :

« On devrait agir avec la même confiance filiale qu'un enfant va demander du pain à son bon père, à sa bonne mère. Le bon Dieu n'est-il pas pour nous le meilleur des pères?

« De plus il est tout-puissant, et sa bonté égale sa toute-puissance. Il peut nous donner tout ce qu'il veut, et il veut nous donner tout ce qu'il peut. Mais il veut ne faire part de ses largesses qu'à l'âme confiante. La confiance sera la mesure des grâces que Dieu nous accordera. Nous le répétons tous les jours : Que votre miséricorde s'étende sur nous, Seigneur, selon que nous aurons espéré en vous. *Fiat misericordia tua, Domine, super nos, quemadmodum speravimus in te.*

« La confiance, c'est la clé avec laquelle nous pou-vons ouvrir les trésors de Dieu. »

Après ces motifs d'intérêt spirituel le Vénérable insiste sur le motif capital qui nous presse d'exercer notre confiance :

« C'est *notre amour pour Dieu,* dit-il, qui doit nous amener à cette sainte vertu. Vous ne pouvez lui faire un plus grand plaisir que de vous confier toutes à lui. Aucun hommage n'est plus agréable à son infinie bonté. Par là vous confessez que Dieu est infiniment puissant, infiniment miséricordieux, infiniment bon, infiniment sage. Manquer de confiance c'est au contraire nier, pour ainsi dire, ces divins attributs.

« Notre-Seigneur n'a rien épargné pour nous inspirer la confiance. C'est pour cela qu'il a voulu naître enfant, vivre trente-trois ans assujetti à toutes les misères humaines hormis le péché. C'est pour cela qu'il a mangé et conversé avec les pécheurs, qu'il a voulu être cloué à la croix et y a prononcé cette parole : *Sitio,* J'ai soif; selon quelques auteurs : J'ai soif de votre confiance. »

Le Vénérable les met ensuite en garde contre la ruse ordinaire du démon :

« C'est peut-être la plus pernicieuse, dit-il, pour les âmes qui voudraient servir Dieu. Voyant qu'il ne peut les précipiter dans des fautes graves, au moins les retarde-t-il ou les arrête-t-il en leur ôtant la confiance en Dieu.

« Le démon, qui est un fin serpent, sait bien que rien n'offense tant Dieu que la défiance. Il nous tente autant qu'il peut de ce côté, chacun selon la trempe de son caractère.

« Pour les âmes adonnées au monde, il les pousse à la présomption : Le mal n'est pas si grand! Ce n'est qu'un péché véniel; après tout je ne serai pas damnée pour cela. Elles vont même jusqu'à dire : Le paradis n'est pas fait pour les *oies,* mais pour nous. A cela on peut leur répondre que l'enfer non plus n'est pas fait pour les oies.

« Aux âmes timorées, qui craignent d'offenser Dieu, le démon dit : Comment peux-tu offenser un Dieu si bon? Tu es perdue. Le ciel n'est pas pour toi. Mais lorsqu'on demande à ces âmes craintives si elles sont tristes d'avoir offensé Dieu et si elles sont résolues de ne plus lui déplaire volontairement : Ah! disent-elles, si cela se pouvait! — Soyez donc tranquilles. Vos péchés vous sont déjà pardonnés. D'ailleurs vous avez fait une confession générale, peut-être quatre même, et c'est trois de trop. Notre-Seigneur n'a dit qu'une fois à sainte Madeleine : Vos péchés vous sont remis. Et elle l'a cru... »

« Je ne sais par quel malheur il se trouve si peu d'âmes qui veulent pleinement se confier en Dieu. Toujours la crainte resserre le cœur, et ce qui devrait être en nous un motif de confiance, ordinairement on le tourne en obstacle... »

Le P. Passerat fait ici allusion aux craintes qui naissent des *péchés* commis, des *défauts* persistants, des *tentations;* et sur chacun de ces points il donne une réponse précise autant que consolante.

« Mes *péchés* m'empêchent d'avoir une grande confiance. — Au contraire je dis que puisque vous reconnaissez avoir beaucoup péché, votre confiance en Dieu doit être bien plus grande. Sa miséricorde en effet éclate davantage en vous : c'est ainsi qu'elle s'est plus montrée dans la conversion de sainte Marie-Madeleine et surtout de saint Paul, qui, de persécuteur des chrétiens est devenu un vase d'élection.

« Aimez votre propre *abjection,* à l'exemple des saints qui, après une faute, s'humiliaient devant Dieu et s'écriaient : « Voilà une fleur de mon jardin. »

« Souvent Dieu nous laisse nos *défauts* afin de nous

préserver de l'orgueil. En profitant ainsi de nos fautes mêmes et de nos imperfections, nous avançons beaucoup. Ne vous découragez jamais. Le plus grand péché c'est la défiance.

« Le découragement est la marque certaine de l'orgueil. Il est en nous en proportion de notre orgueil. Le premier est la mesure du dernier. »

« A l'époque où je vis le P. Passerat, rapporte le P. Jules Duhamel, j'étais en proie à des vives inquiétudes de conscience. Je m'en ouvris au Vénérable. Il m'excita à la confiance, et, pendant que nous récitions le chapelet, après quelques *Ave*, il s'interrompit pour me demander : Eh bien! mon Frère, avez-vous confiance maintenant? et il me baisait la main, à moi qui n'étais pas encore dans les ordres sacrés. Tout cela m'était une douce consolation. »

La lenteur du *progrès* dans la perfection est bien souvent aussi un écueil pour la parfaite confiance : « J'ai à vous reprendre de cet empressement à vouloir tout de suite être saint, disait le P. Passerat. Le bon Dieu agit dans l'ordre de la grâce comme dans l'ordre de la nature : petit à petit. »

Un jour, à Saint-Trond, il conduit les novices au jardin où fleurissaient des dahlias : « Est-ce que ces fleurs croissent? leur demande-t-il. Cependant je n'entends rien, je ne vois rien! » — « Cela ne se voit pas », répondirent-ils en riant. — « Eh bien! ajoute le bon Père, si nous ne voyons pas la croissance des plantes, comment voulez-vous que nous voyions les progrès dans la vertu? Il suffit de suivre la règle et l'on progresse. »

« Les pommes grossissent sur les arbres, disait-il aux rédemptoristines; les herbes croissent invisiblement dans la campagne. De même chaque bonne œuvre, chaque pas fait par obéissance nous fait croître invisiblement dans la grâce, et un léger accroissement dans la grâce sanctifiante vaut mieux que cent sentiments agréables. »

Cette foi au *progrès latent* devient, selon lui, un véritable excitant au courage. Il adresse un jour aux rédemptoristines cette question : « Croyez-vous avoir fait des progrès dans la perfection depuis hier? — Oui, sans doute; chaque instant qui s'écoule augmente vos mérites par la grâce sanctifiante; oui, chaque aspiration, chaque acte d'obéissance, chaque récitation du bréviaire... Tout cela vaut mieux que des extases.

« Savez-vous comment vous pouvez réparer toutes les fautes de votre vie entière et racheter le temps? Soyez aujourd'hui bien ferventes, vainquez-vous, désirez de toute votre âme avoir toujours fait ainsi, et vous aurez devant Dieu le même mérite que si vous l'eussiez toujours fait. Saint Paul avait mal commencé, il a bien fini. »

« La cinquième roue du char de la perfection, c'est une humble confiance en Dieu, qui nous fait nous relever avec courage lorsque nous avons fait la *culbute*. Un écuyer culbuté qui se relève avec courage, avec joie et confiance, ne mérite pas moins d'éloges que son compagnon qui n'a pas bronché sur son cheval. »

Au sujet des *tentations*, il a vraiment une doctrine personnelle, au moins par l'insistance avec laquelle il la prêche, et cette doctrine est de la plus grande efficacité pour la vertu. Non seulement il n'admet pas qu'on se laisse envahir par le trouble ou la crainte; mais, dit-il, « il ne faut pas même prier pour être délivré des tentations; il faut demander la force de volonté qui nous les fait surmonter. Ne pensons pas tant au milieu de ces ténèbres. On avance toujours avec le flambeau de la foi, même quand on paraît chanceler.

Comme le voyageur dans une nuit obscure, dans un bois, tâche de garder le sentier, de même nous aussi marchons sans nous croire aussitôt perdus. Affermissons cette volonté, pour qu'à la fin la tentation vienne se briser contre elle, comme une balle s'aplatit sur une cuirasse et tombe à terre.

« Sans doute on peut et on doit dire *et ne nos inducas in tentationem.* Mais l'empressement et le chagrin ne valent rien. Dieu l'assure : Bienheureux l'homme qui supporte la tentation, parce que, après l'épreuve, il recevra la couronne de vie. »

« C'est un bien grand malheur pour la perfection, écrivait-il au P. Czech, qu'on ne s'attache qu'au désir d'être délivré des tentations, en un mot des suites du péché originel, ce qui n'est pas possible; et que l'on néglige le possible, c'est-à-dire le support courageux, le combat. Si toutes les âmes de bonne volonté avaient autant de désir de supporter avec patience et de combattre les révoltes qu'elles en ont d'être délivrées, on verrait plus d'âmes parfaites : diversion que nous fait faire le démon et qui lui réussit trop bien. Remarquez cela et notez-le pour vous et pour les autres [1]. »

Enfin, à la base de la confiance, le Vénérable plaçait, comme toujours, la prière. Mais c'est aussi la prière que d'abord il voulait confiante.

« En aucun cas il n'est permis de désespérer, ni même de s'inquiéter, parce que, si nous le voulons, en aucun cas la grâce de Dieu ne nous fera défaut puisque nous pouvons toujours prier. »

« Il n'aimait pas, dit le P. Prost, entendre prêcher avec sévérité sur toutes les exigences et les conditions de la prière. Il s'impatientait alors un peu, parce que, pensait-il, on détournait ainsi les âmes de la prière :

1. Janvier 1828.

« Commencez par prier, disait-il, toute prière est bonne; en priant beaucoup on arrive à bien prier. »

« Nous devons avoir une grande confiance dans nos prières, et ne pas croire qu'elles soient mauvaises. Ce n'est pas nous qui prions, puisque de nous-mêmes nous ne pouvons avoir une seule bonne pensée. C'est Jésus-Christ qui prie en nous, comme il le dit dans son Évangile : *Je ne dis pas que je prierai pour vous, mon Esprit lui-même prie en vous.*

« Notre confiance doit se fonder sur ses mérites et sur nos démérites. Plus nous sommes mauvais, plus nous avons besoin de grâces; plus nous avons droit au secours de celui sans qui nous ne pouvons rien. Ainsi confiance ! confiance ! confiance ! Prières, prières avides surtout, et beaucoup de sacrifices [1] ! »

Le P. Passerat disait un jour à ses confrères : « Vous pouvez mesurer votre degré de confiance par la tranquillité dont vous jouissez. »

Pour lui, si l'on excepte l'épreuve extraordinaire de scrupules qui l'envahit pendant ses dernières années, il alla ordinairement à Dieu dans la joie et la dilatation de son âme.

« Les scrupuleux sont des ingrats », avait-il coutume de dire. Il serait plus vrai d'affirmer qu'il en avait compassion et s'ingéniait à leur inspirer confiance. Ses lettres en particulier nous en donnent une preuve frappante.

Un Père scrupuleux passait beaucoup de temps à la messe pour purifier la patène, dans la crainte d'y laisser quelques parcelles de l'hostie. Un jour le P. Passerat survient, monte à l'autel et envoie le célébrant au missel : « Eh ! cher Père, dit-il, laissez-en un peu pour les anges ! » La guérison suivit et fut radicale.

---

1. Aux rédemptoristines.

Moins heureux avec son cher P. Berset, que si chaleu-
reusement, à la Valsainte, il recommandait à saint
Joseph, il dut lutter de longues années contre le scrupule de l'excellent missionnaire.

Un jour, dans ce monastère même, le pauvre scrupuleux, déjà revêtu de l'aube, vint trouver son supérieur
pour lui soumettre une inquiétude de conscience. Le
P. Passerat éclaircit le cas d'une façon inattendue pour
le P. Berset. Le prenant par le bout de l'oreille, il le
promène ainsi dans le corridor de la maison, disant à
tous : « Regardez-moi cet entêté de scrupuleux qui ne
veut pas obéir ! »

« Mon oreille, dit le patient, eut passablement à souffrir et mon amour-propre plus encore; mais cette humiliation m'a guéri à tout jamais de mes folles inquiétudes... » Lorsqu'il parlait ainsi, le Père sans doute
ignorait l'avenir; car bien des lettres, et des plus originales du P. Passerat nous renseignent sur sa prétendue
guérison. »

Quelques citations sur ce point d'ailleurs si important
de la vie spirituelle auront ici un double attrait. Elles
nous montreront aux prises la confiance que prêche le
Vénérable et l'un de ses plus dangereux ennemis dans
les âmes. Elles peuvent aussi être une lumière et une
leçon efficace pour qui se trouverait engagé dans ce
sombre sentier.

« Je vous en prie au nom de Notre-Seigneur Jésus-
Christ, et pour son amour, recevez les avis que je vais
vous donner. Ah ! si je tenais cette oreille de scrupuleux, comme je la tirerais ! Vous n'êtes pas tranquille,
vos remords ne se soumettent pas à l'obéissance : c'est
donc le démon qui vous agite, c'est le père du mensonge. Faites de vos scrupules les échelons du paradis !
vous le pouvez. Vos scrupules sont votre croix, mais
portez-les sans y acquiescer. Une méditation où vous

n'auriez fait que combattre vos scrupules, sans aucune belle pensée, vaudrait mieux qu'une extase d'un jour. Voyez si vous ne méritez pas qu'on vous tire les deux oreilles! Oui, votre plus belle couronne vous sera acquise par vos scrupules soufferts et méprisés. Vous rejetterez soixante-dix-sept fois sept fois chaque scrupule [1]. »

Et l'année suivante : « Renoncez-donc à vos scrupules. Ils ne servent qu'à déshonorer la bonté de Dieu. De peur d'offenser Dieu, vous désobéissez! Voyez comme vos scrupules sont la ruse la plus fine du démon. Il faut les souffrir et les supporter sans les contenter, comme une démangeaison qu'on enflammerait en la grattant. Ah! que ne suis-je au Bischenberg pour tirer l'oreille [2]! »

Dix ans après l'oreille n'a pas cédé et le scrupule non plus [3]. « Vous avez toujours la puce à l'oreille avec vos anciennes rêveries, écrit l'infatigable moniteur. Je vous assure que ce texte vous convient : Ils ont tremblé de crainte sans motif. *Trepidati sunt timore ubi non erat timor.* Ah! si je tenais l'oreille ! Vous croyez toujours qu'il n'y a pas de Dieu dans le ciel! »

Cependant le P. Berset donne en Belgique de retentissantes missions et se dépense sans compter.

« Monseigneur l'Évêque vous a accusé de vous tuer en prêchant, lui écrit le P. Passerat. C'est, il est vrai, mourir en brave. *Oportet sapere... ad sobrietatem.* Il faut être sage avec sobriété. Mais en quoi je n'hésite pas, où j'exclus même toute sobriété, c'est pour les scrupules, c'est pour la tristesse. Les rejeter, mais les rejeter *sans sobriété!* Les scrupules et la tristesse sont une folie. Unissez-vous à Jésus-Christ, *sed subito*, dès que vous apercevez une pensée triste, éloignez-la de deux lieues, et sous peu vous serez saint. »

---

1. 19 décembre 1825.
2. 5 mai 1826.
3. 5 janvier 1836.

« Est-il donc possible que l'on revienne toujours à ses vieux moutons ! Il y a si longtemps qu'ils sont consumés dans la fournaise de la miséricorde de Dieu, et détruits plus encore que les ennemis de Daniel par les lions dans la fosse ! Si vous faites des actes d'amour de Dieu toutes les fois que ces vieux souvenirs vous reviennent, vous pratiquerez la mortification intérieure au superfin et vous avancerez plus que par toutes les bonnes œuvres que vous pouvez faire. »

Et dans une charmante conclusion, le Vénérable élève l'âme de son scrupuleux disciple au terme qui sera le couronnement de ses efforts :

« Je ris quand je pense au moment où le P. Berset entrera dans le ciel. Je me le figure tout hébété en ce moment; que dis-je ? tout ravi, s'écriant : Qui l'aurait dit que Berset se trouverait ici? — Alors je lui répondrai : Vous voilà bellement attrapé ! Jamais vous ne m'avez voulu croire. Voyez-vous que le ciel était pour vous ! Ainsi croyez-moi à présent quand je vous dis que vous irez au ciel; ou croyez-vous vous-même quand vous faites des actes d'espérance.

« Je vous impose pour pénitence volontaire une dizaine d'actes semblables : Je crois à un ciel, et à un ciel pour moi. Je l'aurai par les mérites de Jésus-Christ et la miséricorde de Dieu. Je ne crois pas qu'on fasse un acte d'espérance quand on ne dit pas : Le ciel est pour moi. »

Si le Directeur d'âmes les poussait à la confiance en toutes circonstances, le *Supérieur* ne manquait pas de demander à la même vertu, pour lui et pour ses sujets, la paix et le courage sans lesquels rien de grand ne se fait au service de Dieu.

Difficultés du dehors, difficultés du dedans, le P. Passerat affronta tout avec la tranquillité d'une âme fixée en Dieu et qui ne compte que sur lui; vérifiant ainsi en lui-même la parole du prophète : *Qui sperant in Domino mutabunt fortitudinem* (Is., XL, 31). Ceux qui se confient dans le Seigneur participeront à sa force.

Nous savons avec quelle intrépidité il se conduisait dans les persécutions. Ses conseils et ses actes s'inspiraient alors de la confiance qui fait les martyrs.

« Il envisageait les événements les plus sinistres avec égalité d'âme, avec paix, disent les témoins [1]. Ses pensées étaient au-dessus des choses de la terre; il avait le sens du divin. »

L'un de ses confrères de Vienne [2], a laissé à ce sujet des souvenirs qui peignent bien cet état d'âme héroïque :

« Lorsqu'en 1836, l'archevêque Mgr Mildé, très imbu de joséphisme, venait pour faire, selon la loi autrichienne, la visite du couvent, le Vénérable dit avec calme au même Père : « Je m'attends à être jeté en prison par l'archevêque. » Au début de la révolution de 1848, il déclarait à sa communauté : « Nos ennemis n'en veulent qu'à nos confessions et à nos prédications. Nous sommes persécutés pour le nom de Jésus. » Et il éprouvait alors une vraie joie. Un jour il demandait à un ami ce qu'on disait au dehors sur la congrégation; et comme celui-ci répondait que, pour le moment, tout était tranquille : « Ah! reprit le Serviteur de Dieu, ce n'est pas bon signe. Nous devons prier mieux et davantage, car il paraît que nous ne sommes pas agréables au bon Dieu. » Seuls les saints tiennent un pareil langage.

« Nous sommes ici un peu fortement martelés, écrivait-il dès 1833 au P. Czech, mais cela fait du bien à nos âmes. Voici ma force : *Omnes capilli capitis vestri*

1. Sœur Marie-Victoire. — P. Kurlil.
2. Le P. Kral.

numerati; tous les cheveux de votre tête sont comptés. J'en tire les conclusions et je tâche de les graver dans mon âme. Voilà le fruit de mon voyage à Maria-Zelle [1]. »

La plus rude et surtout la plus longue épreuve pour sa confiance fut son *administration* elle-même et la charge de Supérieur que Dieu lui imposa pendant quarante-cinq ans.

Il vit, sous son gouvernement, quarante-deux maisons naître et pour la plupart prospérer. Or pour arriver à un résultat si magnifique sa ressource principale fut sa confiance.

Écoutons ses auxiliaires [2] : « Le Vénérable répétait sans cesse : *In te, Domine, speravi, non confundar in aeternum.* Bien souvent j'ai entendu ce témoignage de la bouche de ceux qui vivaient avec lui, les PP. Kosmacek, Prost, Srna, Czech, Héberlé, de Held, Haufbauer : au milieu des difficultés de toutes sortes, son visage toujours gai reflétait la paix de Dieu qui habitait dans son âme. »

« A chaque fondation nouvelle, il n'avait en vue que la gloire de Dieu et le bien des âmes, sans considération d'ordre purement temporel. Lui paraissait-il que Dieu voulait l'œuvre, il l'entreprenait aussitôt. Aussi nos couvents, fondés dans la pauvreté et quelquefois même l'indigence, sont-ils le fruit de ses prières et de sa confiance. »

« En Suisse, en Allemagne, dit le P. Oomen, l'œuvre semblait impossible, mais toujours il espérait *in spem contra spem.*

« En Amérique, après l'échec des premières tentatives, tous, supérieurs et missionnaires, avaient perdu l'espoir. Le P. Passerat, persuadé que les œuvres de

---

1. Lieu de pèlerinage en l'honneur de la très sainte Vierge.
2. P. Zobel.

Dieu doivent être éprouvées, montrait une confiance toujours croissante, et plus que jamais recourait à la prière. Malgré les instances de tous, même de ses consulteurs, il ne voulut pas rappeler les Pères. Et au moment où, bien malgré lui et pour ne pas s'obstiner contre tous, il songeait à prendre cette mesure, c'est alors que les nouvelles les plus consolantes lui arrivèrent. »

Il avait prophétisé que l'année de la canonisation de saint Alphonse verrait l'établissement de notre première maison régulière dans ces contrées. L'événement montra que Dieu parlait par sa bouche comme il agissait par son bras. En ces circonstances, comme en beaucoup d'autres de moindre importance, son audace, sa confiance absolue tenaient de celles d'un voyant et d'un prophète.

Il envoie un jour en Angleterre le P. Lanz, qui ne savait rien de la langue du pays : « Partez, mon fils; Dieu est aussi en Angleterre. » Or à Ostende, le Père fait la connaissance d'un prêtre anglais qui s'offre à le conduire.

« Lorsque en mai 1835, raconte le P. Prost, je partis en Amérique, je voulais faire mes adieux pour la vie au P. Passerat : « Non, non, pas comme cela, me dit-il, car je vous reverrai encore. » Dix ans après, au même Père, de retour en Europe, il prédisait une nouvelle mission en Amérique, laquelle en effet se vérifia plus tard.

Le P. de Held, provincial de Belgique, aimait à parler, au sujet de son rôle personnel dans ce pays, de cette confiance absolue du Vénérable : « Il m'envoya d'Autriche en Belgique, où la congrégation venait de s'établir. Les premiers Pères avaient à lutter contre maintes difficultés. J'avais la mission d'écarter celles-ci. « Vous irez, me disait-il, mais aussi vous retournerez », c'est-à-dire : Ayez confiance, vous triompherez de tous les obstacles. Contre toute espérance de succès, malgré le sentiment d'un échec complet, il espérait en Dieu comme Abraham, *qui in spem contra spem credidit.* »

A un recteur qui voulait d'avance une *perspective* pour le placement des sujets qui lui seraient envoyés il écrivit : « Un débouché! une perspective! *Messis quidem multa, operarii autem pauci.* La moisson est grande, mais les ouvriers sont peu nombreux. Vous avez trop de prudence, ou plutôt vous n'en avez pas assez. Pourquoi? Priez plus, révérend Père, avancez davantage dans la prière : la prière vous manque [1]. »

Il espérait ainsi parce *qu'il ne cherchait que Dieu .:* « Ayez confiance en Dieu, dit-il au même Père. Faites, mais avec réflexion et souvent, une bonne intention. Ce n'est pas facile, et il faut bien se cramponner au bon plaisir de Dieu. Alors on gagne beaucoup. D'ailleurs pensez que nous ne gagnerons jamais plus que quand nous ne réussirons pas [2]. »

« Pour conserver la paix, disait-il encore, il faut, entre autres moyens que la foi nous met en mains, nous considérer comme des administrateurs. Quand même nous perdrions nos causes, nos appointements durent toujours, et même sont plus considérables, parce que chaque pas que nous faisons, chaque ligne, chaque pensée *a sa diète,* comme l'on dit en allemand. Les avocats impériaux, quand ils perdent, n'en sont pas plus pauvres ni plus tristes. Nous avons encore, nous, ce précieux avantage : notre Maître ne nous demandera compte que des fautes que nous aurons commises avec une volonté délibérément mauvaise. Ainsi soyez tranquille. Il me semble que je me trouve dans une situation beaucoup plus épineuse que la vôtre, et cette pensée me soutient. Dites-vous souvent quand tout

1. Au P. Czech, 17 août 1829.
2. 21 juin 1822.

paraît désespéré : Il y a un Dieu dans le ciel ! Le troisième degré de la confiance est d'espérer parce que tout nous manque [1]. »

Et voici l'application immédiate de ces principes. Au même P. Czech, souvent troublé par les difficultés de son rectorat à la Valsainte, puis à Tschoupérou et à Fribourg, le Serviteur de Dieu donne, vers cette époque, des conseils qui sont un fidèle écho de sa propre confiance. Citons-en quelques-uns.

« Dans la direction du temporel, n'abandonnez jamais ce point de vue, cette étoile : *Quaerite primum regnum Dei*. Je veux dire : Voyez non l'utilité temporelle que peut procurer telle entreprise, celui-ci dans tel emploi, celui-là dans tel autre, mais premièrement et avant tout examinez si le soin de la perfection n'en souffrira pas. De là je vous prie de ne pas rendre la charge de la procure au P. Sébastien, préoccupé ordinairement du temporel. Le P. Bonaventure (Stoll) ferait-il un dommage de cent livres, n'importe : avec la grâce de Dieu, nous le réparerons. Qu'il ait une parfaite défiance de lui-même et une égale confiance en Dieu, et il fera très bien. J'éprouve sans cesse que la confiance opère des miracles [2]. »

« Si vous faites quelque achat prudent, quoique considérable, je vous assure et suis caution que la Providence ne vous délaissera pas. Pourrais-je douter de sa largesse quand je vois que, sans fonds, nous vivons ici au nombre d'à peu près soixante ? *Spes tua, pes tuus;* votre confiance c'est votre pied. Je vous assure que nous ne mendions pas, faisant même peu de cas d'épargner, si ce n'est en raison du vœu de pauvreté. Achetez ce qui est nécessaire pour votre âme et pour votre règle, et *confidite, confidite, confidite* [3]. »

---

1. 1er décembre 1830.
2. 22 septembre 1821.
3. 26 février 1821.

« Sur ma parole, oui, je me servirai du texte de saint Paul : *Novi hominem (non extra corpus, sed in corpore, hoc scio).* Je connais un homme (non hors du corps, mais dans son corps, cela je le sais) dont Dieu a récompensé la confiance de manière à fermer la bouche à ses détracteurs [1]. »

Il écrit deux ans après :

« Je m'en tiens toujours à mon principe *spes tua pes tuus.* Je m'en trouve tous les jours mieux. C'est pour cela que je m'intéresse bien peu à quelques centaines de francs de perte ou de gain. Ceux qui sont plus attachés au temporel qu'à la raison et au désintéressement chrétien perdent plus qu'ils ne gagnent [2]. »

« Ce que le bon Dieu enlève d'un côté il le donne de l'autre. Si vous faites quelque progrès dans l'obéissance et l'abnégation, vous dédommagez la congrégation et vous-même de grandes pertes [3]. »

C'est, on le constate, du détachement parfait en vue de la gloire de Dieu que naissaient la confiance et l'intrépidité du Vénérable dans ses entreprises. Il y joignait naturellement la prière, et avait même toujours, au fond de la caisse de sa communauté ce qu'il appelait « la pièce de la Providence » destinée au rôle de muette solliciteuse.

Ainsi affermie sa confiance ne craignait rien.

Dans sa visite à Liége, en 1837, parcourant la ville avec le P. de Held, il passa devant l'ancien couvent des Carmes, *Hors-Château.* Comme ses Pères étaient alors misérablement installés près de l'église Sainte-Catherine : « Voilà, dit le P. de Held, le couvent qu'il nous faudrait. » — « Achetez-le », répond aussitôt le P. Passerat. — « Mais, Révérendissime Père, où prendre les

---

1. 4 octobre 1821.
2. 20 novembre 1823.
3. 28 février 1825.

fonds? » — « Achetez-le, vous dis-je, et comptez sur la Providence : elle ne vous fera pas défaut, car cette acquisition est nécessaire. » En moins d'un an l'édifice, acheté 250.000 francs, fut assez facilement payé.

A Saint-Trond, en 1834, il juge que le jardin entouré d'une simple haie doit être fermé par un mur ; la pauvreté de la maison n'est pas dès lors pour lui un obstacle. Le jour même les novices sont envoyés en pèlerinage au sanctuaire de Cortenberck ; et voici que la comtesse de Looz-Cornwshrem, qui jusque-là n'avait rien donné aux rédemptoristes, offre d'elle-même une aumône suffisante pour payer le travail.

Ces faits et bien d'autres confirmaient ses confrères dans la pensée que pour lui la Providence faisait des miracles. Et c'était bien aussi sa persuasion.

« Vous verrez, quand votre caisse sera absolument vide, disait-il au P. Czech, Dieu enverra quelque chose pourvu que la confiance reste au fond. »

« Quand on a besoin d'une chose il ne faut pas calculer combien elle coûte ni si elle coûte. Si vraiment elle est nécessaire, si cela doit être, on se la procure, on la fait, laissant à Dieu le soin de la payer. »

« La confiance procure tous les biens temporels possibles, sauf exceptions nécessaires, *exceptis excipiendis*[1]. »

« A quoi bon tant penser aux soins temporels? C'est justement le moyen de manquer. Pensez à Jésus-Christ, à lui être fidèle, unissez-vous à Dieu autant que possible : il aura soin du reste et fera ce que vous ne pouvez faire[2]. »

« En vous inquiétant, vous forcez Dieu de refuser à une âme généreuse l'inspiration de donner à votre œuvre quelque somme de plusieurs cents ou mille flo-

---

1. Au P. Berset, 20 novembre 1833.
2. Saint-Trond, 14 mai 1848.

rins », dit-il un jour à la Mère Marie-Alphonse. « Il vous faut une maison? achetez-la et laissez au bon Dieu le soin de la payer. »

« La confiance, aimait-il à répéter avec saint Thomas, est infaillible. *Est ad obtinenda temporalia, id quod est amor ad merendam gratiam sanctificantem et gloriam cœlestem :* Elle a la même efficacité pour obtenir les biens temporels, que l'amour pour obtenir la grâce sanctifiante et la gloire céleste. Mais aussi prenons les moyens humains possibles. »

Nous verrons en effet quelle admirable prudence venait rehausser encore chez lui sa confiance héroïque.

Celle-ci rencontrait souvent des obstacles plus ardus que les nécessités matérielles, mais rien ne l'arrêtait et finalement elle triomphait de tout.

La charge de Supérieur, nous le savons, pesa toujours lourdement sur les épaules du P. Passerat; et sa profonde humilité n'était pas pour lui en alléger le fardeau.

Pourtant s'il demanda maintes fois d'en être déchargé jamais ce ne fut par un motif de pusillanimité. Ces démarches, au contraire, mettent plus en évidence l'ardeur de confiance qui l'animait dans l'accomplissement de sa haute tâche.

C'est avec magnanimité que, dès le premier jour, il a répondu à l'appel de Dieu : « La charge de vicaire général que vous m'imposez, écrit-il au Recteur majeur diminue mon allégresse, ou plutôt, à vrai dire, m'a enlevé toute joie. Je serais inconsolable si je n'avais l'obéissance qui me défend de me désespérer. Vous me nommez votre vicaire général après y avoir, dites-vous, sérieusement pensé devant Dieu. Ces paroles relèvent mon espérance, en me faisant croire que telle est la volonté du Seigneur, en la présence de qui je dis : *Omnia possum in eo qui me confortat.* Croyez que je m'emploierai tout entier, autant que ma faiblesse me le permettra, à conformer notre conduite et nos travaux à la règle de l'institut[1]. »

C'est dans cette résolution et cette confiance, à travers toutes les difficultés qui s'amoncellent sur ses pas, qu'il va de l'avant, défiant parfois toute prudence humaine. Souvent ses consulteurs effrayés n'osent le suivre. Mais lui, dans la réforme des abus, dans la parfaite régularité et la pratique des vertus religieuses, comme dans l'administration et la propagation de l'institut, ne sent pas un seul instant défaillir son courage.

C'est avec le même zèle qu'il prêche aux autres la même assurance dans le secours divin.

Au P. Czech, que tourmente la pensée des responsabilités du Supérieur, il écrit fois sur fois en ce sens.

« Profitez de l'instruction que je vais vous donner avec toute assurance. Il me semble qu'à Vienne j'ai fait un peu de progrès dans la connaissance du cœur humain et des illusions de l'esprit de ténèbres. Ces craintes que vous me manifestez de ne tenir votre poste que de la justice de Dieu qui vous punit ne sont qu'une illusion que vous fait votre amour-propre et que fortifie le démon[2]. »

« Le démon nous trompe et nous tente plus qu'on ne le croit et que vous ne le croyez vous-même. Laissez cette humilité, excessive, pour vous, aux saints qui avaient une confiance et un courage égalant leurs sentiments d'humilité. Il faut promptement rejeter toute pensée qui est mêlée de tristesse et d'inquiétude. Ces faiblesses sont l'empreinte des suggestions du démon, lors même qu'elles seraient enfilées dans l'aiguille de l'humilité, laquelle est toujours fausse

1. 25 juillet 1820.
2. 23 janvier 1822.

quand elle ne nous inspire pas de la confiance et du
courage[1]. »

Le Vénérable ne craint pas de se proposer lui-même
en exemple : « Vous êtes au moins aussi en état d'être
à votre place que moi en la mienne. Si donc je reste à
la mienne, pourquoi ne resteriez-vous pas à la vôtre?
Voici du reste une raison solide, ou plutôt le vrai point
de vue : quand l'autorité nous a mis dans une place,
nous devons nous dire en obéissant : Je fais la volonté
de Dieu; j'obéis et je reste à mon poste. C'est donc
Dieu qui m'y veut. Si je ne suis pas capable par moi-
même, Dieu me rendra capable. Des pierres même il
peut faire de vrais enfants d'Abraham[2]. »

« Ne nous arrêtons pas toujours à nous-mêmes;
élevons nos yeux vers le ciel. Oui, mon révérend Père,
confiance en Dieu et nous ne serons pas confondus. Je
vous assure que depuis que j'ai ma place j'ai reçu de
bien grandes grâces. J'en avais besoin. »

« Ainsi, mon Père, avec humilité, mais sans abattement, sans présomption, avec une courageuse confiance, vous et moi nous prendrons sur nous le joug
de celui qui a promis par son Prophète : *Putrescet
jugum meum a facie olei*, que son joug pourrira et
ainsi deviendra léger par l'huile de l'onction qu'il y
mettra. »

Vingt-deux ans plus tard, sur le point d'achever sa
tâche, et au milieu de la persécution déchaînée contre
Maria-Stiegen, c'est la même confiance sans réserve
qu'il prêche à l'un de ses meilleurs enfants, celui qui
devait être le vénérable Mgr Neumann.

« Je connais vos tribulations intérieures et extérieures,
j'y compatis d'autant plus que j'en ai l'expérience, car,
hélas! je suis vicaire général. Les tribulations que je

1. 20 novembre 1823.
2. 10 octobre 1829.

subis me permettent de vous exhorter à souffrir patiemment la même chose. Courage, révérend et très cher Père : c'est l'obéissance ou plutôt Jésus-Christ qui vous a imposé le joug du supériorat : c'est donc Jésus-Christ qui doit être votre secours, et il le sera. Ne vous laissez déconcerter ni par les échecs ni par les résistances. Dieu ne demande pas de nous le succès. *Explicita cura tua recumbe*, quand vous aurez fait votre devoir de Supérieur, demeurez en paix. »

Cette paix, comme la joie qui en émane, est un des fruits du règne de l'Esprit-Saint en nous. Nous allons voir comment le Vénérable sut l'attirer en son âme par sa grande fidélité aux appels de l'amour que l'Esprit de Dieu lui faisait constamment entendre.

Héroïque dans sa foi et dans sa confiance, il le fut plus encore, si l'on peut dire, dans la charité.

Per ipsum, cum ipso et in ipso, aimait-il à répéter. C'est en Dieu qu'il vivait, avec lui et par lui : il n'est donc pas étonnant que l'amour divin jette un si vif éclat sur sa vie entière.

C'est par lui qu'il s'applique avec tant de zèle à la pratique des vertus religieuses et de l'apostolat.

Nous constatons que cet amour l'introduisit dans la voie mystique, pour lui en faire gravir, croyons-nous, les plus hauts degrés. Ses enseignements toutefois sur cette vertu capitale ne dépassent pas les limites de la pratique accessible à tous.

CHAPITRE III

Sur cette vertu, la première et la plus essentielle de toutes, le P. Passerat a des enseignements de feu, très simples dans leur forme, mais vivifiés par un souffle puissant et surtout par l'exemple de sa vie entière.

Tout ce qui s'y rapporte est l'objet de son attention spéciale, de son application à le traduire en pratique dans sa conduite; si bien qu'on a pu dire de lui « que toute sa vie fut un acte d'amour pour Dieu. »

Les grâces mystiques dont il fut favorisé le donnent assez à entendre. Il semblerait même, en lisant bien des instructions et des avis qu'il nous a laissés sur la charité, que pour aller à Dieu la voie d'amour fut exclusivement la sienne. Du moins observa-t-il à la lettre ce que saint Alphonse recommande à ses religieux pour l'exercice des vertus : les pratiquer surtout pour le motif supérieur d'imiter Jésus-Christ et de s'unir à lui par l'amour.

Nous n'avons du reste qu'à écouter le Vénérable ou à le voir à l'œuvre pour nous convaincre que la charité, si elle ne fut pas le motif exclusif et universel de ses actes, les inspira toujours autant et souvent plus que tout autre motif spécial tiré des vertus elles-mêmes.

« Dieu est amour, dit-il : nous ne sommes en ce monde que pour aimer Dieu. C'est là notre fin, c'est toute la dignité, c'est tout le bonheur de l'homme. Dès que l'homme aime autre chose que Dieu ou ne l'aime pas pour Dieu, il s'avilit et se rend malheureux. »

« L'amour parfait est la mesure de notre gloire. Ne pensez pas tant, aimez davantage. Gravez dans votre esprit et dans votre cœur cette parole de saint Augustin : Aimez et faites ce que vous voudrez. Tout alors sera excellent. »

« Pourquoi les saints étaient-ils si au large dans leurs cavernes, ou même dans un tronc d'arbre ? C'est qu'ils se promenaient dans l'immensité de Dieu. Il faut s'entretenir souvent avec Dieu comme avec un tendre ami. Il est un bon Père, et non pas un tyran qui tiendrait toujours le sabre à la main pour nous frapper. »

« Je ne vois de bien solide et durable en ce monde que la vive et perpétuelle attention de cœur à rendre service à Dieu en la manière qui le glorifie le plus, c'est-à-dire par notre union intérieure avec lui en toutes choses. Il faut nous élever à Dieu sans cesse par le mouvement du respect et de l'amour, dans la pure lumière que sa divine présence répand dans nos âmes, et hors des ténèbres de son oubli, que notre abaissement vers les créatures et nos passions y font naître [1]. »

D'un recueillement parfait en toutes circonstances, le P. Passerat n'avait pas de peine à mettre le premier cet avis en pratique. Ses oraisons jaculatoires étaient continuelles, et toutes se rapportaient directement ou indirectement à l'amour de Dieu : « Mon Dieu, disait-il souvent, je désire que vous soyez glorifié en moi aujourd'hui et tous les jours de ma vie. »

Cette union avec Dieu donnait à sa physionomie un air grave, mais en même temps illuminé par le reflet de joie céleste qui inondait son âme.

1. 1823.

Ses démarches, ses actions étaient réglées par le motif suprême de la gloire et de la volonté de Dieu en présence de qui il marchait.

« Gravez bien ces mots dans votre cœur, écrit-il à la Mère Marie-Alphonse : *Dieu seul!* Point d'honneur. point de plaisir, *Dieu seul!* Point d'amour de la part des créatures, *Dieu seul, Dieu seul!* Allons, très chère Sœur Marie-Alphonse de la volonté de Dieu, soyez ce que vous devez être, soyez servante en tout, mais servante de la volonté de Dieu. Ce que Dieu veut, comme Dieu veut, autant que Dieu veut[1]. »

« Voyez, entendez, parlez, en un mot vivez comme ne vivant pas. Vous n'aurez ni paix ni progrès tant que vous ne reposerez pas sur le Cœur de Jésus. Tenez bien à cette inspiration du Saint-Esprit : Occupez-vous de vous seule : Mon Dieu et mon tout, *Deus meus et omnia.* »

Il lui écrit un jour cette recommandation qui nous montre à quel point lui-même était tout consacré au bon plaisir de Dieu. Le ton qu'il emploie montre assez quel prix il attache à cet avis :

« Rassemblez, je vous prie, toutes les Mères et toutes les Sœurs de votre maison pour une chose très importante. La voici : Tant qu'elles n'auront pas bien gravé dans leurs cœurs que toutes les occupations, depuis la plus vile jusqu'à la plus sublime, depuis celle de la dernière servante jusqu'à celle de la Supérieure, depuis le lavage de la vaisselle jusqu'à la sainte communion; tant, dis-je qu'elles n'auront pas toujours devant les yeux que ces occupations ne sont qu'un moyen pour faire mourir l'amour-propre et faire naître l'amour de Dieu en elles, elles ne sont que des femmes et non des religieuses. »

---

1. 1837.

« Pendant notre grande retraite à Maria-Stiegen, dit
le P. Krutil, le P. Passerat nous réunit un jour en récréation et nous parla avec un feu extraordinaire de l'importance, de la nécessité de la bonne intention en toutes
nos œuvres. »

« Qu'on ne s'y trompe pas, disait-il aussi, on pense
souvent qu'on agit par charité, et c'est par amour-
propre. La devise des premiers rédemptoristes était :
Mourir pour faire plaisir à Dieu ! »

Comme saint Alphonse, il n'avait en vue que la
volonté de Dieu. A cet amour effectif il joignait d'ordinaire les sentiments les plus vifs, surtout au temps de
l'oraison. Ce sont les actes d'amour qu'il recommandait
surtout dans ce saint exercice.

« Pendant son séjour à Wittem ou au noviciat de
Saint-Trond, les méditations qu'il donnait à la communauté portaient souvent sur l'amour. Son cœur y
paraissait embrasé. Tous, pères, frères et novices, en
étaient profondément émus, et plusieurs s'empressaient
de recueillir ses paroles par écrit [1]. »

« Lors de mon arrivée à Saint-Trond, raconte le
P. Giessen, je fus nommé secrétaire du Révérendissime Père. Un jour (c'était pendant l'octave de la
Pentecôte) j'entre dans sa chambre et le trouve assis,
les bras en croix, le visage radieux et les yeux étince-
lants. Je demande sa bénédiction à genoux. Il ne répond
pas d'abord ; puis tout à coup, exhalant un soupir, il
me passe les bras autour du cou : « Hé ! Frère Giessen,
me dit-il, quel est le plus beau passage de l'hymne *Veni,
Sancte Spiritus ?* » Moi, qui recherchais alors beaucoup
les consolations sensibles, je répondis : « C'est le *Conso-
lator optime.* » « Non, non », dit-il, en me serrant sur
son cœur ; et il chanta deux ou trois fois : *O lux beatis-*

____

1. Procès, n° 136.

sima, reple cordis intima tuorum fidelium. O bienheureuse lumière, remplis et pénètre le cœur de tes fidèles. Je sentis alors une joie inexprimable et reçus la grâce d'une dévotion plus qu'ordinaire envers le Saint-Esprit. »

Il nous a laissé lui-même par écrit un acte d'amour divin, composé à l'usage des rédemptoristines, où son cœur se dévoile tout entier. En voici quelques passages :

« O très sainte Trinité, je vous offre les plus vifs sentiments d'amour, de bienveillance, de complaisance et de désir. Notre Père qui êtes aux cieux, je vous félicite, je me réjouis de ce que vous êtes infiniment heureux en vous-même et par vous-même. Mon bonheur est de vous savoir infiniment glorieux : *Gratias agimus tibi propter magnam gloriam tuam.* Je voudrais donner ma vie pour que tous les hommes crussent et accomplissent votre sainte volonté comme le font les anges et les saints dans le ciel.

« Le pain quotidien dont je veux nourrir mon âme, c'est l'amour, le désir : *Cupio dissolvi et esse cum Christo...* »

Puis le Vénérable, venant à la charité *effective*, trace longuement à la suite, le tableau du cœur parfaitement fidèle à l'amour, c'est-à-dire premièrement du sien.

Souvent, disent les rédemptoristines, on l'entendait soupirer : « Mon Dieu, est-il donc nécessaire de me commander de vous aimer ? N'est-ce pas déjà un grand bonheur pour moi que vous me le permettiez ? »

« Faites tout, disait-il, avec la pure intention, par amour pour Dieu et non pas par la seule crainte de l'enfer. » Alors hors de lui il s'écriait ravi : « Mon Dieu, je vous aime ; par amour pour vous, je veux souffrir, espérer tout de vous, me confier en vous [1]. »

---

1. Aux rédemptoristines de Vienne.

« Amour pour amour, écrivait-il à l'une d'elles. Je voudrais remplir mes deux pages de ces deux mots. Plût à Dieu que je m'oubliasse moi-même et que je ne fusse plus à Jésus-Christ qu'amour pour amour ! »

C'est avec l'ardeur d'un séraphin que fréquemment il baisait son crucifix en répétant : « Que je meure d'amour pour vous qui avez daigné mourir pour mon amour. »

« Il brûlait d'amour pour Dieu, dit le cardinal Dechamps ; il avait un immense besoin de communiquer cet amour aux autres, afin d'enflammer tous les cœurs. »

Au reste cet amour, le Vénérable le montrait *accessible, facile* : « Si l'on ne croit pas que Dieu nous aime, dit-il, on ne peut beaucoup aimer. Le désir de l'amour est l'amour. On ne désire pas aimer une personne pour laquelle on n'a nul attrait, on n'a pas non plus de peine de ne pas l'aimer. »

« La sainteté ne consiste pas dans les grandes actions, les miracles et choses surprenantes, mais dans la fidélité aux petites choses. Les plus beaux bouquets sont faits de fleurs délicates, et les diadèmes sont ornés de perles fines. »

« Il ne faut pas la chercher au loin, elle est au milieu de nous, et son fondement ce sont nos règles et tous les moyens que, dans la congrégation, saint Alphonse a mis à notre disposition. »

Avec les personnes du monde, il insistait également sur la pratique de l'amour de Dieu dans toute la conduite de la vie. La comtesse de Robiano s'adressa un jour à lui en confession, à Bruges : « Il me parla, dit-elle, de la nécessité d'aimer Dieu d'un amour total, et cela d'une façon qui m'a laissé la plus vive impression. Je ne puis dire combien j'ai été touchée en voyant et en sentant la tendresse de son amour pour Dieu. A la vue de ce zèle, il me semblait que je n'aurais rien su refuser à Notre-Seigneur. Son amour était essentiellement agissant: « Des actes! répétait-il, des actes! » Et il me disait cela avec tant de douceur que sa charité pour le prochain m'a paru marcher de pair avec sa charité pour Dieu. »

L'amour de Jésus-Christ, chez ce parfait rédemptoriste, tenait une grande place dans ses exhortations comme dans les aspirations de son âme. Mystique il ne lui sembla jamais que l'humanité sainte de Jésus fût un obstacle à sa contemplation. Bien au contraire, comme sainte Thérèse, il s'y attachait avec ardeur, et c'est à Jésus, dans sa personne et ses mystères, qu'il recourait la plupart du temps. Nous l'avons déjà signalé en parlant de sa foi.

« Je ne sais rien, mes frères, disait-il un jour aux Pères du second noviciat; que vous dirai-je? Mais je sais une chose : Qui n'aime pas Jésus-Christ soit anathème! Si vous êtes dans la plus haute contemplation mais que vous ne vous attachiez pas à Jésus-Christ, vous ne persévérerez pas. Nous avons tout par Jésus-Christ dans l'ordre de la nature et de la grâce. Tous les saints dont nous connaissons la vie en détail sont allés par Jésus-Christ : saint Ignace, saint Alphonse... Ils parlent toujours de Jésus-Christ. Que faut-il pour aimer Jésus-Christ? Il faut l'aimer, il n'y a pas d'autre moyen. »

Il fait de l'amour de Jésus-Christ la vertu par excellence du rédemptoriste : « Le rédemptoriste doit exceller par sa dévotion envers Jésus-Christ, dont il s'efforcera d'imiter constamment les vertus. Jésus-Christ est le parfait modèle de vertus et le seul chemin pour arriver au Père. *Ego sum via, veritas et vita. Qui videt me videt et Patrem meum :* Je suis la voie, la vérité et la vie. Qui me voit voit aussi mon Père. La faiblesse

de notre intelligence ne nous permet pas toujours de
méditer les infinis attributs de Dieu. Cette méditation
nous laisse souvent dans la spéculation. Mais la méditation des vertus de Jésus-Christ nous met dans la pratique. »

« L'imitation de Jésus-Christ, voilà la dévotion des
dévotions, et pour ainsi dire la seule. Se dire souvent :
Que dirait Jésus? Comment agirait Jésus? Que pense-
rait Jésus en cette circonstance? C'est là le rédemptoriste, la rédemptoristine. Alors elle sera vraie pour
nous cette parole : Ce n'est plus moi qui vis, c'est
Jésus-Christ qui vit en moi. »

Il montre à ses missionnaires l'amour de Jésus-Christ
comme un préservatif souverain contre les dangers du
saint ministère :

« Que le Seigneur vous fasse croître dans l'amour
de Jésus-Christ! Par là vous vous sanctifierez pour
sanctifier le prochain en vérité. Il faut avoir un estomac bien solide pour vider les cloaques : les gens de ce
métier usent de liqueurs fortes. Enivrez-vous donc,
très chers confrères, de l'amour de Jésus-Christ pour
n'être pas suffoqués par les mauvaises odeurs de tant
de crimes qu'il faut entendre [1]. »

Le secret du *progrès spirituel* est dans cet amour :
« Je vous prie et je vous supplie, écrit le Vénérable au
P. Berset, alors maître des novices au Bischenberg,
de faire de tout ce que vous avez à souffrir autant
d'actes d'union à la passion de Jésus-Christ. C'est une
continuelle imitation de la passion du divin Maître non
seulement affective mais pratique. C'est ce que je conseille à tous mes pénitents. Ceux qui le pratiquent
avancent merveilleusement. Ah! si nous y étions fidèles, comme nous ne serions ni Berset ni Passerat, mais

---

1. 17 janvier 1845.

d'autres hommes actuellement entés en Jésus-Christ et unis à lui[1] ! »

Toute la *perfection* enfin est dans cet amour : « Prier, aimer Jésus-Christ et s'aimer les uns les autres, voilà la bénédiction de Dieu. Celui qui ne fait pas tout pour Jésus-Christ est un menteur. Car tous les jours, à la messe, il promet de le faire : *Per ipsum, et cum ipso, et in ipso.* Pensons toujours à Jésus-Christ. »

« Je vous en prie, écrit-il à la Mère Marie-Alphonse, priez sans cesse; tenez toujours votre cœur élevé et uni à Jésus-Christ. Le mien s'y trouve en tous moments[2]. »

« Mettez le feu à votre maison, dit-il encore aux rédemptoristines : tous les mauvais meubles voleront par la fenêtre. Ne croyez pas que vous ayez fait de grands progrès dans la vertu si vous ne portez sans cesse Jésus-Christ dans votre cœur et dans votre esprit. Jésus-Christ s'est donné tout à vous, donnez-vous toutes à lui : de *corps*, vous dévouant à la pénitence et vous consumant à son service; d'*esprit*, en ne l'occupant que de ce qui peut vous unir à lui; de *volonté*, n'en ayant point d'autre que la sienne. »

Il suffisait de voir le serviteur de Dieu en oraison à l'église pour constater que ses exhortations les plus vives étaient encore inférieures à l'élan d'amour qui l'entrainait vers Jésus-Christ présent sur l'autel. Outre ses extases à la sainte messe, on peut dire que sa prière était alors comme un ravissement perpétuel. A genoux, immobile et dans l'attitude du plus profond recueillement, les yeux baissés ou fixés sur le tabernacle, il restait là des heures entières, sans que rien ne fût capable de le distraire.

« Son visage, dit le P. de Fooz, prenait une expres-

1. 7 décembre 1829.
2. 18 octobre 1830.

sion extraordinaire; il était comme enflammé. J'ai entendu maintes fois le Vénérable proférer d'ardentes oraisons jaculatoires ou laisser échapper de pieux soupirs. »

Cette ferveur d'amour passait naturellement dans ses actes ordinaires et se reflétait surtout dans ses instructions.

« Arrêtons-nous de préférence, disait-il, sur le motif de l'amour de Jésus-Christ. Ce retour d'intention qui *réduit tous les motifs à celui de la charité* les perfectionne et les embaume. Alors on agit non seulement pour devenir vertueux et plein de mérites mais pour *faire plaisir à Dieu*[1]. »

Et voici comment il s'entraine et entraîne les autres à le suivre: «Allons, très chère fille, quand on sera en haut de la côte on sera bien content. Mais il faut suer. Courage donc! Restons ferme dans le combat. Ne lâchons pas pied, ne descendons pas. Montons encore un peu, puis un peu. Jésus-Christ est en haut, mais tout en haut, derrière un petit nuage qui se dissipera avec un souffle qu'il faut faire hors d'haleine! Et puis, et puis, on voit... On voit, qui? Le plus beau des enfants des hommes: *Jésus-Christ*[2]. »

On sera sans doute édifié de connaître les pensées que le Vénérable se plaisait à développer lorsqu'il prêchait l'amour de Jésus-Christ. Quelques-unes trouvent ici naturellement leur place.

« Jésus-Christ est l'*objet* de notre amour. Anathème à qui n'aime pas Jésus-Christ! Ce n'est pas là un élan momentané du cœur, c'est l'expression d'une âme intimement persuadée et pénétrée de la vérité. Non, rien n'est aussi digne de notre amour que Jésus-Christ. Il est Dieu et homme tout ensemble. Il est le plus beau

---

1. 15 décembre 1845, à la Mère Marie-Alphonse.
2. 24 mars 1824.

des enfants des hommes. Son corps est le plus pur qui fut jamais; formé du sang virginal de la Reine des vierges, uni à la pureté infinie de Dieu, organisé sous l'action du Saint-Esprit, le premier en dignité et en beauté.

« Cette beauté reluit sur son visage, et tout ce qui est en lui est plein de gloire, de majesté et des rayons de la divinité. *Pulchritudo in conspectu ejus; sanctimonia et magnificentia in sanctificatione ejus; speciosus forma prae filiis hominum.* »

« Beauté de son âme! Elle est le chef-d'œuvre le plus accompli de toutes les œuvres de Dieu. Elle a plus de beauté que n'en ont ensemble tous les anges et tous les esprits de l'univers; tant par l'éclat du Verbe qui lui est personnellement uni que par la grâce, la charité, les vertus surnaturelles, les dons du Saint-Esprit qui lui ont été départis sans mesure. Saint Augustin eût voulu voir trois choses sur la terre : Rome triomphante, saint Paul prêchant, et surtout Jésus-Christ marchant, *Christum ambulantem.*

« La sainte Vierge était belle sans doute, mais sa beauté n'était rien auprès de la beauté de Jésus-Christ. »

Jésus-Christ est une *source d'amour.* Il nous a créés par amour pour nous et pour sa gloire, mais tout ce qu'il nous donne ce ne sont que des moyens dont nous devons nous servir pour arriver à l'amour. C'est par amour qu'il nous a rachetés, qu'il nous offre tous les sacrements, et parmi eux le plus auguste, celui qui renferme tous les trésors de sa charité, celui où il réside lui-même, les mains pleines de grâces pour nous les distribuer. »

« Jésus-Christ est un *exemple d'amour* et non pas seulement un modèle, c'est-à-dire qu'il nous entraîne, nous enchaîne à son amour. Cet exemple d'amour commence au premier instant de sa vie, va jusqu'à la croix, et se perfectionne jusqu'à la consommation des siècles. »

« Jésus-Christ est le plus noble *objet* de notre amour ; le plus noble Époux de notre âme, puisqu'il possède toutes les perfections ; le plus riche : il a le ciel et la terre ; le plus digne de notre amour, puisqu'il nous aime infiniment, nous a comblés de tant de bienfaits et ne cesse de le faire jusqu'à la fin du monde.

« Allons à Dieu, misérables que nous sommes, *par Jésus, avec Jésus, en Jésus*. Mais pour trouver plus sûrement Jésus, allons à lui *par Marie, avec Marie, en Marie*[1]. »

Ces dernières paroles proclament assez que, chez le P. Passerat, l'amour du Fils et celui de la Mère non seulement ne se séparèrent jamais, mais que le dernier fut toujours, dans l'esprit du Vénérable, le moyen nécessaire pour arriver au premier. Sa continuelle prière à Marie, comme nous l'avons vu précédemment, lui attirait, par « le canal de la grâce », le continuel et puissant secours dont il avait besoin pour se maintenir et progresser dans l'admirable élan de vie intérieure commencé dès sa jeunesse et accru immensément, dans la congrégation, par sa fidélité à l'esprit de la règle.

Ses paroles et ses exemples nous ont appris ce que fut pour lui cette vie intérieure, et quels trésors de sainteté il y puisa effectivement. Son zèle à la répandre autour de lui ne connut pour ainsi dire pas de bornes. Il la prêcha, comme dit l'apôtre, à temps et à contre-temps, *opportune, importune,* et le résultat de ses efforts est encore aujourd'hui palpable parmi nous.

Ses lettres nous restent comme un monument de son influence au temps où elles furent écrites. On les co-

1. Conférence aux rédemptoristines.

piait, on se les passait, on les affichait dans les maisons; aujourd'hui encore elles conservent leur force, et des passages comme celui que nous citons en terminant resteront toujours d'actualité pour les âmes désireuses de leur salut et de leur perfection :

« Vous travaillez comme de vaillants soldats de Jésus-Christ. En cela je vous loue; je m'en réjouis cordialement. Bien plus je remercie Dieu qui m'inspire de lui adresser d'ardentes prières pour que vous récoltiez une moisson chaque jour plus abondante. Prêchez donc avec ardeur, mais auparavant vaquez à l'oraison.

« Écoutez l'avertissement d'un homme apostolique, le P. Lallemant : « La vie intérieure des religieux qui s'emploient au service du prochain est très imparfaite et même dangereuse si elle n'est point jointe à la vie intérieure. »

« Les actes de vertu qu'ils exercent procéderont en partie de la grâce, en partie de la nature, ils ne seront jamais entièrement surnaturels. Sous de spécieux prétextes, l'amour-propre les asservira à leurs inclinations et à leurs volontés; il les fera retomber sans cesse dans leurs défauts et imperfections. Par là leur salut sera grandement exposé. Il faut appliquer même à la recherche du salut des âmes cet axiome de Notre-Seigneur : Que sert à l'homme de gagner l'univers s'il vient à perdre sa propre âme [1]? »

La vie intérieure ainsi comprise était pour le Vénérable la source des plus beaux actes de vertu, souvent répétés, et allant souvent aussi jusqu'à l'héroïsme. Sa foi, sa confiance, son amour de Dieu, comme aussi la lutte contre lui-même et son incessante prière, non seulement maintenaient son cœur pur et libre de toute

---

1. Aux Pères belges, 1835.

attache terrestre ; mais étaient encore le principe d'une activité spirituelle surprenante tant pour la gloire de Dieu et le bien des âmes que pour sa propre sanctification.

Nous allons le voir à l'œuvre au milieu des siens, sur le terrain de la vie religieuse proprement dite, puis sur le théâtre d'action plus vaste où l'éleva sa charge de Supérieur. Partout l'homme de vie intérieure et de prière nous apparaîtra guidé par l'inspiration de Dieu et fidèle à la grâce.

QUATRIÈME PARTIE

VŒUX DE RELIGION ET VERTUS MORALES

I. — *Les trois vœux de religion.*

a) Pauvreté. — Le pauvre d'esprit. — La vie commune. — Pas d'adoucissements. — Pauvreté des couvents. — Nombreux traits de son esprit de pauvreté. — Le rigide gardien de la pauvreté.

b) Chasteté. — Elle fut parfaite chez le P. Passerat. — Sa sollicitude pour éviter jusqu'à l'ombre du danger. — Perspicacité et direction.

c) Obéissance. — La volonté de Dieu. — Soumission aveugle, universelle et généreuse aux Supérieurs, à la Règle. — « Un saint novice ! » — Son obéissance dans la charge de Supérieur. — Son obéissance au confesseur ; un exemple héroïque. — *Vir obediens.*

II. — *Charité fraternelle.*

« La mère de la Congrégation ! »

Côté négatif : Son inaltérabc douceur de cœur. — Pardon de toute offense. — Traits et avis multiples. — *Beati misericordes !* — Son horreur des paroles contre la charité. — « Il faut ménager les hommes comme du cristal. »

Côté positif : Avec les malades, les pauvres. — Un cœur large. — Délicatesse et prévenance pour tous, surtout avec ses confrères.

III. — *Humilité.*

« L'humilité même ! » — Une source de son calme. — Il ne s'excuse jamais. — Fortes exhortations. — Eloignement des grandeurs. — Il offre souvent sa démission de Vicaire général. — Instructions sur l'humilité. — Pratiques ordinaires du Vénérable au sujet de cette vertu.

IV. — *Mortification et Amour de la Croix.*

« Jouir le moins possible. » — Il se traite durement. — Sa prudence au sujet des mortifications extraordinaires. — Son estime et son amour de la Croix. — « Qu'est-ce que la Croix ? » — Croix inhérentes à la vie de piété. — Persécution. — Maladies. — « Le vrai disciple de Jésus-Christ. »

Il existe au couvent de Wittem, dans la salle de communauté, un portrait, véritable relique du Vénérable, tant par son origine que par la fidélité avec laquelle il reproduit ses traits.

179

Tous, dans la vieillesse du P. Passerat, désiraient avoir ce souvenir de leur Père. Mais l'obtenir était difficile. On ne pouvait lui demander de poser devant un peintre. Pour rien au monde le Vénérable n'y eût consenti.

On trouva mieux; et sans qu'il s'en doutât, l'espace d'un dîner, le bon Père se prêta *le plus naturellement du monde* au travail de l'artiste. On lui faisait fête au couvent; rien ne l'étonna donc qu'au milieu du réfectoire une pyramide de fleurs fût élevée en son honneur. Et c'est sous ces fleurs que, pendant le repas, le peintre habilement dissimulé put opérer à son aise.

Une difficulté s'offrait pourtant. Comment saisir un regard que le Vénérable tenait perpétuellement baissé? On amena l'occasion d'un toast; et, dans sa réponse, levant les yeux au ciel, le P. Passerat montra à l'artiste le regard suavement expressif de bonté surnaturelle, de douce fermeté et de piété que celui-ci put fixer sur la toile.

De taille élevée, noble de port et de visage, le P. Passerat au premier abord en imposait à tous. Son humilité le portait à s'effacer; mais tant de vertu éclatait dans sa personne qu'instinctivement au respect naturel se joignait chez tous un sentiment de vénéraration et de profond attachement pour celui qu'on appelait « le saint[1] ».

Saint, il le fut en religion, par la complète abnéga-

---

1. On ne lira pas sans intérêt les naïves réflexions qu'inspira à un Frère servant, Pierre Liener, la vue du P. Passerat : « Je le vis pour la première fois à Marburg. en 1838. Il me fit une grande impression. Il était de taille élevée, solidement membré; il avait des yeux très clairs, bruns comme ceux d'un jeune chevreuil (*sic*). Sa voix était forte. Il parlait finement, très posément, et, dans la méditation, avec beaucoup d'onction et de piété ; mais il parlait mal l'allemand. Il chantait fort bien aux offices, et y inspirait une grande vénération. Lorsque à la méditation il voulait inculquer quelque vérité spéciale, il frappait fortement sur le banc, de manière à faire tressauter les endormis. »

tion avec laquelle il embrassa l'observance régulière sous toutes ses formes. Les vertus de la vie religieuse parfaite émanaient comme naturellement de son esprit de prière, de mortification, et de son union habituelle avec Dieu.

Destiné à la propagation et au gouvernement de l'institut, il devait être le modèle de ses frères. Il le fut parfaitement, et tous ses contemporains le proclament à l'envi.

De plus, au temps et dans les circonstances où vivait le Vénérable, diverses coutumes et plusieurs points de règle n'étaient pas encore bien définis et acceptés de tous.

L'esprit *joséphiste* par ailleurs, qui animait le gouvernement autrichien, s'opposait autant que possible à une liaison intime entre le Général de la congrégation et son Vicaire au delà des Alpes.

Le P. Passerat, pour faire triompher malgré tout la règle et l'esprit de saint Alphonse qui animait les premières Constitutions, dut, on le comprend, user de prudence et d'énergie, et s'employer de toutes ses forces en faveur de la complète observance.

A ce titre surtout il mérite notre éternelle reconnaissance.

« Un religieux qui observe parfaitement sa règle, disait-il souvent, peut être canonisé. » L'observance est en effet la somme des vertus évangéliques passant par le moule spécial que Dieu inspira au fondateur de la congrégation, et venant imprimer à l'âme parfaitement fidèle l'exacte ressemblance du Très Saint Rédempteur.

Ame fidèle s'il en fût, le Vénérable, par les vertus qu'il pratiqua et s'efforça de faire pratiquer à tous, était un éminent religieux et un rédemptoriste dans toute la force du terme.

La foi, l'espérance, la charité formaient, ainsi que nous l'avons vu, le fondement et comme la structure essentielle de sa vie religieuse. Autour de cette armature divine, la régularité, les vœux de religion, l'humilité, la douceur, la patience, le renoncement et l'amour de la croix, en un mot toutes les vertus que la règle nous commande, venaient donner à l'édifice cette perfection achevée que seule présente l'âme d'un saint.

CHAPITRE PREMIER

I. PAUVRETÉ

Le P. Passerat eût souhaité que dans la congrégation les vœux, au moins celui de pauvreté, fussent solennels. Il accepta du moins toutes les conséquences des vœux simples dans une perfection qui équivalait aux plus strictes formules des vœux solennels.

De son temps, à cause des divergences introduites en Italie, les Constitutions approuvées par saint Alphonse eu 1767 sur la pauvreté, n'étaient pas universellement pratiquées. Dès qu'il les connut, le Vénérable s'y tint à la lettre; et très certainement, pour son usage personnel, en dépassa de beaucoup la rigueur.

Pauvre extérieurement par les mille soins qu'il prenait d'observer en tout et très scrupuleusement, plus encore que la lettre, l'esprit de la règle, il était aussi pauvre d'esprit au sens évangélique de cette parole, par son parfait détachement des biens et des commodités du monde.

Ces biens, à ses yeux, n'avaient aucune valeur intrinsèque. Il s'en servait pour Dieu et pour les âmes. Il savait s'en priver avec joie. *Qui utuntur hoc mundo, tanquam non utantur* (I Cor., VII, 31). *Tanquam nihil habentes et omnia possidentes* (II Cor., VI, 10). Que ceux qui usent de ce monde soient comme n'en usant pas, comme pauvres et possédant tout. Ces textes sacrés réfléchissent très bien sa conduite. Il n'avait rien en ce monde. Pour sa personne le nécessaire même était déjà trop en un sens : il s'en privait souvent. Pour les œuvres il n'épargnait rien. Il les fondait sur la pauvreté de l'apôtre qui attend tout de la Providence.

La vie commune au couvent était comme le fond même et la trame de sa vertu pratique de pauvreté. Loin de la mitiger, il la rendait souvent plus dure pour lui-même. Surtout jamais il ne se fût accordé, sans un pressant motif, quelque soulagement. Ceux que la nécessité ou l'obéissance lui imposaient, bien rares du reste, étaient pour lui objet de confusion ; il les souffrait avec peine et les dissimulait le plus possible.

« Nous sommes faits pour la vie commune, disait-il, comme l'oiseau pour voler et le poisson pour nager. Ne pas être apte à la vie commune et aimer ses aises sont deux choses dont chacune suffit pour mal augurer d'un novice. Réunies elles font prononcer avec certitude contre lui. »

Supérieur et en visite dans les couvents, il refusait impitoyablement tout adoucissement qu'on croyait devoir lui offrir à cause de ses infirmités ou de la fatigue des voyages.

Lorsqu'il arriva à Tournai, vieux et malade, on lui offrit le petit parloir pour chambre : « Non, dit-il, je veux mourir dans une cellule. »

« J'étais présent, un jour, témoigne le P. Pladys, lorsqu'on lui apporta une paire de chaussons plus commodes que ceux dont il usait : « C'est du superflu, dit-il, c'est de la prévision. »

Le P. Giessen, étudiant à Wittem lorsque le P. Passerat y vint, après sa première attaque d'apoplexie, nous donne au sujet de sa pauvreté, le récit suivant, qui ne manque pas d'ingénuité :

« Les Supérieurs envoyaient des Frères au R. Père
pour lui tenir compagnie, et ceux-ci parfois lui appor-
taient un peu de café. Un jour j'entrai dans sa chambre
avec une tasse à la main. Le Père, occupé à lire *L'histoire de l'Église* de Bérault-Belcastel, son auteur favori,
me dit à brûle-pourpoint : « Que voulez-vous ? » —
« Révérendissime Père, prenez, s'il vous plaît, cette
tasse de café. » Me tournant le dos et comme mécontent,
il se mit à gronder. Je ne comprenais pas ce qu'il disait :
aussi lui demandai-je : « Êtes-vous fâché ? » — « Laissez-
moi tranquille, répondit-il ; on ne fait que me fêter, on
veut que je mange et boive toute la journée. Je ne suis
plus du tout mortifié. Al ! bon Jésus, que deviendrai-
je ainsi ? » Puis il se mit à lire sans s'occuper de
moi.

J'insiste en lui représentant que cela lui ferait du
bien. Il reste muet. Alors, me mettant à genoux :
« Révérendissime Père, lui dis-je, le P. Recteur veut
que vous preniez ce café. » — « Est-ce bien vrai ? Le
P. Recteur, dites-vous, le veut ? Ah ! c'est autre chose :
il faut bien obéir. » Il prit le café de la meilleure
grâce du monde, et me dit entre temps de bonnes et
belles choses sur ce qu'il avait lu. »

L'obéissance n'avait pas toujours à régler dans ce
sens ses actes de détachement et de pauvreté. Aux temps
surtout qui précédèrent son vicariat général, le superflu
dont il avait horreur n'était guère connu dans nos
couvents. Comme conséquence première des persécutions et de la fuite devant les persécuteurs, c'est la
pauvreté qui s'affichait partout. Le tableau qu'en font
les contemporains, sans étonner, puisqu'on en sait la
cause, paraîtrait excessif aujourd'hui à bien des fervents de la pauvreté religieuse.

« J'avais treize ans, dit le P. Zobel, lorsque j'arrivai
à Fribourg. J'étais tout yeux, tout oreilles, intriguant

même pour connaître tout. Je vous parle donc de mon expérience d'il y a quarante ans. De nos jours il n'est pas un Frère qui mettrait un habit aussi grossier, raccommodé, usé, serré comme le portait le P. Recteur. Personne n'avait pour son usage particulier même le plus ordinaire indispensable de toilette. Les chapeaux étaient en commun pour les étudiants et les frères. Le matin, on allait à la fontaine et une bouteille cassée servait de lavabo. Il fallait une permission formelle du médecin pour avoir des souliers d'hiver ou une flanelle de santé. Pour éclairage une chandelle de suif servait à tous dans la chambre commune. Seuls quelques Pères, surtout vieux et infirmes, avaient du feu en hiver dans leur cellule. Les autres se contentaient du fourneau commun. On jeûnait les samedis, tout l'avent, le carême et durant la neuvaine préparatoire à la Pentecôte, sans même qu'il fût permis, sinon aux estomacs malades, de prendre un peu de café noir le matin.

« A la Valsainte on ne buvait jamais de vin, et ailleurs très peu. Les voyages se faisaient presque toujours à pied, et chacun y portait sa valise sur le dos : elle était du reste bien peu fournie. »

« Quant au P. Passerat, à cette époque, il était, assure le P. Czech, pire que les autres pour la nourriture, le logement, le chauffage, l'éclairage et toutes les autres commodités de la vie. On peut se figurer où en était réduit, sous ce rapport, *celui qui était presque pire que tous les autres !* »

« L'étoffe de ses habits, à la Valsainte, dit encore un témoin[1], était toujours la plus grossière du genre. Il avait pour chambre un appartement absolument dépouillé de tout, même des objets les plus nécessaires, et encore cet appartement ne lui servait en propre

1. P. Srna.

que pour la nuit. Le jour, il le convertissait en salle commune à l'usage de tous. »

« Une fois, durant l'absence du serviteur de Dieu, je me servis de sa couchette. Comme je fus frappé de sa disposition, de son arrangement! On pouvait à peine distinguer si c'était de la paille ou des planches qui servaient de matelas au Père pour son sommeil. Pauvre pendant le jour, plus pauvre pendant la nuit [1]. »

A Vienne, plus tard, tout était à l'avenant.

« Sa cellule ne se distinguait de celle des autres Pères que par une plus grande pauvreté. Il avait toujours moins de livres que tous les autres. Régulièrement, avec la Bible, il ne gardait chez lui que Lancisius et Thomas a Kempis [2]. »

« Pour ses voyages, il ne demandait pas de fiacre. Son sac à la main, il se rendait sur la place Saint-Étienne et de là prenait l'omnibus pour la gare. »

« Observez bien le vœu de pauvreté, disait-il aux rédemptoristines, car c'est dans les privations que se montre davantage la *fidélité d'un ami,* comme nous l'apprend le Seigneur, quand il dit : Soyez *fidèle à votre ami* dans la pauvreté, afin de pouvoir vous réjouir avec lui dans sa bonne fortune. Il faut souffrir avec Jésus-Christ la pauvreté, les humiliations, et tout ce qu'il a lui-même souffert si vous voulez être un jour glorifiées avec lui. »

Ce principe d'*amour* explique à lui seul le soin méticuleux du P. Passerat en tout ce qui touchait la vertu de pauvreté. Pour ressembler à Jésus-Christ, il tenait à être et à paraître pauvre en tout; il voulait aussi que ses sujets le fussent.

« Dans les rues de Vienne, dit le Frère Lorent, il portait un chapeau si vieux et tellement raccommodé

1. P. Kasselwalder.
2. Frère Edouard Wenedickter.

que le plus humble Frère n'aurait pas voulu s'en servir. »

On devine comment furent reçus quelques jeunes professeurs de Mautern, qui vinrent un jour lui demander de modifier un peu leur costume, en leur accordant un manteau à col relevé et un chapeau de moins larges bords. « Avec les consulteurs tout irait bien, disaient-ils après leur déconvenue, mais à celui-là impossible de rien faire entendre ! »

Un autre Père, pour un cas pourtant moins osé, reçut aussi une leçon non moins efficace. Il venait demander une nouvelle soutane, la sienne, pensait-il, étant hors d'usage. « Je vous le permets, lui dit le P. Passerat, mais vous voudrez bien me donner celle que vous portez. » Confus, le Père prie instamment son Supérieur de retirer sa permission, mais ses instances furent vaines. Il eut une soutane neuve et la sienne passa aux épaules du Vénérable.

Le Frère Laurent nous donne ainsi l'explication de sa conduite : « Il affectionnait beaucoup les habits vieux et raccommodés, et regardait toujours les neufs de mauvais œil. Souvent il disait au Frère tailleur : « Raccommodez, raccommodez toujours. Pourquoi faire sans cesse des habits neufs? Raccommodez, raccommodez! »

Il avait souvent à l'esprit ce mot de saint Alphonse : « Malheur à notre pauvre congrégation s'il vient un temps où les sujets auront peur de porter un habit rapiécé. »

« Point de taches; la propreté toujours, disait-il, mais porter des pièces à son habit convient très bien au religieux ».

« Ma Sœur, demande-t-il un jour à une rédemptoristine de noble famille, combien de pièces avez-vous à votre robe? » — « Mon Père, je ne sais pas. » — « Comptez-les bien, car ce seront autant de joyaux à votre couronne dans le paradis. »

On le surprit à Bruges rapiéçant lui-même ses habits.

Sur tous les autres points, la pauvreté, on le comprend, ne cédait jamais le moindre de ses droits. Vieilles enveloppes, débris de lettres étaient recueillis pour son usage. Un jour, à Bruges, il demande à la Sœur du vestiaire une aiguille et du fil :

« Pourquoi donc, Révérendissime Père? » — « Je voudrais coudre ces enveloppes pour en faire un cahier de sermons. »

On lui faisait du feu en hiver à la sacristie. La Mère Marie-Alphonse, ouvrant la grille pour parler au Vénérable, le voit à genoux près du foyer, couvrant le feu de cendres : « C'est, lui dit-il, pour qu'il dure plus longtemps. »

Lorsqu'on allumait du feu dans sa cellule à cause de son grand âge, une fois seul il écartait les charbons : « Je n'ai pas besoin de feu, c'est contre la pauvreté. » Il se rendit pourtant au désir de la Supérieure, et cessa cette mortification.

Cet amour de la pauvreté lui rendait odieux l'usage même du pronom possessif *mon*. Sur une lettre, où quelqu'un demandait son bréviaire, il fit rayer *mon* pour demander *le* bréviaire.

Il avait pris un jour par mégarde, le manteau d'un confrère. Celui-ci crut devoir l'avertir :

« Révérendissime Père, vous avez pris mon manteau. » « Eh quoi! mon fils, reprit le Vénérable, vous avez donc encore quelque chose qui vous est propre? »

Lui-même ne tenait à rien. Désireux d'avoir un souvenir du Serviteur de Dieu, le Frère Vincent, après avoir fait son compte de conscience, s'enhardit jusqu'à proposer d'échanger sa calotte contre celle de son Supérieur. Le marché est aussitôt accepté, et la simplicité fit sans doute ce jour-là deux heureux.

Bien d'autres faits conservés par les contemporains nous montrent le P. Passerat gardien vigilant de la pauvreté la plus minutieuse au couvent.

« Dieu a créé tant et de si belles choses, disait-il, pour nous fournir l'occasion de lui en faire le sacrifice. »

« Il faut remarquer que parmi ceux qui font profession de pauvreté, beaucoup se trompent grossièrement. Ils se bornent à un premier renoncement aux biens temporels et à certaines inclinations intérieures. Pensant avoir fait par là tout ce qu'il faut, ils ne veulent ensuite manquer de rien extérieurement. C'est là une grande erreur. Quelle pauvreté est donc celle qui ne manque de rien? »

A plus forte raison était-il ennemi du *superflu* chez les siens comme chez lui.

Chaque mois il faisait la visite des chambres de ses religieux, accompagné d'un domestique qui portait un panier. « J'ai fait plusieurs fois cet office, dit le Frère Vincent. Le Père recueillait ce qui lui paraissait superflu, et tout allait au panier pour être remis à l'armoire commune. »

Trouvant un jour, à Wittem, une paire de souliers assez grossiers de forme et recouverts d'une bande de cuir, il fut ravi de les voir si parfaitement conformes à la règle et à la pauvreté. Il les apporta triomphant à Vienne : « Voyez, dit-il, ce sont de vrais souliers de rédemptoristes, comme on en porte à Wittem. »

« Un jour, pour me distraire, raconte un domestique de la maison de Vienne, Joseph Krizeik, j'avais acheté un corbeau apprivoisé et je le tenais dans la cour intérieure du couvent, où le Frère cuisinier jouait avec lui, en lui donnant quelques restes. Le P. Passerat s'en aperçoit. Il vient alors me trouver, et très amicalement : « Joseph, me dit-il, faites disparaître ce *noirot*. »

Beaucoup plus tard, à Tournai, lorsqu'il était malade, les rédemptoristines de Bruges lui envoyèrent en cadeau une tourterelle. L'innocente bête lui plut; il composa même des vers à cette occasion. Mais la règle s'oppose à ce que de tels oiseaux de simple agrément soient conservés au couvent. Comme on le pense, la tourterelle ne tarda pas à reprendre le chemin de Bruges.

« A table, dit le P. Kasselwalder, quelques Pères usaient de pain de froment. En une circonstance, on leur servit des brioches ou petits pains de lait. Le P. Passerat s'en aperçoit. Après le *Benedicite,* il passe devant les tables et recueille tous les petits pains, qu'il porte au guichet de la cuisine : « Quoi! des petits pains! dit-il au cuisinier. De par la volonté de Dieu, nous sommes des gens pauvres. » C'est l'apparence de luxe surtout qu'il condamnait. On le vit plus tard, dans ses visites, insister pour que du pain de froment ordinaire fût donné à tous les religieux en quantité suffisante.

« Le jour de la consécration du maître-autel, des bienfaiteurs avaient envoyé au couvent, en cadeau de fête, quelques bouteilles de vin extraordinaire, dit Joseph Krizeik. Elles furent déposées dans le corridor, à la porte du réfectoire. Le P. Passerat, en les voyant, dit avec force : « Mais, mes Frères, à quoi bon tout cela? Enlevez au plus tôt toutes ces bouteilles cachetées. »

Mais voici qui est plus grave. A Fribourg, on a cru devoir donner à la fête de célébration d'une première messe une solennité insolite. Beaucoup d'invitations ont été faites. Le P. Passerat écrit, le 13 mai 1832 : « Il paraît qu'à Fribourg les rats dansent pendant qu'ils n'ont pas à craindre le chat. Des *prémices* où il y avait de soixante à soixante-dix couverts! » A Vienne certainement ces sortes de fêtes avaient leur légitime éclat. Nous avons du Vénérable un très beau discours prononcé en semblable occasion. Mais on peut croire que, par ses soins, la pauvreté, comme les autres vertus religieuses, y était à l'honneur.

« Selon la doctrine des saints, enseignait-il, les effets de la pauvreté sont les privations et la pénurie, la chaleur, le froid, la soif, la faim et bien des incommodités. Aussi est-il à craindre que ceux qui ne manquent jamais du nécessaire, selon la parole du Christ ne soient pas de vrais pauvres.

« Par pitié pour notre imperfection, le Seigneur a coutume de nous pourvoir largement, de façon que le nécessaire ne nous fasse jamais défaut. Mais les véritables pauvres n'osent pas pour cela se relâcher. Au contraire ils tâchent de vivre avec plus de ferveur selon l'esprit de pauvreté, afin que s'ils n'ont pas l'occasion d'en ressentir les efforts, du moins ils n'en perdent pas le mérite. »

« Par conséquent, il faut en général, aussi souvent que vous le pouvez, demander à vos Supérieurs, ou quand ils préviennent votre demande, accepter volontiers des habits vieux et usés, une cellule incommode, un lit dur, de vieux livres, une nourriture vulgaire, et autres choses semblables qui conviennent à des pauvres. »

« Vous accorde-t-on, n'importe pour quel motif, des choses commodes, prenez garde de vous y attacher; mais usez-en comme de tout le reste, avec économie, comme de choses consacrées à Jésus-Christ. Évitez d'en faire mauvais usage et de les endommager. Telle est l'ancienne doctrine des pauvres de Jésus-Christ. »

« Pour être parfaite, la pauvreté doit être pénible. Jésus-Christ a été pauvre et a souffert de la pauvreté. Il dit à ceux qui voulaient le suivre : le Fils de l'homme n'a pas où reposer sa tête. Aussi malheur à ceux, Supérieurs ou autres, qui introduisent des abus ! Ils détruisent la pratique du vœu de pauvreté, ils amènent le relâchement et l'irrégularité. Ceux qui les premiers introduisent des abus seront damnés. »

La vigilance du Vénérable s'exerçait, on le pense bien, sur nos *maisons* non moins que sur lui-même et sur les individus. Le moindre ornement dans les constructions, même s'il n'entraînait aucune dépense, lui était odieux. Il ne voulait même pas trop de décorations dans la chapelle, sauf pour l'autel où se célébrait le saint Sacrifice. Enfin les édifices devaient répondre aux nécessités, rien de plus.

Au recteur de Wittem, il écrit ces mots significatifs : « Je dois juger que vous êtes, à Wittem, trop entreprenants. C'est la maladie des rédemptoristes de trop entreprendre à l'extérieur. Je dois m'y opposer à Eggenbourg, même à Wittem. Je vous défends donc toute bâtisse, grande ou petite, sans permission. On lasse le monde à force de mendier. Votre but principal, à Wittem, est l'éducation des jeunes clercs. Si vous faites pour l'extérieur, l'intérieur en souffre. Maintenant que vous avez un orgue, n'allez pas vous aviser de faire des offices en musique. Je crains que l'abîme n'appelle l'abîme : *abyssus abyssum invocat.* Nous sommes dans un temps et vous dans un lieu où il faut se tenir caché et tranquille. Vous êtes obéissant, *nihil ultra dicam;* je ne dis rien de plus[1]. »

Une histoire de peinture à l'infirmerie nous renseigne encore mieux sur son zèle. « On voulait faire peindre les trois chambres de l'infirmerie en ajoutant quelques ornements sur la couleur de fond. Le P. Passerat protesta, mais on alla contre sa parole. En l'absence des peintres, l'ouvrage presque achevé, le Père monte sur l'échelle avec un pinceau et le dété-

1. 18 septembre 1838.

riore en quelques minutes. Il se montra ensuite si joyeux de son exploit que tout le monde finit par en rire avec lui. Les malades eurent devant les yeux un badigeon de vert clair et uniforme sur les murs[1].

Rien n'échappait à sa vigilance et il savait encourager ceux qui l'imitaient dans son amour de la pauvreté.

« A Fribourg, raconte le P. Zobel, nous avions un Frère jardinier qui, au lieu de fleurs et d'arbres d'agrément, cultivait surtout les légumes et les arbres fruitiers; de sorte que la maison était abondamment fournie. Le P. Passerat l'approuvait hautement. On lui objecta que la règle demandait un jardin agréable. « Quoi de plus beau, répliqua-t-il, que les fleurs et les parfums mélangés de tous ces arbres, des abricotiers, des fraisiers mêmes ; la croissance des fruits en été et leur maturité en automne? »

Sans doute il voulait aussi des fleurs d'ornement. Pourtant il n'admettait pas qu'on les cultivât en serre chaude : « C'est du luxe », disait-il.

« Arrêtez le Frère Georges dans son jardin de luxe, écrit-il au P. Dechamps à Wittem le 21 décembre 1840. Le P. Ministre a le pouvoir de suspendre son travail pour s'assurer si c'est bien le commandement du Supérieur. Quand le P. de Held reviendra, vous lui ferez vos représentations. »

Un tel homme pourtant ne reculait pas devant les dépenses les plus onéreuses et restait comme insensible aux plus grandes pertes dès que la gloire de Dieu y était intéressée, ou que l'esprit de pauvreté n'en souffrait pas.

Au moment où il quittait la Valsainte pour aller à Vienne, un Frère court sur ses pas, le rejoint, et, le

---

1. Frère Édouard Venedikter.

visage consterné, lui dit : « Ah ! mon Père, quel malheur pour la maison ! L'homme qui achetait les produits de notre ferme vient de faire banqueroute. Tout le revenu de l'année est perdu pour nous. » — « Ce n'est que cela ! répond le P. Passerat. Vous n'aviez pas besoin de tant courir et de vous fatiguer pour me l'apprendre. Retournez à la maison et demeurez bien tranquille. »

Il refusa un jour, assure le P. Wolhmann, 60.000 florins, et une autre fois 100.000 florins d'argent offerts en dons par deux insignes bienfaiteurs de la congrégation. Le fait, s'il est authentique, n'implique pas, chez le P. Passerat, la négligence à recourir aux moyens ordinaires dont se sert la Providence. C'est ainsi qu'en une autre circonstance, il écrit au P. de Held, le 26 mars 1834 : « Enfin il nous a été donné de recueillir (pour les rédemptoristes *nominatim*) 5.000 florins o. m. de la pieuse donation de Léopold. » En tout cas le fait répond très bien à l'esprit du Vénérable, lequel, ajoute le P. Wolhmann, nous dit à ce propos : « Aussi longtemps que nous serons pauvres, nous saurons espérer et prier, et par conséquent tout obtenir de Dieu. Mais si nous devenions riches, nous ferions les grands seigneurs, et alors adieu la confiance en la Providence, adieu la prière, adieu surtout le goût de servir les âmes pauvres et abandonnées. »

Le P. Passerat prononçait un jour devant les rédemptoristines ces paroles qui résument sa doctrine sur la pauvreté et le montrent lui-même en action. Nous les citons en terminant :

« Celui qui établit fermement dans son cœur la vraie doctrine des pauvres de Jésus-Christ, reçoit en même temps un merveilleux accroissement de perfection religieuse, car cette pauvreté si excellente en elle-même se voit le plus souvent entourée de la brillante escorte des plus nobles vertus. Mais comme la chair en a horreur, il est nécessaire d'en tenir devant les yeux les principes afin de stimuler le cœur à l'embrasser parfaitement.

« Dieu infiniment bon, je ne désire posséder d'autres biens que vous-même. Que n'ai-je mille mondes pleins d'argent, afin de les quitter par amour pour vous! Je renonce avec le détachement le plus sincère à tout ce que je pourrais posséder. Que ne puis-je me priver de l'habit même que je porte, afin de vous plaire par mon entier dépouillement!

« Père très doux, je suis tout indigne de la cellule où je me trouve, je devrais passer la nuit sous l'escalier ou dans un coin incommode de la maison. On me traiterait déjà fort bien, Seigneur, si l'on ne me donnait à manger que ce que laissent vos serviteurs.

« O vous qui êtes mon héritage, éloignez loin de moi toute captivité où pourrait me tenir l'attachement à quelque chose que ce soit. »

II. CHASTETÉ

Sur le même ton de ferveur le Serviteur de Dieu parlait aussi de la chasteté religieuse :

« Elle fut l'ornement de sa vie, déclare le P. de Fooz. Nous pensons même qu'il ne fut jamais tenté contre cette vertu. Son grand esprit de mortification en est une garantie. »

« Il la comparait, dit le P. Zobel, à un miroir sans tache que le moindre souffle ternit, ou à la délicatesse de l'œil qui ne peut souffrir le moindre grain de poussière. Il avait fait un pacte avec ses yeux; je sais de plusieurs de ses pénitents que jamais on ne pouvait en voir la pupille. N'est-ce pas tout dire? »

Ses affections étaient très pures : « Je ne prie que pour les âmes des religieuses, disait-il; quant au corps il ne faut pas s'en soucier. »

Son commerce obligé avec les femmes pour la confession ou la direction, était empreint d'une gravité, d'une retenue qui inspiraient le respect. Avec les personnes du monde il était plutôt bref et austère dans ses exhortations ; et si avec les religieuses il en usait plus simplement, c'est que sa foi et sa ferveur le plaçaient, pour ainsi dire, à leurs yeux dans un monde surnaturel. Avec toutes sa modestie était parfaite.

« Je puis assurer, dit l'un de ses confrères, que son visage était comme rayonnant et tout resplendissant de cette vertu de pureté. Sa seule vue inspirait de saintes pensées [1]. »

« Sur mes vives instances, dit le P. Giessen, lorsque j'étais étudiant, le P. Passerat me donna un jour son chapelet, que j'ai encore le bonheur de posséder. Or je dois avouer que dans les tentations contre la sainte vertu, il me suffisait de toucher seulement ce chapelet et de me rappeler le Vénérable pour qu'elles disparussent aussitôt. »

Le P. Passerat n'allait presque jamais, sinon pour de hautes convenances, au parloir des dames ; il cherchait toujours à y rester le moins possible.

Pour cela, dit le P. Zobel, quand il le pouvait il y portait un bréviaire, tenait l'index introduit à certaine page et le regardait comme pour dire : Vous voyez que je ne puis vous écouter longtemps.

« Le confessionnal n'est pas la chaire, répétait-il souvent, et le parloir n'est ni le confessionnal ni la chaire. »

Entouré du grand monde dévot qui accourait à lui,

_____

1. P. de Fooz.

le Vénérable eût pu briller dans ce milieu. On y était friand de la belle diction française et il parlait sa langue maternelle admirablement. Jamais il ne donna volontairement prise aux félicitations. Encore plus se garda-t-il, dit le P. Kosmacëk, « de louer ses interlocutrices en leur disant : Vous parlez bien le français, tant sa réserve était grande ! »

Obligé de rendre visite et quelquefois même d'accepter à dîner, il se comportait alors avec sa modestie de toujours. Il y joignait à une grande affabilité, mais si empreinte de gravité religieuse qu'il semblait un ange conversant avec les hommes.

L'ombre même d'un danger lui inspirait les plus sévères précautions. Un jour qu'il était à la table de l'une des grandes familles de Vienne, il s'aperçut que la dame de la maison arrêtait ses regards sur lui. Il prend alors une prise et laisse couler le tabac de façon à souiller sa lèvre supérieure. Son compagnon, le P. Reyers, essaya de l'en avertir, mais sans succès. « Mon Père, lui dit-il ensuite, vous n'aviez donc pas remarqué ce qui vous est arrivé ? » — « Si, si, répond le P. Passerat ; mais j'étais bien assez beau comme cela ! »

« Son amour pour la chasteté, dit le P. Aertnys, se manifestait particulièrement dans sa grande sollicitude pour prévenir les jeunes Pères contre les dangers qu'ils pouvaient rencontrer. »

Il avait souvent sur les lèvres de belles maximes touchant la sainte vertu, et se montrait très exigeant lorsqu'il s'agissait des précautions à prendre en faveur de la pureté.

Sa perspicacité touchait du prodige, comme il le montra dans une triste circonstance. « Il y avait, dit le P. Zobel, au scolasticat de Fribourg, un étudiant qui souvent nous était proposé pour modèle comme un autre saint Louis de Gonzague, car on le voyait toujours priant. Or un jour le P. Passerat me demanda, à moi qui étais le professeur de ce Frère : « Que pensez-vous de celui-ci? Je suspecte hypocrisie et orgueil. » Le prétendu saint était en effet vicieux; au lieu d'étudier, il passait son temps à regarder sur la place. Il disparut un jour en mauvaise compagnie. »

Pour les âmes droites, mais tentées, le Vénérable se montrait compatissant. Il savait admirablement les rassurer et les fortifier. Une très belle lettre à l'un de ces religieux, qu'il serait trop long de citer ici, témoigne en effet d'une largeur d'âme exempte de scrupule et d'une parfaite délicatesse de conscience qui devaient le rendre souverainement apte à ce rôle.

Pour lui-même, il est notoire qu'à Tournai, pendant ses longues années de souffrances morales, alors que la communauté était au courant de toutes ses tentations, jamais il ne laissa échapper une plainte, un mot qui révélât quelque attaque ou la moindre anxiété à ce sujet. Il entourait tellement d'épines le lis de sa pureté que le démon n'en approchait pas. Sa conversation toute céleste planait à mille lieues au-dessus des misères terrestres.

« Quelle gloire donne à la sainte Trinité une âme pure! s'écriait-il un jour. Quel bonheur pour moi! Je vous verrai donc, ô mon Dieu, en ce monde et dans l'autre! *Beati mundo corde, quoniam ipsi Deum videbunt!* »

III. OBÉISSANCE

Le P. Passerat, à l'exemple de saint Alphonse, n'avait en vue que la *volonté de Dieu* : « Rien n'est bon, disait-il, rien ne nous sert au delà du tombeau, que la volonté de Dieu. Cette volonté est la règle d'or dont saint Jean nous parle dans l'Apocalypse. »

Conformément à cette maxime, il chercha toute sa vie, dans l'obéissance parfaite aux moindres de ses règles et aux supérieurs, et, j'ose l'affirmer dans le sens de l'apôtre, *omni creaturae*, à toute créature, l'accomplissement de la volonté de Dieu.

S'adressant aux rédemptoristines, il leur parlait ainsi de l'obéissance : « Tous ceux qui disent : « Seigneur, seigneur! n'entreront pas dans le royaume des cieux, mais ceux-là seulement qui font la volonté de mon Père.» Voyez combien vous êtes heureuses de faire toujours la volonté de Dieu. Sans l'obéissance il n'y a pas de religieux. Faites mille vœux : sans celui-là vous ne serez pas religieuses. L'obéissance est la pénitence de la raison; elle est autant au-dessus des austérités corporelles que la raison est au-dessus de la matière. Il faut obéir parce que cela plaît à Jésus-Christ, et non par d'autres motifs... »

« Restons toujours novices, écrivait-il, novices par notre obéissance aveugle, novices sans raisonnement, novices par l'exactitude. »

Plus d'une fois avant d'être vicaire général, il eut l'occasion de pratiquer héroïquement cette vertu. Saint Clément-Marie, on le sait, ne l'épargnait pas. « Il le reprenait fréquemment devant ses confrères, dit le P. Sabelli, et lui infligeait de sévères corrections. » Comme un jour on faisait remarquer au saint cette conduite envers un si fervent sujet : « Je connais sa vertu », répondit-il.

Au reste, les circonstances fournissaient d'elles-mêmes au Vénérable l'occasion d'exceller dans l'obéissance. C'est ainsi qu'à Yestetten, il reçoit soudain de son Supérieur, au cœur de l'hiver, l'ordre de se transporter, avec sa communauté et tout son avoir, à

Babenhausen, distant de trente lieues. Sans hésitation, sans la moindre remarque, l'ordre est exécuté aussitôt. On allait à pied, faisant dix lieues par jour.

Dans une occasion, saint Clément-Marie envoie à Augsbourg le P. Passerat, avec ordre d'y chercher un refuge. Celui-ci savait très bien qu'une fondation à Augsbourg ne convenait pas et que d'ailleurs ses démarches seraient inutiles. Il impose silence à son jugement personnel, et sans un mot se met en route. Son voyage d'ailleurs fut sans succès.

La Providence parfois parut récompenser d'une façon extraordinaire l'obéissance du Serviteur de Dieu : « Saint Clément-Marie, dit un témoin, avait commandé au P. Passerat, alors en Suisse, de venir le rejoindre à Vienne en passant par Salzbourg, où il prendrait la diligence. Lorsque le Vénérable arriva à Salzbourg, la diligence était partie. « Allons la retrouver », me dit alors le Père. — « Mais vous ne pourrez pas la rejoindre. » — « Continuons notre route ; nous devons le faire par obéissance. » Or, à quelque distance de la ville nous rejoignîmes effectivement la diligence, qui ce jour-là, je ne sais pour quelle raison, ne pouvait pas avancer. Dès que le P. Passerat y eut pris place, les chevaux se mirent en marche. Nous arrivâmes ainsi à Vienne au jour fixé par saint Clément-Marie [1]. »

La conviction du Vénérable était que l'obéissance doit se montrer aveugle sous peine de ne pas exister vraiment dans l'âme religieuse. « J'obéirai aveuglément, disait-il, car une obéissance qui subtilise, qui veut trouver bon et juste ce qu'on lui ordonne, et qui devant chaque ordre demande : Pourquoi ? comment cela ? pour quelle raison ? n'est pas agréable à Dieu. »

Il la voulait *universelle, généreuse :* « J'obéirai à

---

1. Frère Michel Hawerlich.

tout âge, dans ce qui est difficile comme dans ce qui est facile. J'obéirai à tous les officiers dans ce qui a rapport à leur charge, sans jamais usurper leur emploi ou murmurer d'eux. J'obéirai sans contrainte, sans respect humain, et toujours plus désireux d'être soumis à tous que de commander. »

« Si l'obéissance nous envoyait dans un pays malsain, disait-il aux rédemptoristines, quelle belle occasion de mourir pour Jésus-Christ ! »

« Je verrai Dieu dans mes Supérieurs : autrement il n'y a ni obéissance ni mérite. O mon Seigneur Jésus-Christ, Sagesse incarnée, vous avez été obéissant à un charpentier et à une pauvre vierge pendant trente années, sans contredire et avec une entière promptitude. Donnez-moi, à moi qui ne suis que cendre et poussière, d'imiter au moins de loin votre exemple. »

Sur la fin de sa vie, il écrivait encore à Liége : « L'obéissance, voilà ce qui sert pour l'éternité ; obéissance aux Supérieurs, aux règles, aux confesseurs... Tout ce qui n'est pas marqué au coin de l'obéissance n'est rien. »

La *régularité*, on le conçoit, était le premier objet de son obéissance. Pour lui et pour les autres, il la voulait sans lacune. On le voyait se lever rapidement au premier signal qui l'appelait à un exercice. En voyage même il ne tempérait en rien la rigueur de sa ponctualité. Fuyant de Vienne en 1848 avec le P. Reyners sous un déguisement, au risque de se trahir il suivait l'ordre du jour de nos communautés et avertissait son compagnon lorsque arrivait l'heure de tel ou tel exercice de règle.

Comme Supérieur, toute sa vigilance allait sur ce point. « Je préférerais voir la congrégation se dissoudre, disait-il, plutôt que de voir s'y introduire des abus. »

« Vous avez raison d'être sévère, écrit-il à un Supérieur; personne, par malheur, ne prend les choses assez strictement. » Il est vrai que sa sévérité à lui était tempérée par une exquise douceur.

Néanmoins les abus, de quelque part qu'ils vinssent, le trouvaient inflexible. Au couvent des rédemptoristines, en avait, pendant l'octave du Saint-Sacrement, disposé l'ordre du jour de façon à laisser libre la première heure de la journée. Des Sœurs anciennes voulurent profiter de cette latitude et le réveil fut sonné une heure plus tard. Mais, raconte la Sœur Joséphine, « notre Mère reçut du P. Passerat à cette occasion, une verte réprimande. »

« On ne doit pas trop importuner ni revenir trop souvent à la charge, disait-il, en demandant une chose. La Supérieure nous voyant si faible, pour ne pas nous induire en tentation nous l'accordera, mais alors nous ferons notre volonté au lieu de celle de Dieu. »

« Tenons-nous-en, dans les petites choses comme dans les grandes, autant que possible, à notre règle, écrit-il au P. Czech. C'est la voie droite pour attirer les bénédictions du ciel[1]. »

« Nos saintes règles sont la condition à laquelle l'Église nous promet ses faveurs; et ce n'est qu'en remplissant cette condition que nous sommes en droit d'attendre la bénédiction et l'assistance d'En-Haut. »

« Le soleil tombera du ciel plutôt que l'obéissance à nos règles puisse jamais nous nuire. »

« Observez les règles et les constitutions, et vous serez toujours joyeux[2]. »

Il voulait que notre obéissance à la règle fût simple et sincère :

« Ce ne sont pas les plus fervents qui disent toujours : La règle! la règle! Ils demandent que les autres

1. 4 mai 1828.
2. 19 décembre 1825.

l'observent, tandis qu'eux-mêmes le plus souvent sont les plus inobservants et des entêtés. Napoléon disait : « Il faut obéir et non pas raisonner ! »

« Vous reconnaîtrez que vous avancez si vous êtes fidèles dans les petites choses, par exemple si vous dites bien le *Benedicite*. »

« Celui qui ne se lève pas aussitôt le matin ne persévérera pas dans la congrégation. »

« Il n'y a pas de petites choses dans le service de Dieu. »

Aussi n'admettait-il pas qu'on distinguât entre point et point de règle.

Comme on lui rapportait un jour qu'un religieux cherchait dans un traité de morale jusqu'où il pouvait aller sans désobéir, le P. Passerat indigné s'écria : « L'esprit et la vocation d'un rédemptoriste qui, au lieu de sa règle, consulte les canonistes, sont en bien grand péril. » Le Père en effet ne persévéra pas.

Aller au delà de la règle était coutumier au Vénérable, mais rester en deçà ou s'en écarter tant soit peu lui inspirait horreur.

« Je voulus un jour, dit le P. Pierre Leiner, l'aider à cirer ses souliers. — « Eh quoi ! répliqua-t-il, vous ignorez donc la règle ? Est-ce que le recteur lui-même ne doit pas prendre ce soin ? » — « Oui, répondis-je, mais le vicaire général ? » Le vicaire général non seulement voulait se servir lui-même, mais aimait à servir les autres. Bien que la règle ne l'y obligeât aucunement, il allait à la cuisine laver les assiettes avec les Frères et se complaisait dans les plus humbles offices.

Tous ne l'imitaient pas. Voyant une fois l'un des Frères balayer la chambre d'un Père : « Laissez cela, dit-il : le Père doit lui-même se servir. »

Il avait parfois des façons originales de rappeler la

règle. Celle-ci, par exemple, veut que nous portions les cheveux courts. En recréation le P. Passerat demanda un jour au Frère tailleur une paire de ciseaux. Tout le monde était intrigué : « Venez ici », dit-il ensuite à un religieux dont la chevelure trop bien soignée lui déplaisait. Puis joyeusement : « Voyons si ces ciseaux coupent. » Et, le plus naturellement du monde, il abat d'un coup le toupet du jeune vaniteux. L'opération fut si gentiment menée que personne ne pensa à s'en offenser. Mais le Père termina sérieusement la plaisanterie : « Vanité des vanités, dit-il en gémissant. A qui donc voulez-vous plaire? A Jésus-Christ ou au monde? »

Le Vénérable plaçait dans l'obéissance aux règles, avec la sainteté pour ses religieux, tout son espoir pour l'avenir de l'institut.

« Puisque votre bonne volonté désire de moi quelques paroles de salut, je vous donnerai le moyen aussi simple que certain de mener une vie bien longue même en ce monde, oui une vie de Mathusalem *et ultra*, en même temps pleine de mérites. C'est d'observer nos saintes règles et constitutions *ad amussim*, autant que la faiblesse humaine le permet. Par là vous vivrez et ferez de bonnes missions jusqu'à la fin du monde.

« Malheureusement, hélas! avec les années la charité se refroidira. Mais un religieux fervent fait ce qui est en son pouvoir pour que le feu brûle sans cesse. Si d'autres l'éteignent il n'y perd rien. *Quam bonus Israël Deus, his qui recto sunt corde ; dives in omnibus qui invocant eum !* Que le Dieu d'Israël est bon pour ceux qui ont le cœur droit ; riche pour tous ceux qui l'invoquent ! Le zèle pour l'observance, qui a sanctifié *le voisin de Saint-Trond* (saint Jean Berchmans) est sans doute le sommet de la perfection religieuse, auquel on ne parvient que de degré en degré, comme les saints anges en haut de l'échelle que vit Jacob [1]. »

« Un jour, raconte le P. Giessen, on lui dit qu'un très bon novice venait d'arriver. On fit même la remarque que c'était un saint. « Eh! que dites-vous? reprit le P. Passerat, en riant; un saint novice! Hé! saint novice! Savez-vous bien qui est saint? Un missionnaire qui est allé dix ans en missions, et qui, revenant à la maison, garde encore le petit silence, prend fidèlement de l'eau bénite, observe toutes les petites règles, voilà un saint! Hé! un saint novice! » Et le Père riait de bon cœur.

A la tête d'une communauté ou bien de l'institut pendant presque toute sa vie religieuse, il eut moins que d'autres l'occasion de pratiquer l'obéissance. A Vienne cependant il obéissait au recteur de la maison et même au Frère chargé de le servir. Plusieurs fois, sans demander préalablement son avis, le Supérieur le mit dans le cas de prêcher. Le P. Passerat, vu les circonstances où il se trouvait alors, en fut vivement contrarié. Il accepta néanmoins plutôt que de contredire.

Il était extrêmement fidèle, malgré l'urgence du travail et la fatigue, à assister à l'oraison du soir. Pendant une période exceptionnelle de labeurs apostoliques, comme le Vénérable s'y trouvait chaque soir en compagnie seulement de deux étudiants, il leur dit un jour en riant : « A nous trois nous formons une trinité inséparable. »

Ce parfait fidèle de l'obéissance eut, il est vrai, surtout à commander. Il le fit avec le tact, la charité, la prudence et la fermeté que demandait sa position. Mais il se montrait en même temps le premier observateur

1. 18 janvier 1844.

des règles de conduite qu'il donnait aux autres et certainement les précédait tous dans le respect et la soumission filiale pour l'autorité. « C'est à l'autorité divine, disait-il, et non à la vertu, au mérite, à la prudence ou à la science, que nous devons obéissance. »

Son respect pour la personne du Supérieur reflétait quelque chose du souverain respect qu'il avait pour Jésus-Christ au Très Saint Sacrement. « Jamais, dit le P. de Held, il ne se prévalut de sa position en Autriche vis-à-vis du gouvernement civil ou ecclésiastique, où on le regardait comme Supérieur général. Quoique les relations avec les Supérieurs d'Italie fussent regardées en Autriche comme un crime punissable, le Vénérable entretint toujours avec eux les rapports d'un parfait religieux, se maintint dans la plus grande dépendance et la soumission la plus profonde. »

Toutes ses lettres au Général de l'institut respirent une vénération filiale, et son esprit d'obéissance lui inspire plus d'une fois des sentiments qu'à bon droit l'on peut taxer d'héroïques.

« Je saisis des deux mains les bénis documents que vous m'envoyez, lui écrit-il, en recevant enfin un exemplaire des règles. La grâce de Dieu aidant, je les suivrai ; car je comprends très bien que tous les travaux, même les plus saints par leur objet, s'ils ne sont pas conformes à l'exemplaire qui nous est montré sur la montagne sainte, ne sont que de grands pas hors de la voie. »

En 1846, il avait tout disposé pour une mission en Amérique, lorsque, induit en erreur par les rapports trop personnels du P. de Held alors provincial, le Père Général fit opposition aux projets du Vénérable. Sans même se défendre ni entamer aucune explication, celui-ci se soumet :

« L'obéissance ne raisonne pas, écrit-il à son Supérieur, et je suis content de la défense qui m'est faite. Je n'attribue pas cet échec aux fausses raisons du P. de Held, mais à Dieu, qui n'aura pas trouvé mon zèle assez pur. Je suis content, je me réjouis, car la conscience ne me laisse aucun remords [1]. »

« Je ne comprends pas bien comment on peut s'affliger quand on obéit, écrivit-il au P. Czech [2]. Le P. Recteur majeur appelle les Pères Welsersheimb et Kosmaczech sans m'en rien dire. Il ne m'écrit même pas, et il ne m'en coûte rien; il ne me vient pas à l'idée de réclamer. Si j'écoutais la nature je le ferais, car je pourrais employer ces Pères utilement ailleurs. D'ailleurs quels frais! Mais point de responsabilité; tout est bien et facile à digérer. »

Au même Père, qui souffrait de difficultés dans son administration, il écrit encore : « Obéissons obéissons aveuglément et volontiers. Laissons faire le Seigneur. Si nos droits sont lésés, il les vengera tôt ou tard. En rédemptoristes nous ne sommes pas obligés de faire le bien, mais d'obéir et obéir jusqu'à omettre ce qui nous parait bon. »

Le P. Czech, déchargé du rectorat et malade, reçoit, deux ans plus tard, du P. Passerat malade lui-même, cet avis de circonstance : « Ménagez-vous, ne craignez pas de faire gras pendant le carême ; abstenez-vous de tout ce qui est contraire à votre santé : c'est la plus belle mortification. Du reste de même que je ne veux pas qu'on cherche à me rassurer, ainsi je ne veux pas rendre ce mauvais service à personne. Croyons que nous ne vivrons plus longtemps, et que cette crainte nous soit salutaire! Disons-nous : Bientôt tu mourras, omets ceci ; bientôt tu mourras, remplis ce devoir, exerce cette mortification...; surtout, ce qui est héroïque pour un ex-

1. 18 mai 1846.
2. 7 avril 1833.

recteur, soumets-toi parfaitement à ton Supérieur, ton élève. Ayez votre supérieur dans le cœur, et vous serez dans le cœur de votre supérieur, et par là même dans le cœur de Jésus-Christ. Qui pourra alors vous nuire[1] ? »

« Votre obéissance vous coûte, écrivait-il au P. Dechamps, qu'il venait de nommer recteur à Tournai ; le cœur saigne peut-être. N'importe ! une bonne saignée souvent sauve la vie. Pour l'âme au moins elle est toujours utile et très précieuse. Celui qui vous a mis la charge sur le dos la portera avec vous, ou plutôt pour vous[2]. »

Le trait suivant, ingénument raconté par le P. Kasselwalder, nous montre quel cas le Vénérable faisait de l'obéissance dans son gouvernement. « Ce Père, à la fin de ses études, avait reçu l'obédience de lecteur de théologie morale. Il eût préféré aller dans le Tyrol, à Innsbruck. Comme il se savait très aimé du Vénérable il s'enhardit à lui faire sa demande. Mais il avait compté sans l'intransigeance du serviteur de Dieu. Voici du reste son récit : « Lorsque le P. Passerat, en 1847, vint à Mautern pour la visite canonique, je voulus lui parler. » — « Bah ! me dit-il, je vous connais déjà ! » J'insistai : « Révérendissime Père, je vous en supplie, j'ai quelque chose à vous dire. » — « Eh bien ! alors parlez. » — Je lui expliquai que je n'avais pas de goût pour l'office de Lecteur de morale qu'on voulait me confier. — « Priez pour l'obtenir », dit le P. Passerat. — « J'ai bien autre chose à demander à Dieu que le goût d'être lecteur ! » lui répondis-je. Le Vénérable gémit alors profondément et me dit : « Pour pénitence, allez réciter les Litanies des saints avec toutes les oraisons. » A la méditation du soir, il parla tout le temps de volonté

1. 22 décembre 1836.
2. 17 janvier 1848.

propre, de désobéissance, et de prière importune. « Si je cède à vos volontés, le démon vous attend à la porte, ajouta-t-il et vous conduira là où vous ne voulez point aller. » En prenant congé de la communauté, pensant que j'étais toujours obstiné, il dit devant tout le monde : « J'ai en mains toutes les têtes moins une : le P. Kasselwalder ne veut pas me donner la sienne. Si pourtant il le fait, ce lui sera souverainement utile. » Il me maintint lecteur, et ce fut mon bonheur, comme la suite me le montra clairement. »

Le P. Passerat, si obéissant à la règle, aux moindres prescriptions des supérieurs quels qu'ils fussent, n'avait garde de refuser au supérieur spirituel ou directeur de son âme l'obéissance d'enfant que nous demande Jésus-Christ dans l'Évangile envers ceux qui nous parlent en son nom et comme chargés de nos âmes devant lui.

« C'est une petite hérésie, disait-il souvent, de ne pas croire ce que dit le confesseur et de ne pas se soumettre à son jugement, puisque Jésus-Christ a dit en parlant de ses ministres : *Qui vos audit me audit.* »

« Pour arriver promptement à la sainteté, il faut prier et demander à Dieu un directeur selon son cœur, et il faut faire ce qu'il dit. »

« Si vous n'avez pas de papier pour noter les avis de votre confesseur, écrivez-les sur votre manteau. »

Un trait suffira pour montrer jusqu'où lui-même excellait dans cette humble soumission.

Après le désastre de 1848, fugitif en Belgique et séparé de ses consulteurs, le P. Passerat se vit sollicité par les Provinciaux de donner sa démission de vicaire général. Aucune demande ne pouvait être plus agréable à son humilité. Cependant l'état des choses dans la congrégation ne lui permettait pas alors d'envisager sans crainte cette démarche. « Ce n'est que par force que j'ai accepté ma charge, répondit-il ; j'ai demandé ma démission et je ne l'ai pas obtenue. Aujourd'hui je croirais, en l'offrant, trahir la cause de Dieu et de la congrégation. Je ne serais pas le bon pasteur qui donne sa vie pour ses brebis, mais le mercenaire qui fuit quand le loup fait invasion dans la bergerie. Ma conscience s'y oppose. »

Il venait du reste d'être confirmé dans sa charge, et l'inopportune opposition de ses adversaires restait confondue. Ils firent alors appel à son confesseur, religieux instruit, prudent, mais d'esprit faible. Le confesseur entra dans leurs vues, sans nul doute avec des intentions droites.

Le Vénérable, toujours obéissant à celui qu'il tenait pour le représentant de Dieu vis-à-vis de son âme, fit taire ses anxiétés et ses craintes, et envoya sa démission. La charge de vicaire général tombait avec lui, comme l'avaient voulu ses opposants. Mais bientôt il fallut la rétablir dans la personne du P. Smetana.

Déchargé du gouvernement général et retiré en Belgique, le fervent vieillard put dès lors, jusque dans les moindres détails ordinaires de la vie, donner libre cours à son amour passionné pour l'obéissance.

A Bruges il demandait exactement toutes les permissions, même les plus minimes, jusqu'à ce qu'on s'aperçût que son titre d'ancien vicaire général réclamait qu'il fût lui-même supérieur de la petite communauté.

Comme il souffrait alors de difficulté dans la marche, il pria le Frère de l'avertir trois ou quatre minutes avant les exercices, afin qu'il pût y arriver sans retard. Ce Frère était seul à la maison ; néanmoins le Vénérable lui faisait exactement la conférence spirituelle hebdomadaire.

Sa première attaque d'apoplexie ne lui fut pas un motif pour omettre ni même retarder sa grande retraite de l'année. Il s'y maintint dans la solitude avec son exactitude ordinaire, et comme M. le curé de Rumillies venait un jour lui rendre visite : « Monsieur le curé, dit-il, dès qu'il l'aperçut, nous sommes en retraite! »

De passage à Liége, en 1850, on le vit humblement frapper à la porte de la salle où se donnait la conférence hebdomadaire, et, bien qu'il fût encore considéré comme supérieur, demander au recteur la permission d'y assister.

Fixé enfin à Tournai, il devint, pour les témoins de ces huit dernières années de souffrance, le modèle d'observance régulière et d'obéissance qu'ils ne se lassaient pas d'admirer. Autant que le lui permettait son état de paralytique, il suivait comme auparavant les exercices de la communauté, ou du moins s'y unissait le mieux possible dans sa cellule. Ainsi, bien que le repos et la tranquillité lui fussent nécessaires, il tenait à paraître de temps en temps en récréation. Il y venait avec quelque question préparée sur un sujet pieux. Si la conversation devenait trop bruyante, alors il trouvait prétexte pour se retirer. Il y apportait du reste son esprit de gaieté habituelle. On le vit un jour, docile comme un enfant, y chanter, sur la proposition qui lui en fut faite, la préface de la messe, qu'il chantait si bien à Maria-Stiegen.

Bien que n'étant plus Supérieur, il ne supportait pas qu'on manquât à quelque point de règle en sa présence. Un jour qu'au petit réfectoire, où le silence est commandé, quelqu'un fit une réflexion : « Si une rédemptoristine, observa ensuite le P. Passerat, s'était permis ce manquement au silence, elle s'en accuserait comme d'une faute grave. »

Peu de temps auparavant, comme il se trouvait à Wittem, deux jeunes lecteurs lancèrent en sa présence quelques petites railleries que la règle n'autorise pas.

« J'étais assis près du Vénérable, dit le P. Lueben ; c'est la seule fois de ma vie que je l'aie vu ému. Il poussait le bout de son bâton sur le pavé : « Voilà comme font les jeunes, murmura-t-il, quand... » Le sens de la phrase qu'il n'acheva pas était clair : quand on n'a plus d'autorité pour les reprendre ! »

L'autorité, de quelle vénération il l'entourait alors plus que jamais, dans la personne de ses supérieurs, qui presque tous avaient été ses disciples.

Lorsqu'on annonça à Tournai, l'arrivée prochaine du P. Smetana, nouveau vicaire général, le P. Passerat, devançant la communauté, se rendit péniblement au parloir, et là, appuyé sur son bâton, attendit plus d'une heure le moment si heureux pour lui de baiser la main de son successeur. Celui-ci, on le sait, ne partageait pas alors toutes les opinions du Vénérable sur certains points importants.

L'autorité, le P. Passerat la voyait toujours également vénérable, non seulement dans ses supérieurs, mais dans tout confrère qui, de par sa charge, avait quelques rapports avec lui.

Au milieu des tempêtes d'angoisses et de scrupules qui si souvent l'agitèrent alors, son seul guide était l'obéissance. Il demandait fréquemment conseil afin de pouvoir obéir. Un soir il appelle le P. Gaudry pour l'interroger sur un point de conscience, mais celui-ci fait la sourde oreille. Et comme le bon vieillard le lui reprochait doucement le lendemain : « Révérendissime Père, lui répond le P. Gaudry, il faut pourtant savoir s'en tenir à l'obéissance. » A ce mot d'obéissance, il se découvre, s'incline profondément, et semble retrouver son calme.

Il exprimait parfois des désirs irréalisables pour un malade, mais l'obéissance le maintenait en paix : « Il est, disait le P. Dechamps recteur, comme un homme craintif, à qui tout fait peur, et qui pourtant se résigne à tout par obéissance. »

Son obéissance au F. Henri infirmier était de tous les instants, et quelquefois, paraît-il, non sans mérite : « Vous verrez, disait-il un jour, que le Frère ne me permettra de me coucher que lorsque je serai agonisant. » En une autre occasion le Frère infirmier entendit le malade confier à un Père sa crainte du moment : « L'infirmier va venir me faire lever pour manger. » Il arrive naturellement et l'ordre fatal est donné : « Voyez-vous, dit le P. Passerat, il faut encore se lever. » Et il s'exécute aussitôt.

Si parfois le Frère lui disait de garder le silence, le saint vieillard lui demandait aussitôt pardon de l'avoir scandalisé, et tâchait de rester en repos.

Quand on s'informait près de lui de ce dont il pouvait avoir besoin, c'est aux décisions du F. Henri qu'il s'en rapportait invariablement : « J'ai une ordonnance prescrivant le sirop de groseilles, disait-il un jour. C'est le *maître* qui l'a dit. » Le *maître*, c'était, on le devine, le F. Henri. Chaque soir le patriarche faisait, avec toute l'attention possible et à haute voix, en compagnie de son infirmier, l'examen de conscience sur les manquements qui pouvaient lui avoir échappé concernant l'obéissance au F. Henri. Aucun détail n'était omis et toute imperfection était amèrement déplorée.

L'obéissance avait le pas même sur ses plus chères pratiques de dévotion. Nous l'avons vu jouant aux cartes, sur l'ordre du docteur, pour se distraire de la pensée de Dieu ; mais jouant aux *Ave Maria*, parce que le docteur avait omis de comprendre la sainte Vierge dans sa défense. La messe elle-même n'avait pas de privilège. Un jour que le Vénérable assistait à une seconde ou troisième messe, le Frère vint le chercher : « Nous pourrions bien, dit le Père, entendre encore

cette messe. » — « Elle sera longue répliqua le Frère. »
— « Oh ! elle est bien avancée. Toutefois je ne veux pas
vous déranger. » Il resta, mais seulement parce que
le Frère voulut bien le lui permettre.

Son obéissance connut à cette époque la plus rude
épreuve. A cause de la fièvre qui le jetait assez souvent
dans le délire, on en vint à douter s'il était encore
capable de communier. Le cas fut examiné en consulte
et dans le plus grand secret. Quand l'infirmier vint le
voir, le P. Passerat lui dit aussitôt : « C'est cela! Ils
croient que le vieux n'y est plus et qu'il ne peut plus
communier. Dites au P. Recteur que je sais très bien
que je reçois le corps de Notre-Seigneur. Je n'ai plus
autant d'esprit qu'autrefois, mais j'en ai assez pour
savoir ce qui me manque. »

Il gagnait ainsi sa cause, mais, après une nouvelle
et violente attaque, survenue en 1855, on crut cette
fois devoir le priver de la communion. Sa soumission
fut héroïque durant cinq longs mois. Mais au retour
du Père Recteur, qui était alors à Rome pour le chapitre
général : « Père Dechamps, s'écrie-t-il dès qu'il l'a-
perçoit, ils ne me laissent plus communier! » — « Eh
bien ! Révérendissime Père, la communion vous sera
rendue. » Cette réponse mit le saint vieillard dans des
transports de joie.

« J'ai donné à Dieu ma volonté, non moins que tous
mes biens, disait-il jadis en suggérant à ses disciples
l'acte d'obéissance. J'ai fait serment sur l'Évangile
d'obéir.

« Pensez-y, mon âme, pensez-y sérieusement, pensez-y cent fois le jour. *Non obedire ariolari est.* Ne
pas obéir c'est exercer la magie. Notre volonté propre
est une magicienne qui ne cherche qu'à nous tromper,
et elle est un sacrilège parce que vous êtes religieuse.
Si vous la suivez, vous travaillerez pendant toute votre

vie sans rien gagner, et elle causera votre perte, comme elle a causé la perte d'Ève et du monde entier. Vous tomberez tôt ou tard dans quelque péché mortel.

« Au contraire si vous pratiquez cette vertu vous n'avez pas à craindre les peines éternelles. Vous êtes assurée de la possession du ciel. *Qui facit voluntatem Patris mei,* quiconque fait la volonté de mon Père entrera dans le royaume des cieux. Allons! ô mon âme, obéissez et vous triompherez de tous vos ennemis. *Vir obediens loquetur victorias.* Obéissez et vous aurez la paix du cœur, obéissez et vous êtes la véritable épouse de Jésus-Christ qui a été obéissant jusqu'à la mort. O mon Dieu, j'obéirai donc. »

Le P. Passerat obéissant malgré ses craintes pendant l'exécution de son long mandat de Supérieur, malgré la terrible épreuve de scrupule qui termina sa vie, resta sur ce point comme sur tous les autres, le constant et fidèle imitateur de Jésus-Christ. Pauvre, chaste et obéissant, il fut religieux et rédemptoriste selon le cœur de Dieu.

CHAPITRE II

Parmi les vertus chères au cœur du Vénérable, parce qu'elles le sont d'abord au Cœur de Notre-Seigneur Jésus-Christ, la charité fraternelle était au premier rang, et c'est bien cette vertu qui fait des couvents où règne la ferveur comme le vestibule du ciel. Le P. Passerat la cultivait, la soignait comme la prunelle de l'œil. Il y excella à ce point que saint Clément-Marie l'appelait « la mère de la Congrégation ».

N'avait-elle pas du reste été le principe de sa vocation? La Sœur Pia, rédemptoristine, semble nous le faire entendre : « Le P. Passerat, dit-elle, avait un cœur bon et sensible, des manières ouvertes, une mine agréable. Soldat il éprouvait de la consolation à pouvoir se dévouer pour le bien-être matériel des autres. A Augsbourg, il apprend que les rédemptoristes offraient leur zèle surtout aux âmes abandonnées; il n'hésite pas et se dit : Je pars pour me faire rédemptoriste. Il communique sa pensée à trois amis français et se met en devoir de procurer leur admission à Varsovie. »

Ces détails tous empreints de charité nous montrent le Vénérable au seuil de la vie religieuse. Une fois dans l'institut, sa charité se développa et brilla d'un éclat

1. Bien que la charité fraternelle compte parmi les vertus théologales, à cause des nombreuses vertus morales qui concourent à sa pratique, nous la plaçons dans cette IV° Partie.

merveilleux pendant plus de soixante ans, pour le grand bien spirituel et la joie de tous ses confrères.

Elle revêtait un aspect de *douceur* et de *patience*, de sainte amabilité, qui, au milieu de bien des contradictions et des peines, firent du P. Passerat parmi les siens un ange de paix et d'union fraternelle.

Il n'ignorait pas que cette vertu, si elle est dans les couvents d'une importance capitale, offre ses difficultés dès qu'il s'agit de la pratiquer parfaitement.

Comme l'amour de Dieu, dont du reste elle ne se sépare pas, la charité envers le prochain exige certain degré *d'abnégation personnelle* et *d'oubli du moi* qui ne va pas sans des efforts souvent renouvelés. Les occasions où notre amour-propre ou nos intérêts entrent en conflit avec ceux du prochain abondent dans le cours ordinaire de la vie : aussi, à regarder les choses de près, on conçoit que saint Paul, après Notre-Seigneur, ait pu dire que la *charité est toute la loi.*

Aussi le Vénérable était-il attentif à ce que, dans ces conflits, la charité obtînt toujours complète victoire et satisfaction de ses droits. Il était sévère pour les manquements.

« On se disait, au noviciat des Sœurs de Malines, rapportent les chroniques, que pour les moindres paroles de contestation il exigeait qu'on s'embrassât et qu'on se demandât pardon. Pour une faute plus notable, les deux coupables devaient s'asseoir par terre, au milieu du réfectoire, prendre leur repas à la même écuelle, puis s'embrasser. »

Cette pénitence fut appliquée aussi chez les religieux.

« La règle de l'amour du prochain, disait-il [1], est de ne rien avoir ni dans mon cœur ni dans mes paroles

---

1. Rédemptoristines de Malines.

ni dans mes gestes ni dans mes pensées, qui pût lui déplaire s'il en avait connaissance. Je ne murmurerai ni ne parlerai d'aucun défaut d'une de mes Sœurs, surtout je chasserai de mon cœur toute réflexion ou jugement défavorable à mon prochain. Quand une parole ou un acte aurait quatre-vingt-dix-neuf mauvais côtés et un seul bon, je l'interpréterai du bon côté. Je regretterai tout jugement défavorable, toute amertume de mon cœur aussi promptement que je secouerais un charbon ardent qui tomberait sur l'autel. Quiconque n'agit pas ainsi fait plus de tort à sa communauté que si par malice il abattait un pan de muraille. Il attire sur elle la malédiction de Dieu puisqu'il en chasse son esprit et donne entrée à Satan. »

Ces graves paroles avaient leur principe dans l'idéal élevé que le Vénérable s'était formé pour la pratique de la vertu de charité. Les réflexions suivantes le mettent encore mieux en relief :

« La charité est une vertu délicate, disait-il aux Sœurs de Bruges. On la compare à la chasteté. Comme vous éloignez les pensées de murmure contre Dieu ou les pensées contre la sainte vertu, ainsi et avec autant d'empressement et de soin vous devez éloigner les pensées contre la charité fraternelle. »

Cette vertu est obligatoire, universelle, car elle n'est que l'amour de Dieu appliqué au prochain. Le Vénérable l'explique avec une insistance persuasive :

« S'il y a une personne que je n'aime pas, je n'ai pas l'amour du prochain : je n'aime pas Dieu et Dieu ne m'aime pas. Ce qui me console c'est que je ne dois pas aimer ses défauts, mais la personne, l'âme créée à l'image de Dieu et rachetée du sang de Jésus-Christ, et que mon amour est d'autant plus pur que j'aime contre toute inclination naturelle et raison humaine. »

« Si j'aime mon prochain, j'aime Dieu et Dieu m'aime,

j'ai le gage que le Saint-Esprit habite en moi, tous mes péchés sont couverts. Si je pardonne tout m'est par donné; j'ai l'indulgence la plus sûre. Il vaut mieux mourir sans baptême que sans l'amour du prochain. »

On comprend qu'à la lumière de tels principes le Vénérable ait marché d'un pas ferme dans la voie de la parfaite charité. Quel obstacle eût pu l'arrêter quand, des obstacles mêmes, il savait se faire un excitant pour sa vertu?

« Il suffisait, disent les témoins, de l'offenser pour devenir son ami. A Vienne, il y avait deux personnes pour lesquelles il pria spécialement jusqu'à la fin de sa vie. On devine qu'il s'agit de deux de ses plus acharnés ennemis.

« Comme il passait un jour dans une rue assez déserte, un jeune homme, accoudé au balcon d'une maison suspecte en compagnie d'une femme de mauvaise vie, tire son pistolet en disant : « Regarde comme je vais abattre ce grand corbeau. — Laisse-moi ce plaisir », dit sa compagne. Elle saisit l'arme et s'en sert avec tant de maladresse que le coup lui part entre les mains. Elle tombe en poussant un cri. Le P. Passerat n'écoute alors que sa charité et veut s'élancer au secours de la malheureuse. Il faut, pour le retenir, que son compagnon, le P. Madlener, lui représente que la maison est l'une de celles où un prêtre n'entre pas. »

De cette même charité naissaient la longanimité, la *patience* invincible dont tant de fois il donna des preuves dans l'accomplissement des devoirs de sa charge et les obligations de la vie commune parfaite. « Il était, dit saint Clément-Marie, la patience même. »

Nous verrons plus loin, par exemple, qu'à Vienne même, où le caractère de plusieurs de ses sujets et des plus influents, contrastait si fort avec le sien, où les préjugés contre son gouvernement suscitèrent à plusieurs reprises, chez quelques-uns de ses consulteurs, de fâcheux éclats, le Serviteur de Dieu n'eut pas toujours la vie douce. Jamais pourtant on ne surprit chez lui le moindre signe de ressentiment contre ceux qui l'offensaient. Bien plus, la communauté en général ignora complètement ces conflits, ceux du moins qu'il pouvait tenir cachés.

Il observait tout le premier les conseils qu'il donnait aux siens sur ce sujet. Au P. Berset, trop sensible aux mauvais procédés, il écrit en effet : « Vous pouvez devenir un saint, je crois qu'il ne vous manque qu'une chose : oubliez tout le mal qu'on vous a fait, ou plutôt souvenez-vous-en à la manière de saint Joseph de Calasanz : « Nous avons fait la première partie de l'ouvrage, disait-il, après une perquisition ; *digni habiti sumus, nous avons été jugés dignes...* Maintenant faisons la deuxième : *Eamus gaudentes, réjouissons-nous.* » Ce qui serait encore meilleur serait d'excuser l'intention ou la fragilité humaine et ne rien attribuer à la méchanceté du cœur : *Ignosce illis; nesciunt quid faciunt;* pardonnez-leur, ils ne savent pas ce qu'ils font[1].

« Fussions-nous au milieu des loups, il faudrait toujours demeurer brebis. Ou plutôt, si vous le voulez, il n'y a que les brebis qui puissent changer les loups en brebis. Mais il faut que la brebis soit constamment tout près du Pasteur : sans cela les loups la dévoreront[2]. »

Du reste, même dans les cas d'une émotion souvent inévitable, le Vénérable prétend bien que les lois de la charité n'en souffrent pas : « Tâchez de ne juger de rien ni de rien dire quand vous êtes ému, comme le nautonier qui ne lâche pas le timon dans la tempête ou qui jette l'ancre *furentibus undis,* au milieu des flots

1. 18 juin 1833.
2. 1834.

déchaînés. Dites au P. Recteur qu'il vous donne un verre de ses *lunettes blanches;* et vous donnez-lui-en un de vos *lunettes noires. Et sic adimplebitis omnem justitiam :* c'est ainsi que vous accomplirez toute justice [1]. »

Sur le même ton semi-plaisant, il conseille aussi la Mère Marie-Alphonse : « Vous me dites que Sœur Léopoldine est bonne religieuse mais qu'elle a ses défauts. Faites donc comme un roi de France. Il répondait à ceux qui accusaient la reine son épouse de certains défauts : Elle a les vertus de son sexe; supportons-en les défauts [2]. »

Non seulement il pardonnait volontiers, complètement et sans arrière-pensée, n'importe quel tort à son égard; mais il ne voulait pas même qu'on se permît la moindre critique envers ses ennemis ou ceux qui l'avaient offensé. A Wittem, à Liége, en 1848, après son expulsion, il fut surpris et mécontent qu'on connût les détails de ce qu'il avait souffert et les noms de ses persécuteurs.

Comme on lui en parlait à lui-même : « Ils nous ont nourris si longtemps à Vienne, dit-il pour toute réponse; ayons compassion d'eux. Ils se nuisent plus qu'ils ne nous nuisent à nous-mêmes. Ils ne savent pas ce qu'ils font. »

Autant qu'il le pouvait, dans les contradictions il se donnait tort à lui-même, et conseillait aux autres la même règle de conduite.

La Mère Marie-Alphonse s'affligeait de quelques divergences de vue avec sa première compagne, Caroline de Hinsberg : « En priant bien pour vous et en pensant au moyen de bien faire aller la chose, lui écrit le Vénérable, le bon Dieu m'a inspiré une méthode infaillible. La voici; j'espère que l'obéissance vous la fera adopter : c'est de

1. 3 février 1829.
2. 9 juillet 1842.

nous donner toujours les torts à nous-mêmes. Nous pratiquons alors le support des défauts : les autres se corrigent infailliblement. Voilà l'humilité, voilà la bénédiction de Dieu, en un mot l'accomplissement parfait de la loi de Jésus-Christ. Pensez, en supportant Caroline : j'ai fondé et réglé mille millions de couvents [1]. »

C'est avec la même largeur d'esprit qu'il parle aussi à ses missionnaires : « Vous êtes peiné de la disposition qu'a prise le P. Schœlhorn et de la manière dont les choses se sont passées. Je conçois que cela vous ait été et ait dû vous être très pénible. Je crois que j'en eusse agi autrement. Cependant vous devez croire qu'il n'y a pas absolument de la malice. Une entrevue de quelques instants vous réconcilierait parfaitement. Représentez-vous la chose du côté le plus innocent, vous le pouvez. Traitez-vous comme vous traiteriez un pénitent qui s'adresserait à vous, après avoir reçu cette blessure. La Bienheureuse Marguerite-Marie se voyait désapprouvée, inculpée par les personnes les mieux pensantes, qui n'offensaient pas Dieu et ne péchaient tout au plus que par erreur involontaire. C'est votre cas [2]. »

Le P. Berset toujours impressionnable reçoit à son tour cette leçon [3] : « Mon Joseph, poète et missionnaire, est un *miracle vivant ;* car pour être poète il faut être au moins un peu *fol,* et pour être missionnaire, il faut être très sage. Quant à ce que vous me dites de votre désagrément de la part de Liége, je ne soufflerai pas sur le bobo en disant : Le P. de Held aura eu un moment de mauvaise humeur. Il l'a déjà confessé, Dieu lui a pardonné : pardonnez aussi. *Satis !* Mais je dirai au bon

1. 1824.
2. Lettre au P. Czech, 9 mai 1825.
3. 28 mars 1838.

Joseph : Mon bon Berset : *Aemulamini meliora charismata*, aspirez à des dons meilleurs. Une bonne mission
est bien méritoire, mais une satire piquante bien
supportée l'est encore plus. *Euge ergo, serve bone. Non
excidamus ab excelsis cogitationibus sanctorum;* courage donc, bon serviteur, il ne faut pas déchoir des
hautes pensées des saints! »

« Je sais que le P. Czech est un peu sec, écrivait-il
au même. Souvenez-vous que c'est un musicien accoutumé à faire la grimace quand le ton ne plaît pas à son
oreille[1]. »

« C'est impossible, disait-il souvent, qu'il n'y ait pas
de caractères difficiles. S'il n'y en avait pas, on devrait
en acheter. Il faudrait se procurer au poids de l'or ce
qui nous fait souffrir. »

Joignons à de si saints avis ce petit examen toujours à l'adresse du P. Berset, sur l'amour-propre
pointilleux : « Voici les réflexions que je ferais à votre
place. Les autres ont des défauts et m'ont quelquefois
manqué, parce qu'ils sont hommes. Mais moi je suis
un homme aussi, par conséquent j'ai les miens. *Si vis
portari, porta et alios :* si tu veux qu'on te supporte,
supporte les autres. Tu ne peux pas exiger qu'un supérieur ne te fasse quelque avertissement et t'accorde
aussitôt tout ce que tu lui demandes. Ce supérieur est
à la nature un démon : tout cela est naturel, tu cèdes
à tes pensées et à tes réflexions. Vient l'amertume, qui
se joint à l'aigreur que cause l'indisposition d'une mauvaise santé. Alors tu tombes dans des raisonnements et
des jugements faux et outrés, comme dit le Saint-Esprit:
Non est sensus ubi est amaritudo, l'amertume enlève le
bon sens. Quand on a la jaunisse on voit tout jaune.
Alors un signe, une parole, une mauvaise intention

____

1. 25 mars 1834.

devient un outrage sanglant, une vengeance, surtout dans une imagination vive et blessée [1]... »

« Je crois, écrivait-il à un autre Père, qu'il y a un peu d'imagination dans toutes ces persécutions dont vous vous faites tant de peine. Au moins faites-vous-en une joie. Unissez toutes vos douleurs, tous les coups de langue à la passion de Jésus-Christ; autant de piqûres d'épingle, autant d'actes : vous êtes un saint. »

On lui demandait un jour : « Révérendissime Père, à quel signe peut-on reconnaître que la charité règne dans notre cœur? » — « Lorsqu'on ne croit jamais la charité blessée, répondit-il. Si vous pensez que les autres n'ont pas de charité, c'est une marque que vous n'en avez pas vous-même. *Charitas omnia excusat*, la charité excuse tout. »

« Je vous ai déjà excusée, écrivait-il un jour simplement à la Mère Alphonse : faites comme moi, jugez toujours en bien, et vous ne vous tromperez jamais. »

Évidemment son indulgence n'était ni aveugle ni faible. Lorsqu'il le fallait il savait très bien constater les défauts d'autrui. A Tournai, après une attaque qui le conduisit près de la mort, il demanda au P. de Held : « Mon Père, aidez-moi à remarquer les fautes que j'ai commises dans mon gouvernement. » — « Soyez tranquille, répond le P. de Held; vous avez tout fait pour le bon Dieu, avec bonne intention. » — Le P. Passerat, après s'être un instant recueilli, ajouta : « Et vous, mon Père, ne me demandez-vous pas de vous dire en quoi vous avez manqué? » — « Mais, oui, Révérendissime Père. » — « Eh bien, dans telle occasion vous avez manqué de charité. Ce Père était dans la peine. Il faut en demander pardon au bon Dieu. »

Toutefois son grand zèle pour l'observance était tou-

____

1. 12 juin 1832.

jours tempéré par la miséricorde. Un jour le P. Dechamps, alors provincial, vint à Tournai prendre les conseils du P. Passerat au sujet d'un religieux qu'il devait punir. Le Père fut d'abord de son avis, mais quelques moments plus tard, l'entendant passer dans le corridor, il ouvre la porte de sa cellule et dit : Père! *Beati misericordes, quoniam ipsi misericordiam consequentur.* »

L'indulgence si connue du Vénérable et son obstination à toujours excuser les fautes d'autrui lorsqu'on en parlait devant lui, donna un jour à quelques jeunes Pères l'idée d'une innocente plaisanterie. En arrivant en récréation le P. Passerat se trouve au milieu de ces jeunes Pères dont la conversation le surprit tout au moins. Les esprits paraissaient animés. On s'indignait et on parlait très mal du personnage mis sur la sellette. « Mais, dit le P. Passerat, il peut se convertir. » — « Non, non, Révérendissime Père. » Et les langues marchaient. — « Mais qu'en savez-vous? » Et toutes ses maximes de douceur, de charité tombent sur la tête des médisants. — « Révérendissime Père, disent enfin les plaisants, nous parlions de Lucifer! » — « Mais il n'est pas notre prochain », réplique le P. Passerat. — « Aussi ne vous avions-nous pas dit qu'il s'agissait du prochain! » Il se peut bien que le Vénérable se soit alors reproché d'avoir lui-même jugé trop vite ses confrères.

Il ne pouvait souffrir les critiques sévères contre les personnes. « Pendant une récréation où j'étais présent, dit le P. de Fooz, un confrère en vint à parler avec trop d'animation du peu de solidité de la vertu des femmes. Le P. Passerat, qui jusque-là paraissait assoupi, releva la tête. « Eh! cher Père, dit-il, n'avez-vous pas une mère? N'est-elle pas une femme? Comment donc pouvez-vous parler ainsi des femmes? » « Il était si indulgent, dit une rédemptoristine, qu'il excusait tout le monde. »

Les personnages historiques de son temps participaient, quels qu'ils fussent, à cette indulgence du Vénérable.

On parlait un jour devant lui de Napoléon III comme d'un ambitieux, après le coup d'État du 2 décembre : « Ne jugeons personne », répondit-il; puis se recueillant : « Mon Dieu, je vous aime. » Il n'augurait rien de bon du nouveau régime, mais pourtant il écoutait volontiers ceux qui lui en parlaient favorablement.

Envers ses confrères sa délicatesse était admirable. Un jour qu'à Vienne on plaisantait sur un Père en le lui proposant comme recteur, malgré certains défauts : « Le P. Moron est un bon homme, dit-il ; il est trop bon pour être recteur, car si vous lui demandiez un verre de bière, il répondrait : Eh bien, prenez-en deux! »

On avait aussi plaisanté une autre fois, assurément sans malice, sur le P. Jean Vandewyenberg. A la fin de la récréation, le P. Passerat conclut : « Eh bien ! moi, je vais me confesser au P. Jean. »

Le P. Dechamps ne se lassait pas d'admirer l'exquise politesse du Vénérable, ses manières nobles et aisées, qui lui conciliaient le respect universel, sa façon courtoise de traiter avec tout le monde. « Sans être familier il se montrait affectueux. Dans les dernières années de son supériorat, dit un témoin, il avait pris l'habitude en parlant à l'un de nous de le serrer sur son cœur, et, pour le remercier, de lui faire un signe de croix au front. »

Il bannissait de la communauté tout esprit de nationalité : « Il y a de braves gens partout », disait-il. Quant à lui, jamais il ne se prévalut de sa qualité de français.

Très vigilant pour éviter les discussions, il allait au-devant des difficultés et savait prévenir, en faveur de la

paix, les moindres causes de trouble. Il était vraiment,
« l'homme qui ne pèche pas par la langue ».

« Nous devons avoir autant de crainte, disait-il aux
rédemptoristines de Bruges, de blesser la charité par
nos paroles qu'un homme qui aurait à traverser une
foule compacte avec une épée nue à la main. La langue
a tué plus de gens que l'épée, et saint Jacques nous dit
que celui qui ne pèche pas par la langue est un homme
parfait. »

« Il faut ménager les hommes comme du cristal[1] »,
écrivait-il au P. de Held, provincial.

Il faisait mieux que les ménager et les excuser : il les
entourait en tout temps des marques de la plus surnaturelle charité.

Le dévouement du P. Passerat pour les pauvres, les
malades, tous les membres souffrants de l'humanité,
l'amena à un exercice on peut dire continuel de charité
pendant son long supériorat.

L'historien de sa vie raconte comment à diverses
reprises, en Suisse, lors du typhus qui en 1814 éclata
dans l'armée autrichienne ; à Vienne, durant les années
terribles du choléra, il se dévoua et envoya les siens au
service des pestiférés, avec un parfait mépris du danger.

« Dans la maison que nous habitions à Vienne, dit la
comtesse de Brandis[2], la petite vérole vint à éclater.
Le P. Passerat, pour nous en préserver, permit que mes
deux frères se réfugiassent dans la maison du noviciat.
Mes trois sœurs et moi fûmes reçues au couvent des
rédemptoristines, où ma grand'mère et sa plus jeune
fille étaient entrées comme religieuses. Nos parents
demeurèrent au logis. Le P. Passerat allait les visiter
durant leur maladie sans s'inquiéter du danger, jusqu'à
leur complète guérison. »

1. Juillet 1833.
2. Plus tard supérieure des Sœurs de la Charité.

Au couvent, en temps ordinaire, et aussi au dehors, ce lui était une joie d'aller réconforter les malades. Il remplissait ce charitable office même à Tournai, alors que, l'âge, les infirmités, une première attaque d'apoplexie l'avaient mis lui-même de leur nombre. Toute sa tendresse éclatait dans ces circonstances. « Lorsque le P. Libowski, sur lequel le Vénérable fondait de grandes espérances, fut pris à Vienne de la maladie dont il mourut, raconte la Sœur Gabrielle, rédemptoristine, le P. Passerat le veilla et passa la nuit entière en ardentes prières. Il allait continuellement de la chambre du malade à l'oratoire, et de l'oratoire à la chambre, suppliant le Seigneur de le lui conserver. »

Les *maladies de l'âme,* on le conçoit, attiraient encore davantage sa compassion. Que n'a-t-il pas fait à Vienne pour la réforme des mœurs dans le peuple ; et, parmi les siens, pour le réconfort et le soulagement des âmes faibles et tentées !

La *pauvreté* avec son cortège de misères trouvait en lui un refuge et une consolation. « Quand je l'accompagnais chez les rédemptoristines de Galoppe, dit le Frère Geraedts, les pauvres accouraient à sa rencontre et jamais il ne leur refusait l'aumône. »

A la Valsainte, bien que pauvre lui-même, il donnait autant qu'il le pouvait. Au P. Héberlé, chargé du matériel et qui parfois lui reprochait ses largesses, il fit un jour cette réponse : « Donnez et on vous donnera ; ce que vous déposez à la porte entre les mains des pauvres reviendra avec usure par la fenêtre dans le couvent. »

« A Vienne, c'est jusqu'à trois cents pauvres à la fois qui chaque jour recevaient la nourriture à la porte du couvent des rédemptoristes[1]. »

Il savait pourtant user de prudence envers certains

1. P. Krutil.

solliciteurs dont les intentions lui paraissaient suspectes. C'est ainsi qu'un jour une personne bien mise se présentait à lui pour une requête d'argent : « Oui, chère sœur, dit-il, il faut vous donner quelque chose. » Il regarde longtemps le fond de sa bourse et en tire... un sou[1] !

Pendant longtemps il accepta les multiples demandes qui lui furent faites de s'occuper des jeunes gens venus dans la capitale pour leurs études ou pour trouver une situation. Que de démarches ne fit-il pas afin de préserver leurs âmes d'abord, et d'assurer leur existence dans des conditions favorables. Ses lettres sont pleines de détails à ce sujet.

A Tournai, dans sa vieillesse, il reçut un jour la visite de Mgr de Mazenod, fondateur des Oblats de Marie, qui vint le remercier de l'intérêt qu'à Vienne il avait porté à ses neveux. « C'est toujours le même zèle », répétait ensuite le saint prélat, pénétré d'admiration pour notre Vénérable.

Le P. Jean-Baptiste Helfer, jésuite, nous a transmis ce souvenir : « Lorsque je vis le Révérend P. Passerat pour la première fois, à Vienne, en 1832, je reconnus en lui un homme de Dieu. Il me rendit et me fit rendre des services de charité tout gratuits, pour me trouver un logement à l'abri de toute fâcheuse occasion. Il fut mon confesseur durant cette année où je suivis les cours universitaires. »

Le témoignage du même Père nous montre avec quelle largeur d'âme le Vénérable pratiquait la charité, et, à l'exemple de saint Alphonse, s'intéressait non seulement aux siens mais encore au bien et à la prospérité des autres ordres religieux. L'histoire de la vocation du P. Helfer et l'incident qu'il raconte au sujet

---

1. Fr. Edouard Venedickler.

des jésuites de Fribourg méritent à ce titre une mention spéciale.

« Le vénéré Père me mit sur la voie de ma vocation par des interrogations courtoises et discrètes, sans insister. Un an après je reconnus cette grâce, et il se chargea d'obtenir le consentement public de mon père à mon entrée dans la vie religieuse. J'étais le seul de ses quatre fils sur lequel mon père pût compter pour le repos de sa vieillesse.

« A ce dessein (c'était à l'époque d'une visite des maisons de sa congrégation, il était à Fribourg, mon lieu natal), le P. Passerat m'invita avec mon père, à un repas en sa communauté. Quelques notabilités civiles, de ses amis, également invitées, s'y rencontraient. Vers la fin du dîner, il avait tourné la conversation sur les vocations, dont il posait sobrement les principes. Mon père était à sa droite, moi à sa gauche. Pour forme de conclusion, il dit à mon père : « Que faites-vous de notre Jean-Baptiste? » Et en même temps il posait la main sur mon bras. Mon père rougit. Le coup était porté, il fallait le parer le mieux possible : « Qu'il fasse ce qu'il voudra ; je sais ce que c'est que de gêner la vocation des enfants. Qu'il se fasse avocat, capucin, jésuite... » et il nomma ainsi plusieurs états. Mais quand il eut prononcé le mot de *jésuite*, le Père me donna un coup de coude de satisfaction. Je l'avais bien entendu. Je m'étais aussi aperçu que mon père avait omis dans la série le nom de *rédemptoriste*. Le P. Passerat était trop désintéressé pour s'en formaliser. Il me félicita avec une joie toute affectueuse. Mon père, pris ainsi devant tant de témoins, eut besoin, au sortir de la réunion, d'aller déverser son cœur dans l'église voisine. »

« Vers cette même époque, je me trouvai, avec la communauté des rédemptoristes, dans leur jardin, qui s'étageait derrière la maison en la dominant. Située dans la partie la plus basse de la ville, cette résidence avait vue vers le sommet, où l'église Saint-Michel des jésuites, avec leur collège, semblable à une citadelle, surplombait toute la cité. Le grand Conseil était réuni pour une question fort grave. On savait que les meneurs visaient à chasser les rédemptoristes afin de tâter le terrain et d'arriver, s'ils réussissaient, à expulser ensuite les jésuites. Leur pétition portait, entre autres arguments, que la présence des Liguoriens enlevait aux capucins les aumônes ordinaires. Ceux-ci protestèrent hautement contre cette basse insinuation.

« Nous étions donc réunis vers le milieu du jour avec quelques amis auprès des rédemptoristes, attendant un message qui nous apprît la résolution de l'assemblée gouvernementale. Un jeune homme accourut en effet, et tout essoufflé arriva en criant : Victoire ! victoire des amis de la religion! Au même instant, par un mouvement spontané, le R. P. Passerat et le P. Czech, celui-ci supérieur local, se tournant vers l'église Saint-Michel, les mains levées au ciel, s'écrièrent : « Dieu merci, les jésuites sont sauvés ! »

« Je ne crois pas que le désintéressement religieux puisse porter l'héroïsme à un plus haut degré, avec si complet oubli de soi-même. Comment ne pas reconnaître la sainteté dans une charité si pure? »

Cette charité n'admettait pas de bornes lorsque la Providence, à Vienne, mettait sur le chemin du Vénérable quelque prêtre ou religieux réclamant ses services.

« Dans une lettre à l'un de nos Pères, dit le P. Oomen, un chartreux, le P. Charles-Marie, plus tard général de son ordre, écrivit que, pendant les trois mois de son séjour à Vienne, le P. Passerat fut pour lui plein de bonté et de prévenances. Non content de lui donner l'hospitalité, il l'accompagnait lui-même ou toujours lui adjoignait quelque Père pour ses courses en ville. »

Un Père passioniste tombé malade à Vienne en revenant de Bukarest, reçut aussi du Vénérable les soins les plus assidus. Tel fut le dévouement du Serviteur de Dieu en cette occasion, que le Général des passionistes, pour lui témoigner sa reconnaissance, l'admit à participer à tous les biens spirituels de son institut. »

La charité du P. Passerat s'intéressait du reste à tous. Il suffisait qu'il vît quelqu'un dans le besoin pour aussitôt le secourir et surtout lui porter le réconfort de l'âme.

« Je fis à certaine époque, dit le P. Neubert, avec le P. Passerat, le voyage de Vienne à Munich. Un pauvre ouvrier devait parcourir la même route. Par pitié le Père le prit dans sa voiture. Pendant tout le voyage, ou bien il fit des prières, des lectures spirituelles, des méditations à haute voix ; ou bien ce furent des conférences adressées tantôt à moi, tantôt à l'ouvrier, qui écoutait avec une attention admirable.

« Un relais nous fit entrer dans une auberge. A la vue du P. Passerat toute la domesticité arrive et se met à genoux pour lui demander sa bénédiction. Le P. Passerat me dit alors, bien que je ne fusse qu'étudiant scolastique : « Va leur prêcher à la cuisine. » — « Si vous le voulez ; mais je ne sais que leur dire. » — « Prêche-leur sur la bonne intention. »

« Lorsque nous fûmes arrivés à Munich, le soir bien tard, l'ouvrier vint avec sa femme, en habits de noce, pour remercier et en même temps pour faire connaître à son épouse celui qu'il appelait le *saint homme*. »

Le comte Ferdinand Brandin nous a laissé sur la bonté du P. Passerat, très lié à sa famille, ces souvenirs d'enfance : « Il était extraordinairement sévère pour lui-même, observant la règle et la faisant observer ponctuellement. Mais, dans le commerce ordinaire, il se montrait agréable, et aimait à faire d'innocentes plaisanteries. Il permit au tailleur de nous confectionner, à mon frère et à moi, une petite soutane de religieux. Quand nous eûmes appris à servir la messe, il voulut, pour s'en assurer, répéter lui-même les cérémonies avec nous à la sacristie. »

Au sein de sa famille religieuse ou chez les rédemptoristines, la charité du Vénérable le portait à des actes sans nombre de *bienveillance* et de *délicatesse*.

A l'exemple de saint Alphonse, on le voyait enlever ses souliers pour marcher dans les corridors pendant le silence de l'après-midi afin de ne pas troubler le repos de ses confrères.

Un service à rendre était pour lui une bonne aubaine. « A Bruges, un jour de grande chaleur, certain Père avait demandé au P. Van der Meulen, un verre de bière, mais sans succès. Il conte sa mésaventure au P. Passerat. Celui-ci prend sa canne et va frapper à la porte du Supérieur : « Père Supérieur, auriez-vous l'obligeance de faire donner un verre de bière au vieux P. Passerat? » — « Oh! certainement, Révérendissime Père; tout ce que vous désirez est à votre disposition. » — « Et un verre aussi pour ce bon Père qui m'accompagne? » Un refus était impossible, et le verre fut donné. »

« J'étais étudiant à Altoetting, dit le P. Joseph Wilgmber, et, comme je souffrais de l'estomac, on me donnait du lait le matin. Le P. Passerat, en visite, vint me voir : « Comment se dit *crème* en latin? » me demanda-t-il. Je ne pus lui répondre. — « Cela se dit : *flos lactis*, continua-t-il avec un bon sourire, et il m'encouragea à prendre, avec le lait, un gros morceau de pain pour déjeuner. »

Qui n'admirerait la manière gracieuse dont il usa à

Wittem envers un autre étudiant malade, pour l'aider à prier sans fatigue? « Le P. Passerat, raconte le P. Giessen, avait coutume de dire son bréviaire tout seul au chœur. J'y venais souvent aussi, ne pouvant pas étudier. Après une demi-heure de prière, il m'appelait à son banc, me demandait quelles résolutions j'avais prises, si j'aimais Jésus, ou autres choses... Puis après quelques minutes : « Retournez à votre place, ajoutait-il. Voyez-vous, l'arc ne peut pas toujours être tendu. Quand on a prié un bon temps, il faut se distraire un peu; puis on se met de nouveau à l'œuvre avec plus de ferveur. »

Citons aussi ces charmants souvenirs des rédemptoristines. Sœur Lucine Cambien, *éducante* converse, avait, paraît-il, servi à la communauté des pommes de terre trop petites. « Le P. Passerat m'appela au parloir, dit-elle ; je pensais qu'il allait me reprendre, comme l'avait fait notre Mère. Il me parla de Dieu avec tant d'onction que jamais je ne me suis sentie aussi heureuse. Puis, avant de me congédier, il me dit avec une bonté touchante : « Ne donnez plus de si petites pommes de terre aux Sœurs. »

Un autre jour, c'est la Mère Marie-Alphonse elle-même qui reçut la leçon sous une forme encore plus pratique. Le P. Passerat lui demanda si elle donnait des pommes à ses Sœurs. — « Elles sont trop cher », répondit-elle. — « Il faut leur en donner. » Et un peu plus tard il retournait lui-même au couvent chargé d'un panier de pommes qu'il avait fait acheter sur le marché.

« Il venait parfois à la cuisine, raconte la Sœur Angèle, et soulevait le couvercle des pots, pour voir si l'on servait convenablement la communauté. » Il est vrai que l'esprit de mortification n'était pas pour cela oublié.

« Donnez à vos Sœurs quelque chose de plus, dit-il un jour à la Supérieure, afin qu'elles puissent offrir quelque sacrifice au bon Dieu. »

« Il faut surnaturaliser la réfection en écoutant la lecture, et ne pas sortir du réfectoire sans avoir fait cinq actes de mortification. »

Les *Frères* avaient aussi leur tour; le bon cœur du P. Passerat cherchait et trouvait les moyens de les soulager en les encourageant dans leurs travaux.

Entendant un jour des plaintes au sujet d'une machine employée à la buanderie, il alla lui-même travailler avec cet instrument. Il le trouva en effet trop lourd et ordonna qu'on ne s'en servît plus : « S'il est trop lourd pour moi, dit-il, il l'est aussi pour les autres. »

Il croise en chemin un Frère chargé d'un fardeau trop pesant : « Mais, mon Frère, s'écrie-t-il, il faut vous acheter un âne! » — « Mon Révérendissime Père, je suis assez âne moi-même pour ce métier. » — Cette humble réponse ravit le Serviteur de Dieu.

Sa bonté s'étendait même aux *animaux :* « A Frohenlaiten, dit le Frère Weinauer, j'installai sur un cerisier une sorte d'épouvantail pour les moineaux. Le P. Passerat survient; je lui explique mon invention : « Sache donc, me dit-il, que le bon Dieu n'a pas fait les cerises pour toi seul, mais encore pour ces moineaux. »

Humble, condescendant, malgré sa fermeté bien connue, le Vénérable gagnait le cœur de tous. « On l'adorait », dit le P. Desurmont.

« La charité est bannie du monde, c'est dans les couvents qu'elle cherche un asile, disait le Vénérable aux rédemptoristines. Si elle n'y trouve pas l'hospitalité, on peut dire qu'elle n'existe pas sur la terre.

« Voulez-vous savoir combien d'amour vous avez pour Dieu ? Voyez combien vous aimez votre prochain. Ces deux amours sont deux flammes qui sortent d'un même feu, deux ruisseaux qui coulent d'une même source, deux parties d'un même tout. »

« Quand on a l'amour du prochain on est parfait. »

Les paroles du Serviteur de Dieu nous le peignent lui-même sur ce point capital de la vie religieuse.

CHAPITRE III

HUMILITÉ

La charité du P. Passerat pour le prochain trouvait son meilleur appui dans l'oubli et le mépris de soi qu'il pratiqua toute sa vie avec tant de perfection, même et surtout dans la charge de Supérieur.

« Le Vénérable, dit l'un de ses confrères, était l'humilité même. »

« Le mieux que puisse faire un Supérieur, écrivait-il à la Mère Marie-Alphonse, c'est de se regarder comme le serviteur de tous. »

S'il se conserva toujours dans un calme parfait au milieu des contradictions et des peines, c'est à son humilité sans aucun doute et à sa compagne inséparable la douceur que nous devons l'attribuer, selon la parole du divin maître : *Discite a me quia mitis sum et humilis corde, et invenietis requiem animabus vestris*, apprenez de moi que je suis doux et humble de cœur, et vous trouverez le repos de vos âmes.

« L'humilité, et l'humilité seule, dit Rusbrock, apporte avec soi ce grand trésor, ce don si rare et si précieux de bannir entièrement du cœur le chagrin, l'affliction et l'inquiétude d'esprit. » De même presque tous les désordres du cœur ont leur source dans le vice opposé.

Le P. Passerat, comme il l'avoue lui-même, se sentait naturellement porté à la douceur. Il avait l'âme modeste.

Comme on lui insinuait un jour que sa qualité de vicaire général devait lui donner des pensées de vaine gloire : « Vraiment, répondit-il, je ne me souviens pas d'avoir jamais eu une pensée de vanité. »

Ce beau témoignage nous porterait à croire que le Vénérable eut peut-être moins que d'autres à se faire violence pour réprimer le penchant d'orgueil naturel à tout homme. Quoi qu'il en soit, il est certain que de toute sa conduite s'échappe un parfum d'humilité que seule peut produire une vraie victoire sur tous les mouvements de l'amour-propre.

Cette victoire éclate dans les admirables sentiments que plusieurs fois il manifesta au sujet d'accusations erronées portées contre lui ou des attaques de ses ennemis.

Voici par exemple ce qu'il répondait en 1830, à la Mère Marie-Alphonse, alors de passage à Rome : « Vous me dites de m'expliquer avec le Révérendissime Père Recteur majeur pour me justifier. Oh! cela, bonne Eugénie, oh! pas, et pas du tout! Ce qu'on dit est très probablement vrai. Et puis il faut au moins pratiquer quelque chose de ce qu'on prêche. Me justifier! oh, cela pas! Ces accusations me font trop de plaisir. On ne ferait rien de mieux que de me déposer. »

« Le bruit court que j'ai imité la fin de Judas, lui écrit-il lors des premiers troubles de Vienne en 1846, pour avoir été convaincu d'avoir pris part, par des sommes d'argent, dans les affaires de Pologne. C'était un cri de joie dans la ville. Vous voyez, très cher fille, qu'on pense autrement en Autriche qu'en Belgique. A Bruges on m'élève au ciel, à Vienne à la potence! Ecoutez, il faut tout dire, on ne s'est pas trompé en tout; car il y a longtemps que j'ai mis mon honneur à la potence. Alors on est insensible à tout. Si vous ne l'aviez pas fait, je vous conseillerais de le faire, non par une indifférence philosophique mais par amour de Jésus-Christ, Fils de Dieu, mort à la potence pour nous. »

« Une marque d'humilité, dit-il, c'est de ne pas s'excuser lorsqu'on est accusé faussement, de n'avoir aucune pointe de ressentiment contre la personne qui l'a fait, et intérieurement de lui donner raison. »

« Je ne suis pas tout à fait de l'avis de ceux qui disent qu'il est difficile d'être humble dans les honneurs; je crois que c'est plus difficile quand on est dans le mépris[1]. »

« Mais aussi c'est là la pierre de touche de la vraie humilité. »

Une remarque si juste trouvait son application dans les avis et les encouragements qu'il ne manquait pas de donner à ceux de ses confrères qui recouraient à lui dans des occasions analogues. Il les voulait humbles, et savait pour cela leur inculquer la difficile règle de conduite qu'il s'était tracée à lui-même.

Une lettre assez ferme au P. Czech, en 1837, nous révèle sur ce point le cœur du Vénérable :

« Le P. Schmitt m'écrivit que le P. Bourdilloud étant malade, et vous étant maître des novices, il se trouvait chargé de tous les sermons français. Alors je vous demandai en conscience de l'aider et de le soutenir pour porter son fardeau. La lecture de ma lettre vous a pour le moment laissé tranquille, mais après l'imagination a travaillé, l'amertume est venue, et le bon sens est parti. *In amaritudine non est sensus.* Au nom de Notre-Seigneur Jésus-Christ, croyez donc au Saint-Esprit. Dites-moi où, dans ma lettre, sont les réprimandes, les reproches qui vous menacent d'être en *butte aux contradictions.* Permettez-moi de vous le dire, ces mots si

____

1. Au P. Berset, 18 mars 1838.

peu ascétiques me donneraient presque la fièvre, comme au Bienheureux Père de Liguori lorsqu'il entendit de la bouche d'un rédemptoriste : On a attaqué mon honneur. J'entends assez souvent de pareils discours. Mais quand un recteur émérite, un maître des novices, un P. Czech, me met sous les yeux des lignes pareilles, alors, dans une espèce de désespoir, je m'écrie : Au nom de Dieu, ne trouverai-je donc pas un homme de solide vertu dans la congrégation?

« Vous voulez être un saint? Vous l'êtes sûrement si vous aimez les contradictions. *Euge ergo, carissime Pater; æmulamini charismata meliora* (I Cor., XII, 31). Imprimez bien dans votre esprit ces mots de saint Jean Chrysostome que je sais par cœur parce que je les cite souvent : *Opus quantumvis excellens, ni junctum sit molestiis, humiliationibus, non habet magnam mercedem expectandam a supremo Judice. Ne excidamus ergo ab excelsis cogitationibus sanctorum.* Toute œuvre, si excellente qu'elle soit, qui n'est pas accompagnée de peines, d'humiliations, n'a pas une grande récompense à attendre du souverain Juge. Gardons-nous donc de déchoir des hautes pensées des saints. Nous cherchons la sainteté bien loin et nous l'avons dans la main. Un trait de solide vertu chez un confrère me remplit de plus de joie qu'une mission éclatante. »

Non moins ferme avec les rédemptoristines, il exige d'elles cet esprit d'humilité que les contradictions et les mépris fortifient parce qu'ils deviennent son aliment. Beaucoup de vertu est demandé, le Vénérable ne l'ignore pas. Mais il estime que la récompense, c'est-à-dire l'amour de Jésus-Christ et la sainteté, vaut bien les efforts que demande la pratique d'une humilité véritable.

La Mère Marie-Alphonse dut aller en 1831, avec une compagne en Italie pour s'initier aux coutumes et à la vie des rédemptoristines. Une lettre du Vénérable lui indique le vrai but à atteindre :

« Il ne s'agit pas d'avoir ici (au couvent de Vienne, à la Landstrasse) des femmes renfermées, comme dit notre Bienheureux Alphonse : il faut des religieuses. Prenez bien, très chères filles, l'esprit de renoncement. Faites, jusqu'à votre retour, des actes d'humilité. Dites sans cesse en paroles, en pensées et en actions : Oui, je veux être la dernière de toutes. Qu'on m'aime, qu'on me méprise, je veux le supporter avec patience. Alors Jésus-Christ m'aimera, alors j'aurai la paix et je serai une sainte. »

« Le plus grand trésor, pour ne pas dire le seul, c'est celui de l'humilité et de la possession de soi-même pour notre bonheur et surtout pour la gloire de Dieu et le salut de vos âmes et des nôtres. Le reste n'est que vanité des vanités. Tout pour Dieu et en Dieu.

« Pensez que je regarde votre voyage comme perdu avec tous ses frais et vos peines si vous ne revenez aimant la croix, les humiliations et les contrariétés. O mon Dieu, quelle joie pour moi si cette chère fille revenait avec une âme forte qui prenne plaisir à se voir contrariée[1]. »

A l'amour des mépris le P. Passerat joignait un profond éloignement pour les grandeurs et les dignités. Mᵍʳ Labis, évêque de Tournai, venant un jour le visiter, lui demanda sa bénédiction. Le Vénérable acquiesça simplement, comme il le faisait toujours, à cette demande; et aussitôt après : « Les grandeurs, Monseigneur, dit-il, tout cela n'est que vanité, tout cela n'est rien. »

L'étonnement, la surprise que lui causa, en 1820, sa nomination à la charge de vicaire général n'eurent

_____
1. 25 février 1831.

d'égal que le désintéressement absolu avec lequel il la porta pendant vingt-huit ans.

« Le supérieur qui ne tremble pas, disait-il, ne sait pas même ce que c'est que d'être supérieur. » Si sa confiance en Dieu fut magnanime sur ce point comme sur les autres, il reste vrai pourtant que l'humble sentiment qu'il avait de lui-même, une crainte persistante de ce qu'il appelait sa pusillanimité, l'excitèrent à demander fois sur fois et en toute occasion, sa démission de vicaire général.

Quelques extraits de ses lettres au Recteur majeur nous édifieront sur l'humilité du Vénérable, maintenu supérieur malgré lui pendant presque toute sa vie religieuse :

« 1ᵉʳ janvier 1833. Prosterné aux genoux de votre Paternité, je vous offre ma *déposition* du vicariat général. Daignez l'accepter. »

Et les raisons abondent sous sa plume : il lui manque force, prudence, sévérité ; il se sent rongé de remords et d'inquiétudes, et puis il est déjà vieillard.

On l'a accusé bien injustement sur sa façon de gouverner.

« Je vous demande très humblement pardon, écrit-il, et ne refuse pas d'être châtié comme, sans aucun doute, je le mérite. Une consolation pourtant me reste : c'est l'espérance de me voir *déposé* de ma charge, comme je l'ai bien mérité [1]. »

« Je ne sais rien de ma révocation, confiait-il au P. de Held à la même époque ; j'attends le cœur gai. » Et au P. Sabelli, secrétaire du général : « Il paraît que le Seigneur va écouter ma prière, que vous avez rejetée. Mais je voudrais que la charge fût maintenue et qu'un autre me succédât... Je crois que si j'étais

---

1. 2 mai 1833.

aussi saint que les Bienheureux Alphonse et Calasanz, j'éprouverais les mêmes histoires... Vous sauverez mon âme si vous obtenez ma démission. »

Son espérance est frustrée : « Je me soumets à la volonté de Dieu qui m'est manifestée par l'ordre de votre Paternité, répondit-il au P. Général. Mais instamment et très humblement je vous supplie de me recommander au Bienheureux Alphonse dans vos prières. Je conserve encore malgré tout, l'espérance que le bon Dieu enfin m'enlèvera un fardeau au-dessus de mes forces [1]. »

Un an ne s'est pas écoulé qu'il revient à la charge, pressé par la crainte de mourir supérieur. Toujours mêmes refus et toujours mêmes instances de l'obstiné contempteur de lui-même.

Nous omettons à regret les suppliques si touchantes qui se succèdent périodiquement, à intervalles rapprochés, jusqu'à ce qu'enfin, après l'expulsion de 1848, le P. Général, vu le nouvel état de choses créé par la persécution, ait cru devoir se rendre à de si longues prières.

Cette décision semble avoir été révélée par Dieu au Vénérable, longtemps à l'avance.

« Un jour, raconte le Fr. Lorentz, lorsque j'entrais chez lui, le matin, le P. Passerat me dit d'un ton si assuré que j'y vis une révélation d'en-haut : « Frère, maintenant je le sais d'une manière certaine, je ne mourrai pas vicaire général. »

Il faut être bien mort au monde et à soi-même pour que Dieu en arrive à nous consoler des honneurs comme d'une épreuve, et cela par voie de révélation !

Les instructions du P. Passerat aux rédemptoristines sur l'humilité achèveront de nous donner le vrai sens

____

1. 14 juin 1833.

de sa conduite dans les exemples cités, comme du reste dans le cours ordinaire de sa vie.

L'orgueilleux dépouille Dieu de sa gloire autant qu'il le peut, il veut chasser Dieu de son trône. Dieu a tout créé pour nous, mais en vue de sa gloire: il en est jaloux.

« L'humble seul adore Dieu en esprit et en vérité. Dieu se complaît en lui. Voilà pourquoi les saints cherchaient tant à s'attirer les mépris. »

« Soyons humbles, mes Sœurs ; humilions-nous souvent devant le Seigneur. Qui êtes-vous, ô mon Dieu, et qui suis-je? Humilions-nous devant nous-mêmes de ce que nous ne sommes rien. Humilions-nous devant les hommes. Ne cherchons pas, n'aimons pas à être loués, estimés. Nous avons choisi une vie d'humilité et d'abnégation ; réjouissons-nous donc d'être méprisés, foulés aux pieds comme des vers de terre : c'est ce qui nous est dû. La mesure de notre humilité sur la terre sera celle de notre gloire dans le ciel. Il y a plusieurs demeures dans la maison du Père céleste, mais la plus belle est pour les plus humbles. »

Puis le Vénérable met à la base de son enseignement le grand motif, pour un rédemptoriste, de l'*amour et de la ressemblance* de Jésus-Christ.

« Humilions-nous pour aimer le bon Dieu, puisque la mesure de notre humilité est celle de notre amour pour Dieu en cette vie et dans l'autre. Humilions-nous pour plaire à Jésus-Christ venu du ciel afin de nous enseigner cette vertu. Humilions-nous pour que la sainte Trinité ne détourne pas de nous ses regards, ne voyant rien en nous qui lui plaise et ne nous trouvant pas semblables à Jésus-Christ.

« Chose étonnante ! Nous adorons un Dieu en croix, humilié, méprisé ; nous le louons tous les jours de ce qu'il a voulu souffrir pour nous tant d'humiliations et d'outrages, et si l'on nous adresse une petite parole piquante, une réprimande, nous ne pouvons les supporter. Nous donnons cours aux pensées de murmure ou d'amertume, au lieu de nous réjouir d'avoir un trait de ressemblance avec Jésus-Christ. »

L'humilité est le soutien de *la prière*. Le P. Passerat, comme on peut s'y attendre, insiste fortement sur ce point :

« L'humilité est le grand moyen d'obtenir de Dieu toutes les grâces. Si nous possédions cette vertu nous serions bientôt des saints. La prière de l'âme humble perce les cieux; mais celle de l'orgueilleux est rejetée. *Deus superbis resistit, humilibus autem dat gratiam.* (Jac., iv, 6.) Ainsi quand vous dites : *Deus in adjutorium meum intende,* si vous n'êtes pas humbles Dieu ne vous écoute pas. Au lieu de venir à votre aide il s'éloigne. C'est dangereux, mes Sœurs. Si un saint pouvait avoir de l'orgueil ou de l'envie, il serait aussitôt chassé du ciel. »

Sur cette nécessité de l'humilité, le Vénérable commente avec sa force habituelle, le texte de l'Évangile :

« Un jour Notre-Seigneur montrant un enfant à ses apôtres leur dit : Si vous ne devenez semblables à ce petit enfant, vous n'entrerez pas dans le royaume des cieux. Jésus dit encore : Celui qui n'aura pas été baptisé n'entrera pas au ciel, et une autre fois : Si vous ne faites pénitence vous périrez tous.

« Mais remarquez bien les termes dont il se sert. Ce sont les mêmes qu'il emploie en enseignant la nécessité du baptême et de la pénitence: *Nisi efficiamini,* à *moins que* vous ne deveniez semblables à de petits enfants, *à moins que* vous ne soyez baptisés au nom du Père, du Fils et du Saint-Esprit, *à moins que* vous ne fassiez pénitence, vous n'entrerez pas dans le royaume des cieux. Donc la pénitence, lorsqu'on a péché, est aussi nécessaire que le baptême ; et l'humilité aussi nécessaire que le baptême et la pénitence. »

« Si vous ne devenez semblables, par l'humilité, à un petit enfant vous n'entrerez pas dans le royaume des cieux. C'est dangereux, mes Sœurs. Prenez garde. Vidons notre cœur de tout ce qui sent la vanité. Affectionnons-nous à l'humilité. Comme l'huile dans les vases de la veuve de Sarepta, la grâce du Saint-Esprit ne coule dans notre cœur qu'autant qu'il est vide pour la recevoir. »

Le P. Passerat résumait, semble-t-il, dans ces entretiens aux Sœurs de Bruges, l'histoire de sa propre sainteté. S'il fut doux et patient dans les épreuves, prudent au milieu des difficultés, qui le plus souvent viennent de l'orgueil des hommes, admirable administrateur de ses couvents, modèle de vertus religieuses, ange dans un corps mortel et comme l'image même du très saint Rédempteur par sa bonté, sa clémente fermeté, la paix, la modestie, la sainte ardeur d'amour et de zèle, cherchons-en la cause profonde, après l'appui de Dieu, dans ce parfait oubli et mépris de lui-même qui justement en tout et partout lui mérita de pouvoir user de la force de Dieu, selon la parole de l'Écriture.

Mille traits de sa vie journalière montrent que sa grande vertu fut surtout faite de renoncements continuels à l'amour-propre, et si elle brilla souvent dans des occasions plus importantes aux yeux de Dieu et même de tout observateur attentif, c'est dans les menus détails de chaque jour qu'elle remporta ses plus belles victoires. Sainte Thérèse de l'Enfant Jésus a mis cette doctrine en évidence et comme à l'ordre du jour dans l'Église par la consécration de ses miracles et de sa haute sainteté. En réalité c'est la *petitesse évangélique* mise en action : éloignement de tout ce qui brille et flatte l'amour-propre ; effacement de la personnalité par l'application aux devoirs humbles, aux pratiques humiliantes, à la vie cachée en général ; sacrifice de toute ambition, prétention ou vue étroite d'égoïsme ; admirable délicatesse envers le prochain, qui à elle seule renferme tout un monde de petits sacrifices et de petites vertus poussées parfois jusqu'à l'héroïsme.

Par cette emprise de l'humilité sur toute la vie, c'est une partie considérable, la principale sans doute, du *fomes peccati ou foyer de concupiscence*, qui, chez les saints, s'atténue de telle sorte que son opposition à la grâce ne compte presque plus. Suivons à la lumière de ces principes les traces de notre Vénérable.

Après les années d'humiliations de toutes sortes, où, persécuté à travers la Suisse, il se montra constamment héroïque, il semble que le P. Passerat, élevé à la charge de vicaire général, eût pu, sans manquer à aucune vertu essentielle, prendre occasion de sa haute situation pour tempérer au moins l'excès, peut-on dire, de simplicité extérieure et d'abjection dans laquelle il avait vécu. C'est le contraire qui arriva.

Il se rend de la Valsainte en Suisse à Vienne, cheminant la plupart du temps à pied, et, dit le P. Madlener, « ne dépense qu'un ducat pour frais d'un si long voyage ».

Sans souci d'affirmer son autorité, c'est seul et au moment de la méditation qu'il se présente à la communauté de Vienne, en allant simplement s'agenouiller à la place vacante. « Un soir d'octobre, dit le P. Pajalich, alors novice-prêtre, nous étions au chœur pour l'oraison, lorsque nous vîmes entrer à l'improviste un religieux inconnu, qui se plaça devant nous. C'était le Révérendissime P. Passerat. »

Après un si humble début, il fallait s'attendre au spectacle d'abnégation personnelle et de mépris du *moi*, que le Vénérable ne cessa, pendant vingt-huit ans, de donner à ses sujets. Tous les témoins de sa vie s'accordent sur ce point, et leur mémoire n'a évidemment retenu qu'une très minime partie des actes multiples, disons incessants, par lesquels, du matin au soir, leur Supérieur mortifiait et tenait en marge toute tentative, si faible qu'elle fût, d'orgueil ou de vaine complaisance.

Le premier pour les actes communs, il l'était aussi pour la pratique des actes d'humilité que l'usage ou la règle prescrivent dans les couvents.

On le voyait souvent, à l'heure du dîner, s'étendre à la porte du réfectoire, pour que la communauté lui passât sur le corps.

En visite à Saint-Trond, en 1845, il voulut accomplir le même acte. Les Pères protestèrent; il obéit sur l'heure, mais à la fin du repas, il répète et complète sa tentative.

En une autre circonstance, dit le P. Ingels, novice, il voulut absolument prendre sa réfection assis par terre. On fit tout pour l'en empêcher, mais inutilement.

« Il aimait à laver la vaisselle à la cuisine avec moi, dit le jeune postulant Frère Krizeik. Il le faisait en silence. Souvent aussi il me disait : « Frère, priez, priez pour moi. »

Ce lui était une joie de se mêler aux Frères et de les entretenir de leurs travaux. Il tenait à balayer sa chambre lui-même, bien que la règle l'en dispensât, et prenait à sa charge tous les petits soins matériels que prescrit la propreté.

On le vit même, levé dès trois heures, s'employer pendant le sommeil de ses confrères, à nettoyer et cirer leurs souliers, comme le dernier domestique de la maison.

« A Vienne, dit le P. Prost, je l'ai vu souvent balayer les corridors. Il arriva un jour que le Frère chargé de cet office crut bon sans doute d'aider le saint Supérieur dans son désir d'humiliations : « Par ici ce n'est pas propre, lui dit-il, avec un ton de maître, nettoyez-moi cela! » Le serviteur de Dieu s'empresse d'obéir; puis s'adressant à l'insolent : « Pardon, mon cher Frère : une autre fois je ferai attention de mieux balayer. »

Il acceptait volontiers les offices qu'il savait être à charge aux autres. Combien de fois voulut-il dire la messe ou donner la communions à des heures tardives, afin de ne pas déranger ses confrères. « Pour les saluts à donner, viens chez moi », disait-il au Frère sacristain. Un jour de grande solennité, il voulut faire l'office de second acolyte à l'église, devant tout le peuple.

Au dehors comme au couvent, il témoignait du plus parfait mépris pour tout ce qui regardait sa personne. Un misérable mouchoir bleu, où il entassait papiers et linge, lui servait souvent de valise en voyage. Un chapeau, un manteau que personne n'eût voulu accepter, suffisaient, selon lui, à la tenue d'un pauvre de Jésus-Christ.

« Inculquez à vos novices, écrivait-il au P. Czech[1], l'amour des humiliations, de l'obéissance dans les choses qui leur déplaisent. » Lui-même resta novice de cette façon jusque dans sa vieillesse.

« Je ne suis rien, je ne vaux rien et ne demande rien », aimait-il à répéter. Il s'appelait volontiers le « pauvre Joseph Passerat ». Il citait souvent à son adresse, ce vers : *Nos numerus sumus et fruges con-*

----

1. 1836.

sumere nati[1]. A Tournai, pendant sa maladie, on l'entendait s'écrier, traduisant pour son usage le texte sacré : « Ouvrez-vous, portes éternelles, et donnez entrée *au roi de la misère !* »

Un jour il demanda à un Frère servant sa bénédiction : « Mais, mon Révérendissime Père, s'écrie celui-ci, vous n'y pensez pas ! Je ne suis qu'un Frère : comment pourrais-je vous bénir? » — « Oui, vous pouvez me bénir, reprit-il, car je suis un grand pécheur. »

C'est toujours en ce sens qu'il parlait de lui-même, et les actes correspondaient aux paroles. On le constatait surtout lorsqu'il avait à reprendre un de ses sujets ou recevait lui-même quelque reproche.

« Pense bien, disait-il un jour au P. Héberlé violent de caractère, que nous sommes des hommes faibles, et toi et moi, et qu'il nous faut toujours lutter. »

En une occasion où il venait de réprimander un Frère servant, celui-ci parut affecté outre mesure. Aussitôt le Vénérable se met humblement à genoux et, comme un coupable qui demande grâce : « Pardonnez-moi, mon Frère, dit-il, je suis en faute, priez pour moi. »

Recteur à la Valsainte, le P. Passerat, malgré sa pauvreté, faisait de larges aumônes, nous l'avons dit. En une circonstance, le procureur du couvent, le P. Héberlé, ému de ce qu'il appelait une prodigalité, vient à lui tout en colère et l'accable de reproches. Sans se troubler l'humble Supérieur tombe à genoux : « Vous avez raison, dit-il, je vous demande pardon de ma faute, et avec la grâce de Dieu je mettrai à profit vos justes observations. » — « Et moi, ajoute le P. Héberlé, lorsque je vis mon bon Père que j'aimais tant, agenouillé devant moi, je fus pris d'un grand

---

1. « Je ne suis bon qu'à former nombre et à consommer les fruits ».

saisissement; je tombai à genoux à mon tour, en lui demandant pardon avec beaucoup de larmes. Nous nous embrassâmes tous deux dans cette humble posture, et il me consola charitablement. »

Cette conduite lui était si familière que les occasions les plus dures et les plus imprévues ne le surprenaient pas.

« Un jour qu'il revenait du couvent des rédemptoristines à Vienne, recueilli et priant dans les rues selon sa coutume, un individu se jette sur lui et le frappe violemment, pour se venger de ce que le Père avait fait entrer en religion une jeune personne à qui cet homme faisait la cour. « Je l'ai bien mérité, mon fils », se contente de dire le P. Passerat. Stupéfait de tant d'humilité et de douceur, le coupable prend la fuite. Mais le lendemain soir il demande au parloir le Vénérable, et, après avoir imploré son pardon, lui fait une confession générale. Jamais celui-ci ne parla de ce fait. Il fut divulgué par le coupable lui-même, qui dans la suite regarda toujours le Père comme un saint[1].

Cette humilité pratique, si chère à lui-même, entrait pour une large part dans la direction que le P. Passerat donnait à ses religieux.

« Je vous félicite de l'humiliation que vous avez reçue en pleine conférence, surtout de la manière dont vous l'avez reçue, écrit-il au P. Dechamps[2], préfet des étudiants à Wittem. Nous sommes venus surtout pour cela au service de Dieu. »

Et à la Mère Marie-Alphonse : « Puisque le Seigneur vous destine à fonder une maison, voilà ce qu'il veut que vous appreniez, la patience et l'humilité. Avec ces deux vertus vous aurez tout, sans elles rien. Voyez

1. P. Reyers.
2. 23 octobre 1838.

Jésus-Christ, excusez comme lui ceux qui vous font souffrir, donnez-vous aussi quelques torts[1]. »

« Quand même vous n'auriez pas tort dans vos aperçus ou plutôt parce que vous n'avez pas tort, vous devez vous soumettre. Jésus-Christ n'avait pas tort : il s'est soumis dans la contradiction du bien qu'il voulait[2]. »

S'il trouvait même dans le monde des âmes capables de le comprendre, il n'hésitait pas à les pousser dans cette voie. L'une de ses pénitentes de Vienne très riche et très charitable, mais aigrie par l'indélicatesse de gens qui abusaient de ses largesses, en vint à repousser durement quelques solliciteurs. Le P. Passerat en a connaissance; il la condamne à prendre un soir les habits de sa servante et à mendier par la ville. Ce qui du reste fut exécuté.

Toutefois, même en matière d'humilité, il craignait encore la nature si habile à se rechercher en tout, jusque dans les sentiments et les actes qui lui sont le plus contraires. Simple comme la colombe dans son humilité, il avait l'œil du serpent pour y découvrir l'illusion possible chez les autres.

« Le démon nous tente et nous trompe plus qu'on ne croit, écrit-il au P. Czech. Laissez cette humilité, excessive pour vous, aux saints qui avaient un courage et une confiance égalant leurs humbles sentiments. L'humilité est toujours fausse quand elle ne nous inspire pas confiance et courage. »

« Que saint Joseph nous fasse la grâce de ne pas être si humble, écrit-il plaisamment au P. Berset. Se croire bon c'est orgueil; se croire trop mauvais c'est folie. Pourquoi? Parce que cela décourage[3]. »

1. 1841.
2. 1825.
3. 1er avril 1839.

Cette dernière maxime avait sa faveur. Il la répétait volontiers. La petite glose qu'il en fit un jour la met parfaitement au point et lui assigne sa vraie place dans le combat contre notre amour-propre :

« Que Notre-Seigneur remplisse le bon Berset *omni gaudio in credendo*. C'est-à-dire : je ne veux pas que vous vous croyiez bon, ce serait orgueil; mais vous croire trop mauvais c'est folie, et je ne veux pas cela non plus. Ou, si vous le permettez, parlons en bons chrétiens : Croyez-vous aussi méchant et aussi mauvais que vous le voulez de vous-même, encore plus mauvais que vous n'êtes. Mais en Jésus-Christ et par Jésus-Christ croyez-vous d'une bonté sans borne. La grâce de Dieu est répandue en vous par le Saint-Esprit qui habite en votre âme. Vous êtes fils de Dieu, héritier de Dieu, cohétier de Jésus-Christ. Il me semble que je ne dois plus vous exhorter à « conserver ces choses dans votre cœur », car vos idées noires n'arrivent plus à Vienne. Vous avancez donc, parce que la lumière qui vient de Dieu grandit aussi. Persévérez pour faire plaisir à Dieu, à vous, à moi et à tous vos confrères[1]. »

« Je ne permets qu'aux saints de penser qu'ils sont les plus grands pécheurs du monde et qu'ils ne sont que péché. Je veux que le bon P. Berset pense davantage à la bonté de Dieu envers lui. *Sentite de Deo in bonitate* (Sap., i, 1)[2]. »

C'est ainsi que le Vénérable, guidé par l'Esprit de Dieu, savait, en lui comme chez les autres, allier le vrai mépris du moi à la vraie confiance en Dieu, et réaliser la parole de sainte Thérèse : l'humilité est la vérité.

L'innocence, la paix, la joie du cœur et, pour le prochain quel qu'il fût, une affabilité, une délicatesse invincibles : tels étaient, chez le P. Passerat, les fruits

---

1 1840.

2. 25 mars 1834.

immédiats de sa lutte sans merci contre l'esprit d'orgueil et les détours de l'amour-propre.

Sous la garde de l'humilité, toutes les vertus, surtout l'amour divin, croissaient et s'épanouissaient dans son âme.

CHAPITRE IV

Après l'orgueil, la sensualité à tous ses degrés est un obstacle à la grâce et au règne de Dieu en nous. La nature se recherche non seulement dans ce qui paraît la grandir aux yeux des autres, mais encore dans ce qui, tout bien considéré, est une honte pour elle.

Raisonnable par son âme et fille du ciel, elle est, par la chair, semblable aux animaux : terre et corruption. Il semble que tout ce qui élève l'homme au-dessus de cette basse condition devrait avoir ses préférences, mais l'expérience est là pour prouver le contraire.

Contre cette concupiscence de la chair qui domine le monde, le P. Passerat entreprit le combat des saints. Toute attache naturelle au plaisir lui semblait, comme elle l'est en effet, une souillure de l'âme. Le seul mot de plaisir, dans la bouche d'un religieux, l'étonnait comme un non-sens. Quelqu'un faisait un jour devant lui la réflexion que des hommes comme Napoléon, comblés d'honneurs et de richesses, jouissaient plus en une heure que d'autres dans toute leur vie. Le Père le regarda avec stupéfaction. Il ne parvenait pas à comprendre qu'on pût ainsi apprécier la jouissance, le plaisir.

A Tournai, il fallait, pendant ses années de maladie, quelque motif de charité pour le décider à prendre l'air au jardin. Le seul but de se soulager lui paraissait insuffisant.

« Il ne faut pas rechercher ce qui soulage ou ce qui fait plaisir, écrivait-il à la Mère Marie-Alphonse, pas même se promettre le repos alors qu'on est sous le poids de la fatigue, mais souffrir pour Jésus-Christ. »

« Tâchez de jouir le moins que vous pourrez, lui conseillait-il lors de son voyage en Italie : sans cela point de persévérance dans le bien. Mettez bien avant dans votre cœur tous les principes de la mortification, du renoncement à nos idées et à nos affections. Pratiquez-les sans différer. Toute jouissance, même spirituelle et surnaturelle, qui ne nous élève pas immédiatement à Dieu en nous détachant d'elle, est fausse, dangereuse, sensuelle et nous éloigne de Dieu[1]. »

Le Vénérable non seulement retranchait avec vigueur de sa vie ce qui pouvait porter atteinte à la complète libération de son âme en fait de sensualité naturelle ou même spirituelle, mais il prévenait les atteintes de la concupiscence par la pratique habituelle des mortifications afflictives.

Dès sa jeunesse religieuse il se traita durement, si durement que, de son propre aveu, ses mortifications et pénitences lui occasionnèrent une longue et pénible maladie. Il souffrait ordinairement de douleurs de tête et d'estomac provenant de ses abstinences et jeûnes excessifs.

« Tout son remède alors, dit le P. Krutil, était une simple infusion de myrtil; encore souvent ne prenait-il aucun soulagement. »

C'était une maxime chez lui qu'on devait toujours sortir de table avec l'appétit et prêt à se mettre au travail. Pour lui, il prenait à peine un tiers de la nourriture commune. Tout mets un peu délicat était, ou à peu près, impitoyablement rejeté. Au temps de son

1. Novembre 1830.

séjour en Suisse, l'extrême pauvreté des maisons, jointe
aux rigides principes d'abstinence qu'y mettait en vigueur le P. Passerat, faisait que la table de la communauté manquait souvent même du nécessaire. Le jeûne
était, on peut dire, de tous les jours, le pain rare; les
légumes mêmes peu abondants et la viande un mets
de luxe servi avec parcimonie. Le serviteur de Dieu
mêlait souvent une poudre d'herbes amères au peu
qu'il mangeait. C'est de cette époque, surtout de son
séjour à Viège, dit le P. Czech, que date sa maladie d'estomac.

Plus tard il prenait un peu de vin. Sur ce point une
lutte amicale s'engageait d'ordinaire à Wittem, au temps
de la visite canonique, avec le recteur qui, à table, pré-
tendait avoir le droit d'insister pour que le Vénérable
acceptât tout ce qu'il lui offrait. Aux jours de fête ou
de récréation, il acceptait comme tout le monde, le
verre de vin qui est ordinairement servi. Mais, dit le
P. Nicolas Speicher, il en prenait souvent occasion pour
exprimer quelque pensée surnaturelle se rapportant à
la vocation religieuse ou à l'amour de la congrégation.

Tous les jours et plusieurs fois le jour, il se donnait
la discipline, souvent jusqu'au sang et avec tant de
vigueur qu'à Vienne ses voisins de chambre en l'entendant en étaient effrayés. On le surprit se frappant la
plante des pieds, malgré l'infirmité dont il souffrait à
la jambe. La discipline sur les pieds ou les mains lui
était même assez ordinaire. Il n'entendait pas que la
discipline de règle en commun dégénérât en simple
simulacre, raconte le P. Sacré. Au milieu de l'exercice,
on l'entendit un soir encourager d'une voix forte ses
confrères à se flageller sans pitié.

Il exprimait un jour le désir que le P. Recteur lui
permît, malgré tout, de prendre la discipline. Puis, se
ravisant, il dit avec une sorte d'effroi : « Si l'on m'en

donnait la permission, comment ferais-je pour obéir? »
Et après avoir un peu réfléchi : « Au moins j'aurais
toujours la ressource de pouvoir frapper encore sur les
genoux. »

Un long cilice, sous forme de chaîne, complétait son
attirail de pénitence. Il le portait au moins quelques
heures par jour.

Au reste toute douleur accidentelle était accueillie
dans le même esprit de purification et de pénitence. Au
couvent de Rennweg, dit le P. Zirnig, je trouvai un
jour le P. Passerat occupé à renouveler des cataplasmes
de graine de lin. Il se brûla très fort les deux mains,
et, comme je le priais de me céder sa place : « Pourvu
que le remède réussisse, dit-il, je suis content. En purgatoire on se brûle bien davantage. »

Le chaud, le froid très rigoureux en Suisse, toutes
les intempéries des saisons le laissaient comme insensible. Même inondé de sueur, il ne s'essuyait jamais le
visage. Par un temps d'averses, on le voyait aller sans
parapluie dans les rues de Vienne.

Il aimait, dans sa vieillesse, à répéter gaiement ce vieux
refrain, lorsque quelque soulagement lui était proposé :

> « Qu'il pleuve, qu'il vente, qu'il tonne,
> Tenons-nous comme nous sommes.
> Si nous sommes bien, tenons-nous-y :
> Peut-être ailleurs serions-nous pis. »

L'originalité du quatrain voilait ainsi son esprit de
mortification.

Il ne prenait jamais ses aises. Un jour à Tournai, le
P. Ernotte venait d'indiquer à demi-voix au Frère infirmier le moyen de placer plus commodément le saint
vieillard dans sa petite voiture. Celui-ci comprend et
proteste aussitôt : « Que me restera-t-il à souffrir pour
Jésus-Christ ? »

Le P. de Held lui fit faire un fauteuil neuf. On lui demanda de s'y asseoir et de s'y étendre pour l'essayer. Le Vénérable se prête à tout de la meilleure grâce du monde. « Le P. Coppin (autre malade) doit envier un si beau fauteuil », s'avisa de dire quelqu'un. « Qu'à cela ne tienne, réplique aussitôt le P. Passerat : qu'on le lui porte. Moi je ne m'aperçois pas de la différence entre un siège ou un autre. »

A défaut de pénitences extraordinaires, il conseillait à tous cette sainte rigueur : « Vous voyez que Notre-Seigneur ne demande pas de vous de rudes pénitences corporelles, écrit-il au P. Wittersheim [1] ; mais ne donnez rien à la sensualité. En toute rencontre choisissez ces petites gênes qui sont un martyre continuel sans nuire à la santé. Notre-Seigneur le demande de vous. Surtout mortification intérieure : point d'empressement, bien faire vos actions, penser plus au bon plaisir de Dieu qu'à l'action, indifférence pour tout succès, et tout en union avec Jésus-Christ mais par des actes fréquents. »

« Tant qu'il s'agit de vous abstenir des commodités, du superflu, en un mot de ce qui n'est pas le simple nécessaire à la santé ou à l'observance de vos constitutions, vous n'avez pas besoin de permission. »

Le Vénérable, si dur pour lui-même, usait de grande prudence pour permettre les *mortifications corporelles extraordinaires.*

Il avait coutume de dire que dans ces désirs et ces pratiques le démon entre souvent pour beaucoup, ou du moins peut causer des illusions. Les conseils au même Père nous formulent sa doctrine et attestent sa grande prudence sur ce point :

« Ruiner votre santé, même sans le faire à dessein,

1. 11 décembre 1833.

serait aller contre vos saintes règles et contre l'obéissance. Ce serait même, contre votre état de missionnaire, une imperfection, qui ne devrait nullement
vous troubler à la mort, mais pas un péché ! Je ne
puis vous permettre de passer votre hiver sans feu, ni
des jeûnes ou des austérités qui pourraient vous mettre
hors d'état de remplir vos fonctions. Les confesseurs
ne doivent pas facilement accorder des austérités corporelles extraordinaires à leurs pénitents, surtout à des
missionnaires. Il faut observer le pénitent et voir si
elles le fortifient : alors on les accorde. Si les saints
se sont livrés à ces mortifications, c'est, comme le dit
le P. Lallemant, que le Saint-Esprit fortifiait leur
corps en même temps que leur âme. Je vous conseille,
quant au jeûne, de bien étudier petit à petit le besoin
de votre nature. Pour le froid, essayez de même et
voyez ce que vous pouvez. Vous ferez bien de ne pas
vous approcher d'un feu qui récrée la sensualité. Du
reste, comme vous le dites, le tout doit se rapporter
à la mortification intérieure, à laquelle la mortification
du corps est à peine digne d'être comparée. »

S'il n'admet aucun compromis avec la nature sensuelle, s'il en démasque et en combat les recherches,
le P. Passerat, on le voit, est doux et indulgent devant
une vraie nécessité. C'est à l'abnégation intérieure
qu'il s'attache surtout.

« A Vienne, dit le P. Neubert, j'avais alors dix-
neuf ans, j'étais un peu malade, mais je voulus jeûner
pendant le carême, ce qui me nuisit beaucoup. Le Père
s'en aperçut. Il m'emmena avec lui chez les rédemptoristines, et, après la messe, on me servit un bon
déjeuner qu'il me fit prendre en présence des Sœurs
pour m'humilier. »

Au P. Pilat, maître des novices, il écrit ces conseils
de prudence : « Je connais votre caractère. Vous êtes

vif, violent, porté à aller au delà des bornes. Le
P. de Held lui-même a besoin d'être modéré. Au moins
ne renchérissez pas sur lui, c'est-à-dire soignez la santé
de vos jeunes gens, ne leur accordez que peu ou de
très légères pénitences corporelles. Il m'est arrivé la
même chose qu'au Père maître des novices italiens :
il a permis à un novice de dormir sur la planche, et de
là le jeune homme a perdu la santé. Si vous poussez
trop vos jeunes gens, même dans la vie intérieure, vous
ne ferez rien. Vous vous trompez, dit saint Philippe
de Néri, si vous voulez d'un coup en faire des anges.
Il faut suivre le Saint-Esprit, non le précéder [1]. »

« Je veux, dit-il encore, que vous leur donniez une
meilleure nourriture, du pain plus léger, du thé au
lait et du sucre s'ils en désirent [2]. »

Mais au même Père il écrit aussi : « Je vous félicite
des progrès des novices. Ordinairement les mortifications extraordinaires sont une tentation du démon,
mais jeûner au pain et à l'eau une fois la semaine,
dit saint Alphonse, n'est pas une mortification extraordinaire. Je permettrais à un jeune homme robuste de
se passer de déjeuner. Ce serait la règle le samedi. »

Sa prudence n'était pas mollesse. Bien que rempli
de la plus exquise charité et n'épargnant rien pour
soulager ses confrères dans leurs maux, il n'acceptait
pas qu'on se laissât dominer par des préoccupations
excessives en face de la souffrance ou du sacrifice. « Il
est bien plus simple, disait-il, de mourir pour Jésus-
Christ, que de se tâter le pouls du matin au soir. »

La mortification en tout ce qui flatte la nature, voilà
sa règle : « Oh! qu'Eugénie pourrait plaire à Dieu!
écrit-il à la Mère Alphonse [3] avant l'entrée de celle-ci

1. 13 septembre 1833.
2. 18 août 1846.
3. 1824.

en religion. Mais il faut qu'elle devienne une femme forte, sans plaisir ni déplaisir naturels. Que tout déplaisir se tourne en plaisir pour Jésus-Christ, et en union avec lui. Au nom du bon Dieu, ne vous laissez pas séduire par la sensualité de la tristesse. »

« Mettez votre cœur au large, en vous donnant toute et toute, mais toute à Dieu, sans réserver un cheveu de votre tête, car ce pourrait bien être celui qui est destiné à blesser le cœur de votre Epoux [1]. »

Toutefois il est rare que, par son propre courage, l'âme, même fervente, en arrive à déraciner entièrement ses mauvaises inclinations. Dieu dans sa miséricorde, lui envoie la croix. La croix est alors l'instrument de son amour.

Le P. Passerat envisage de cette sorte les épreuves de la vie, quelles qu'elles soient du reste. De là son *amour passionné pour la croix*, dont il voudrait embraser toutes les âmes.

Il aimait, dit-on, surtout aux moments de la tribulation, à chanter ces strophes :

> Si volo jubilare
> Incipio cantare :
> Tu, Domine, es meus,
> Tu sufficis, mi Deus !
>   In cruce et labore,
> Hoc recreor clangore :
> Tu, Domine, es meus,
> Tu sufficis, mi Deus !

« Si je veux être joyeux, je me mets à chanter : Vous êtes à moi, Seigneur; vous me suffisez, ô mon Dieu ! Sur la croix, dans la peine, je me récrée en chantant : Seigneur, vous êtes à moi; vous me suffisez, ô mon Dieu. »

1. 18 décembre 1833.

« Dieu me suffit », disait aussi sainte Thérèse. La croix qui nous unit à lui est donc un bien précieux, et, loin de nous attrister, doit causer notre joie. »

« Les épreuves servent souvent à nous détacher de nous-mêmes, disait-il. Dieu, dans l'ordinaire de sa Providence, n'a presque pas d'autres moyens de le faire. »

« Quand le Seigneur nous donne l'occasion de souffrir, il nous fait une plus grande grâce que s'il nous accordait le pouvoir de ressusciter les morts. »

« Souffrir est la meilleure marque qu'on aime Dieu. Les actes du pur amour sont dans la croix. »

« Un homme patient est un homme parfait. Ne manquons donc pas de recevoir à deux bras les croix que Dieu nous enverra : bientôt Jésus-Christ agira en nous d'une manière parfaite. Puisque c'est la croix que Jésus-Christ a choisie pour notre amour, il faut aussi que, pour son amour, nous choisissions la croix. C'est notre intérêt, car, dit le Saint-Esprit, résistez courageusement au démon et il fuira loin de vous comme un petit aboyeur de chien [1]. »

L'*auteur* même de nos croix doit nous les faire aimer : « Ayons la foi, dit le Vénérable, et rien ne nous attristera que le péché et ses suites, rien ne nous réjouira que l'espérance du ciel. Jetons nos regards sur Jésus-Christ : s'il vous frappe, c'est son cœur qui dirige la main de ce bon Père. »

La croix est *nécessaire* à l'amour; elle l'est doublement pour l'âme religieuse dont la mission est d'imiter le très saint Rédempteur :

« Pourquoi sommes-nous entrés dans la congrégation, répétait-il, sinon pour aider Jésus à porter sa croix ? »

---

1. Lettres à la Mère Marie-Alphonse.

« N'oublions jamais notre but principal. Vous le
le savez : Que chaque membre de la congrégation
cherche sa gloire et son bonheur dans les persécutions, les mépris et les adversités. Quiconque donc
tend à ce but est rédemptoriste ; qui n'y tend pas, con-
vertirait-il le monde, ne l'est pas [1]. »

« Je puis rendre à Dieu amour pour amour ; oui, je
puis brûler d'amour, je puis gagner beaucoup d'âmes
à Dieu. Que faut-il pour tant de bien ? Prier et considérer la croix. »

« Attachez-vous à cette vérité, dit-il à la Mère Marie-
Alphonse. Vous devriez tout craindre si vous n'aviez
pas de croix : ce serait un très mauvais signe. N'oubliez
pas que l'amour de la croix, la victoire sur soi-même
l'emporte sur tout. Amour pour amour, ô mon tendre
Époux ; vous m'avez beaucoup donné, je veux aussi
vous donner beaucoup. »

« Notre bonheur, notre gloire, notre joie, consistent
à souffrir pour l'amour du bon Dieu. L'amour se
nourrit de souffrances : c'est là qu'il se montre davantage [2]. »

Enfin par ses *effets* merveilleux la croix sert nos plus
chers intérêts.

« Ne pensons pas, chère Sœur, que nous ayons
beaucoup avancé si nous n'aimons la croix, non dans
la spéculation, mais dans la pratique. Je ne vois pas
que Dieu ait jamais parlé parmi les fleurs, mais bien
dans le désert et parmi les épines ; je l'éprouve moi-
même. Ainsi dans la souffrance, réjouissez-vous d'avoir
à vaincre pour Jésus-Christ. Sans cela les plus vives
impressions de la grâce, surtout si elles sont extraordinaires, ne sont rien et moins que rien. Voilà le
chemin du ciel. Voilà la porte du paradis. Plus notre

1. Au P. Czech, 1825.
2. Aux rédemptoristines.

peine paraît s'opposer à notre progrès, plus elle l'avance. »

« Il n'y a pas de haine de soi tant qu'on ne se réjouit pas des peines. Faites des *actes* jusqu'à ressentir cette joie : vous serez une martyre cachée. »

« Que votre acte principal soit de vous offrir en union avec Jésus-Christ. Continuez à marcher sur les traces des saints, nos pères et nos modèles. *Dieu seul !* Remplissez tellement votre esprit de ce divin objet qu'aucune autre pensée n'y trouve place [1]. »

Toutefois le Vénérable n'a garde d'oublier que la croix, si précieuse et si nécessaire qu'elle soit, est dure à la nature. Pour l'aimer, il faut donc du courage, et ce courage ne s'acquiert que peu à peu. Des actes, et toujours des actes !

« Commencez le feu de file. Représentez-vous une petite croix, puis deux, puis trois, et faites force d'actes en union avec Jésus-Christ. »

« Il ne faut pas sauter pour arriver à la sainteté, il faut monter d'échelon en échelon, comme les anges l'échelle de Jacob [1]. »

Il faut surtout ne pas écouter la nature : « Mon cher Père, que porterons-nous au jugement de Dieu si nous n'y portons pas avec nous l'amour de la croix ? N'admettons point les excuses que notre faiblesse nous suggère. On trouve toujours un maudit *mais* qui renverse tout. Continuez pendant un jour seulement à faire des actes contraires, mais généreusement, c'est-à-dire sans admettre aucune réflexion. Oui, une journée de ces actes contraires mettra votre âme au-dessus de tout. Je tiens pour certain que vous en retirerez plus de mérites que si, sans agir ainsi, vous alliez faire **votre** *Jubilé* à Rome.

1. A la Mère Marie-Alphonse, 25 juin 1826.
2. A la Mère Marie-Alphonse, 7 novembre 1823.

« Allons, mon cher Père, dites avec moi, non pas
une fois mais septante fois sept fois : Pourquoi suis-je
en ce monde ? Pourquoi suis-je religieux ? N'est-ce pas
pour glorifier Dieu ?

« Pour aller à la consolation véritable, allons à la
croix. Seigneur, je me trouve heureux de pouvoir boire
à votre calice [1]. »

Ces sentiments de générosité inspirent au Vénérable
une maxime qu'il ne se lasse pas de répéter, tant il y
attache d'importance et d'efficacité : *Il ne faut pas
vouloir descendre de la croix.*

« Allons, cher et Révérend Père, écrit-il au P. Berset,
alors maître des novices du Bischenberg et éprouvé de
plus d'un côté à la fois, si vous ne pouvez souffrir tentations, embarras, il faut sortir de ce monde. Bouchez
donc les oreilles aux cris de cette nature insensée et
aveugle qui vous dit : *Descendat de cruce.* Dites à chaque croix : Non ! non ! je veux rester et mourir en
croix : je t'embrasse, heureuse croix de mon Dieu.
Bientôt vous vous en réjouirez. Vous n'en aurez plus.
Cela est possible [2]. »

« Quand vous avez une croix, répète-t-il au P. Czech,
prenez garde de penser à la délivrance et d'écouter la
voix de la nature : *Descendat de cruce.* Unissez votre
croix à celle de Jésus-Christ et embrassez-la [3]. »

« Soyez bien courageux à vous vaincre vous-même et
à surmonter les obstacles. Tout ce qui vous chagrine le
moins du monde vient des *pays-bas* : il faut donc l'y
renvoyer. *Nolite dare locum diabolo,* n'ouvrez pas la
porte au diable. Réglez vos goûts au compas de la croix
de Jésus-Christ. Beaucoup de patience, R. Père. Je vois
tous les jours la grande efficacité de la patience. *Im-*

1. Au P. Czech, 9 mai 1825.
2. 1828.
3. 20 janvier 1829.

posuisti homines super capita nostra : vous avez mis les hommes sur notre tête, ils sont pesants, portons-les comme Jésus-Christ a porté sa croix [1]. »

Le Vénérable, parlant aux Sœurs de Bruges, leur explique familièrement sa doctrine sur ce point : « Quand on éprouve quelque peine on s'en console par la pensée que ce sera bientôt fini. A-t-on un mal de dents, on pense : cela ira mieux. Est-on faible, on pense : l'heure du repas approche. Cela ne vaut rien, mes Sœurs ; c'est trop mondain pour nous religieux de rechercher la consolation dans ce qui flatte la nature.

« Suivons l'exemple de Jésus-Christ, notre parfait modèle. Toute sa vie il voulut avoir présents à son esprit les mépris, les ignominies et les douleurs de sa passion. Il ne se console pas par la pensée de sa glorieuse résurrection. Il ne veut songer qu'à ses douleurs jusqu'à ce que son sacrifice soit consommé.

« Lorsque l'ange Gabriel vient le fortifier dans le jardin des Olives, il ne lui dit pas : Cela passera. Mais il lui met devant les yeux la gloire de son Père et tout le bien qu'il va procurer au monde. Pensez, vous aussi, à la gloire qui revient à Dieu quand, pour son amour, vous souffrez avec patience ; pensez au plaisir que vous faites à Jésus-Christ ; voyez la cour céleste qui applaudit à votre courage.

« Jésus-Christ, ne descend pas de la croix, malgré les juifs qui lui disent sans cesse : Descends de la croix. Notre nature est une juive ; elle crie toujours : descends de la croix. Mais gardons-nous de l'écouter. Je vous l'ai dit souvent, je ne puis me lasser de vous le répéter : il ne faut pas désirer d'être libre des tentations et des peines, mais en remercier le Seigneur et les souffrir pour son amour.

1. 17 octobre 1832.

« On dit souvent que la croix unit à Dieu. Pas toujours ; souvent au contraire elle nous éloigne de lui, quand on ne la porte pas avec résignation et qu'on ne veut pas y demeurer attaché. C'est la mortification qui rend parfait : elle est la semence de l'amour. Le fruit de l'amour ne peut se cueillir que sur l'arbre de la croix. »

Néanmoins le P. Passerat, jusque dans l'ardeur de son zèle pour prêcher la croix, conserve cette bonté et cette douceur qui, chez les saints, rendent aimable même leur austérité.

Il a, pour faire accepter la souffrance, les propos d'une mère exhortant son enfant malade à prendre le remède amer mais sauveur : la croix n'est pas ce que vous pensez, et acceptée généreusement elle se détruit elle-même.

« Qu'est-ce que la croix? » demandait-il un jour. Et croisant un index sur l'autre : « Voilà, dit-il en souriant, une croix. Ainsi en arrive-t-il lorsque notre volonté va à l'encontre de celle de Dieu. » Puis plaçant les deux doigts en lignes parallèles : « Mettez votre volonté d'accord avec celle de Dieu, et la croix aura disparu. »

Ou encore : « La croix est formée de deux parties : la droite est la volonté de Dieu, l'autre la vôtre, et c'est ce qui fait qu'il y a croix. N'en laissez qu'une : c'est la volonté de Dieu ! »

« Cherchez des croix, écrit-il au P. Berset, vous n'en trouverez point. Dernièrement chez nous un Père a si bien prêché sur la croix que son auditoire demandait des croix : *nulla crux ergo, nisi crucis carentia :* pas de croix, quelle croix [1] ! »

Sur cette pensée, il écrit plaisamment aux rédemptoristines, le jour de l'Invention de la Sainte-Croix [2] :

1. 1er avril 1839.
2. 1829.

« Il est aussi avantageux pour vous de ne point trouver de croix qu'il le fut à sainte Hélène d'en trouver une. » Ou bien : « Cherchez comme sainte Hélène, parce que plus vous chercherez et moins vous trouverez. » Ou encore : « Votre bonheur eût été le malheur de sainte Hélène et de nous tous. »

« Voilà trois tournures et pas une énigme, malgré ma bonne volonté. C'est aussi mon malheur que votre bonheur : vous avez de l'esprit toutes, et voilà que je voudrais rivaliser ! »

A la Mère Marie-Alphonse il fait cette aimable confidence : « Je suis obligé de me priver de la consolation de vous voir ; joignez à cela tant d'autres raisons qui m'affligent ; et voyez combien il faut que j'aie patience. Le bon Dieu le fait ainsi pour que je puisse la prêcher aux autres. Patience donc encore cette fois-ci. A la première occasion vous en aurez encore plus besoin. Soyez bien résignée dans vos croix, et vous en aurez moins, peut-être pas du tout. Cependant j'ai des remords de tant prêcher la belle patience : je n'en ai point moi-même.

Le désir d'oublier mes croix ou d'y trouver du soulagement près de la sainte Vierge m'a fait consentir à m'absenter pour cinq jours. J'ai l'espoir de vous obtenir quelques grâces [1]. »

Le Vénérable fait ici allusion à l'un de ses fréquents pèlerinages au sanctuaire de Maria-Zell.

Cette même année il écrivait à la Mère, alors en butte aux contradictions, ces paroles magnanimes : « Faites avec moi, au lendemain de votre trente-troisième année, l'offrande et le propos de voir augmenter vos souffrances avec le nombre de vos années, ou plutôt de jour en jour. Vous avez beau vous y refuser, la

---

1. 1826.

chose ira cependant ainsi. Mais, au bout de trois mois, ou plutôt de trois jours, si nous sommes constants dans notre offrande, nous serons des géants, et, quand mille pygmées s'agiteraient autour de nous, ils ne feront qu'exciter nos ris et nos mépris. Mon Dieu! si la chère Sœur en venait là, le Seigneur, par ses mérites et ses prières, y ferait bientôt parvenir aussi son cher Père Passerat.

« Pensez que tout vient de Dieu, qu'il faut des tyrans pour avoir des martyrs. Élevez votre cœur au ciel et vous chérirez les peines de la terre.

« Allons! chère fille, à la croix! Celui qui sait le mieux souffrir est le maître du monde, le vainqueur de soi-même, l'ami de Jésus-Christ, l'héritier du ciel [1]. »

Au P. Berset, son ami, il renouvelle sous une forme originale ses exhortations à bien souffrir : « Le temps et moi nous ferons de grandes choses, disait l'impie Weisshaupt. Dites aussi : Dieu et ma patience feront de grandes choses. Patience! comme disait ce bon maréchal aux paysans qui se plaignaient auprès de lui pendant les années de la dernière guerre ; patience, paysans, patience cette année ; l'année prochaine cela ira un peu plus mal. Il parlait en Sénèque qui disait : Il faut penser, méditer des choses pénibles pour devenir courageux. Je dis plus, il pensait comme saint Grégoire : *Tela praevisa minus feriunt*, les traits prévus nous blessent moins. Allons donc, cher frère et ami de cœur et de santé, tenons bien ce propos de laisser enfin la méditation de nos douleurs et de notre passion pour méditer la passion de Jésus-Christ.

« Patience avec vos supérieurs, patience avec les inférieurs, patience avec Dieu, patience avec le démon

1. 8 janvier 1826.

même, patience surtout avec vous, patience même avec votre impatience; et voilà la sainteté[1]! »

Ces principes s'adaptaient, sous la plume ou dans la bouche du Vénérable, à toutes les occasions, grandes ou petites, que nous offre la vie, de partager la croix de Jésus-Christ.

A l'intérieur, dans l'exercice de notre piété, comme à l'extérieur dans nos rapports avec nos semblables, c'est à la croix qu'il donne ses préférences, comme au don particulier et très précieux de Dieu en faveur de nos âmes.

Les croix les plus ordinaires au service de Dieu nous viennent des combats que la piété même occasionne.

Le P. Passerat les connut bien souvent : « Il me dit un jour, rapporte le P. de Buggenoms, cette parole que je n'oublierai jamais : Voulez-vous savoir ce que j'admire le plus dans les saints? Ce ne sont pas les austérités, ni leurs actions extraordinaires, les miracles qu'ils ont opérés, pas même ce qu'ils ont souffert. Ce que j'admire le plus, c'est la patience qu'ils ont toujours eue avec eux-mêmes. »

« La perfection, disait-il, consiste à supporter nos imperfections. Mieux vaut un acte d'amour que tous les examens inquiets. »

« Les sentiments naturels, les tentations, les inquiétudes sont l'apanage de notre nature, l'occasion de grands mérites. C'est le combat spirituel auquel nous sommes condamnés. Vous gagnez un nouveau degré de grâce ici et de gloire là-haut quand vous faites un acte contraire. »

A une novice du Très-Saint-Rédempteur éprouvée intérieurement, il écrit : « Vous devez croire que votre situation est bonne et avantageuse pour Dieu et pour

1. 17 octobre 1829.

vous. Toutes vos répugnances, vos pensées noires se trouvent dans la partie inférieure de votre âme. Si vous ne pouvez vous en défaire, supportez-les. Vos actes sont très précieux, car ils ne sont pas formés par la sensibilité mais par la volonté fortifiée de la grâce sans que vous le remarquiez. »

« Il faut des croix : *Sustine Dominum*. Dites, si vous pouvez : *Amplius, Domine, amplius*. Ne vous étonnez pas de la contradiction de la nature avec l'esprit. Nous l'avons tous en nous. Nous sommes tous tantôt prompts, tantôt lents, tantôt ceci, tantôt cela... Jésus le dit : *Spiritus promptus est, caro autem infirma*. L'esprit est prompt, la chair est faible. Du reste croyez que votre volonté est bonne [1]. »

Comme les croix intérieures sont à ses yeux des marques de la prédilection de Notre-Seigneur, c'est à la foi et à l'amour qu'il en appelle surtout pour nous les faire envisager et accepter selon les desseins de Dieu :

« Si votre résignation ne convertit pas vos peines en joie, dit-il à la Sœur Jeanne rédemptoristine, c'est que vos peines sont *théologales*. Comme la foi unit immédiatement à Dieu et a Dieu pour objet immédiat, ainsi Dieu immédiatement s'unit à vous par vos peines et vos angoisses. Quoi qu'il en soit, ne ravaudez ni sur vous ni sur rien. Tenez-vous au troisième *fiat* qui est requis de notre part et nous sanctifie. Un *fiat* a créé le monde, un *fiat* nous a rachetés, un *fiat* doit nous sanctifier. Moins vous penserez à vous-même, plus Dieu s'occupera de vous. L'âme juste s'approche de Dieu à mesure qu'elle s'éloigne d'elle-même et s'oublie. »

« Dites avec Job : *Manus Domini tetigit me*, la main de Dieu m'a touchée ; mais c'est la main d'un Père,

______

1. 1845.

une main que le cœur conduit. Ne craignez pas plus que le prophète Habacuc qui ne tenait qu'à un cheveu. Vous verrez Babylone, vous entrerez dans la fosse aux lions; mais vous en sortirez pour rentrer à Jérusalem. Ce cheveu, c'est la foi qui tient la pointe de l'esprit. »

Les tentations de la Sœur portaient précisément contre la foi et elle en souffrait terriblement : « C'est une épreuve, lui dit le Vénérable, et non un délaissement. Dites avec Job : Vous me crucifiez admirablement, Seigneur ; et avec une sainte âme : Plus on crucifie mon amour, plus mon amour s'enflamme. Courage! Vous vous efforcerez en vain d'accorder le sentiment avec la volonté. Ce n'est pas nécessaire. »

A toutes les âmes ainsi éprouvées il suggère cet acte d'abandon : « Oui, mon Pasteur et mon Guide, vous êtes infiniment sage. Vous savez mieux que tous les saints le chemin qui me conduit au ciel et les moyens de me faire croître dans votre amour. Je m'abandonne donc entièrement à vous. Coupez, brûlez, tranchez, ne m'épargnez pas. Je reçois toutes tentations, révoltes de la nature, mépris de la part du prochain, sécheresses, aridités, distractions dans mes prières, même dans mes communions; je reçois tout comme des coups qui partent de votre main paternelle que conduit votre cœur. »

Les croix qui nous viennent de l'extérieur et sont pour ainsi dire inhérentes à notre état, surtout les contradictions, les peines et les fatigues provenant de la vie commune ou de l'apostolat étaient pour le P. Passerat l'objet du même culte d'amour et de générosité.

Parlant du Vénérable et de ses compagnons en Suisse, saint Clément-Marie écrivait au Révérendissime P. Ripoli, Supérieur général : « Pour la congrégation ils ont enduré un véritable martyre afin de lui demeurer fidèles, ils n'ont pas hésité à passer par le creuset des tribulations et à fuir d'un pays dans un autre. Dieu seul connaît le nombre et la pesanteur des croix qui ont meurtri leurs épaules. Et partout néanmoins ils ont laissé une édifiante et salutaire impression, et réalisent des prodiges d'apostolat. »

Nous savons déjà en partie quel fut à Vienne le calvaire du Vénérable. Le P. Passerat sentait sans doute le poids de la croix, mais il savait la porter en saint.

« Vous êtes sensible, écrivait-il à l'un de ses sujets. Voulez-vous donc être insensible ? Jésus-Christ ne l'était pas. »

« La croix ne m'est une croix que parce qu'elle m'est pénible. Sinon c'est comme si je disais : Je veux une croix sans croix. Si je prétends qu'elle est trop pénible, c'est justement la raison qui doit m'encourager à la porter. »

« Ce n'est pas tant la vertu qu'il faut chercher que la peine de la vertu. Encore plus ! mon Dieu, encore plus ! Prenons la foi pour guide dans nos joies et dans nos peines, et nous vaincrons : *In hoc signo vinces* [1]. »

« Mon cher Père, les mortifications bien amères et bien salées, voilà ce qui enrichit notre âme. Attachons alors nos yeux sur Jésus-Christ, et nous boirons sans doute le calice avec joie. Au jugement de Dieu tout cela vaudra mieux que trente sermons dont chacun eût fait fondre en larmes plusieurs milliers de personnes. Soyons avares de l'éternité. Les succès sont de l'étain, les mortifications sont de l'or, mais de l'or tout pur. »

Parmi les croix ordinaires, la maladie entre, chez beaucoup, pour une large part. Le Vénérable connut cette épreuve, et n'eut garde de négliger un si précieux moyen de sanctification.

« Je reviens des portes de la mort, écrit-il au P. Czech.

---

1. Au P. Czech, 9 mai 1825.

J'ai eu une fièvre bilieuse et j'étais condamné des médecins. Les prières de mes bons confrères et de tant de bonnes âmes ont obtenu pour ce figuier stérile un sursis de plusieurs années encore. Remerciez avec moi Jésus et Marie de leur miséricordieuse bonté ; demandez-leur que ce figuier porte enfin des fruits[1]. »

« Les maladies ou bien incarnent la haine de la croix pour celui qui se tâte le pouls, ou bien procurent un apostolat que peu acceptent. Mais quand il n'en resterait que la moitié, mieux vaut quelques religieux fervents qu'un grand nombre qui n'ont pas su vaincre la sensibilité. »

Ainsi le Vénérable, tout en remerciant Dieu lorsqu'il lui plaît de nous délivrer de cette croix, veut, comme notre règle elle-même, qu'on la reçoive avec le souci particulier de la rendre utile à soi et aux âmes. S'il insiste, c'est qu'il connaît la difficulté d'une telle disposition. Il ne le fait du reste jamais sans laisser en même temps éclater sa compassion et sa sollicitude pour les malades. Ses exhortations sont vraiment des modèles de foi et de charité.

« Votre Révérende Mère Vicaire me dit que vous êtes malade, écrit-il à la Mère Marie-Alphonse ; je vous plains. Tâchez de profiter de ce *sacrement de la douleur*. Offrez-vous à Jésus-Christ. »

« Mettez-vous bien dans la main de Dieu. C'est de lui uniquement que dépend la santé. Éloignez jusqu'à l'ombre de quelques pensées désagréables, pensez tout de suite à Jésus-Christ. Rien de plus parfait, rien de plus salutaire. Croyez qu'une chrétienne qui souffre en union avec Jésus-Christ est d'un mérite infini. Priez pour que je souffre aussi avec patience et avec Jésus-Christ[2]. »

« Soyez sûre que dans les infirmités nous sommes

1. 29 juin 1825.
2. 28 février 1829.

au temps de la moisson et que nous vivons plus que
jamais. »

« Voilà donc de nouveau, écrit-il dix ans après, notre
pauvre petite Sœur Marie-Alphonse avec de grosses et
pesantes jambes! Il faudra qu'elle mène une vie cruci-
fiée avec Jésus-Christ. Eh bien! Seigneur, puisqu'il faut
une croix, autant celle-ci qu'une autre. Elle est sans
doute la meilleure qui me convienne. Portons-la donc
avec amour[1]. »

Il ne veut pas qu'on compromette sans motif sa santé :
« Le P. de Held est trop sévère pour lui-même et il n'est
pas fort de santé, écrit-il au P. Berset alors en Belgique;
et vous-même vous êtes assez éprouvé de ce côté. Je le
mets, pour sa santé, sous votre juridiction, et vous, pour
la vôtre, sous la sienne. »

Toutefois c'est au courage qu'il en appelle, comme
nous l'avons vu, et c'est la foi qu'il propose aux malades :
« J'apprends que mon pauvre et bon Berset, quoique
toujours malade, est encore plus malade. Cela me fait
de la peine. Je voudrais bien pouvoir le soulager et le
guérir. Avec tant de pénibles circonstances, encore être
malade! Vraiment vous pouvez dire : *A planta pedis
usque ad verticem capitis non est sanitas. Vir dolorum
ego sum.* De la plante des pieds jusqu'au sommet de la
tête, il n'y a rien de sain en moi; je suis un homme de
douleurs. Je dois donc vous exhorter aussi à prendre les
sentiments de Jésus-Christ. Pensez, très cher Père, que
vous remplissez à présent le plus beau et le plus utile
des apostolats, celui de la souffrance. Lisez nos constitutions sur la manière dont un rédemptoriste malade
doit se comporter; et vous vous conserverez dans cette
paix, cette tranquillité qui est le meilleur des remèdes.
Nous en avons ici deux exemples bien frappants. L'un

1. 20 juin 1839.

est un étudiant malade de la poitrine. Il ne se plaint
de rien, reçoit ce qu'on lui donne, et reste indifférent
pour la vie pour la mort. L'autre est aussi poitrinaire
depuis longtemps. Dernièrement je lui dis : « Pourquoi
ne prenez-vous pas du lard le matin, à la façon des Hongrois? » Car il est hongrois. — « Oui, répondit-il, ce serait
bon. » — « Pourquoi donc n'en avez-vous pas parlé? »
— « Je m'abandonne tout à Dieu et à l'obéissance. »
Voyez quelle vertu! Pendant un an ne pas demander
un remède jugé bon contre une maladie si dangereuse !
Aussi est-il un homme bien intérieur. De plus c'est un
de nos meilleurs talents. »

C'était une maxime du Vénérable qu'un jour bien
passé dans une maladie vaut dix ans d'austérités volon-
taires.

Aussi écrit-il à la Mère Marie-Alphonse : « Une religieuse se porte toujours bien, ou plutôt n'est jamais
mieux que quand elle est malade et bien patiente. Elle
chante alors comme les anges, travaille comme saint
Joseph, jeûne comme saint Jean-Baptiste, prie comme
Jésus-Christ[1]. »

« Les malades sont la bénédiction d'une maison. Les
malades spirituels, quand on les supporte bien, sont
une double bénédiction[2]. »

C'est ainsi que le Vénérable, en voyant dans les croix
bien supportées le triomphe de l'amour divin sur la
nature, identifiait l'amour de la croix avec la fidélité
dans l'imitation de Jésus-Christ.

« Rien de plus formel, expliquait-il aux rédemptoristines : si je ne me hais moi-même, je ne suis pas
disciple de Jésus-Christ et au jugement de Dieu mon
partage sera parmi les réprouvés.

« Qu'est-ce à dire : haïr son âme et porter sa croix?

1. 29 mars 1842.
2. 30 septembre 1841.

C'est désirer, chercher, au moins supporter avec patience
ce qui répugne à la nature, sans se laisser tromper par
les prétextes que suggère l'amour-propre.

« Il est vrai sans doute qu'on ne cesse d'être disciple
de Jésus-Christ que par le péché mortel, mais c'est aussi
une vérité dont on ne peut douter que celui qui est infidèle dans les petites choses le sera dans les grandes.
Nous devons nous dire :

« Si je convoite quelque emploi honorable, je ne suis
pas disciple de Jésus-Christ. Si je me trouble, m'inquiète
de me voir méprisée, réprimandée, je ne suis pas disciple
de Jésus-Christ. Si j'ai, sans la combattre, quelque attache
à la créature, loin d'être l'épouse de Jésus-Christ je ne
suis pas même son disciple. Si je m'agite, murmure en
me voyant moins bien soignée dans mes maladies,
privée de certaines commodités et de certains soula-
gements, je ne suis pas disciple de Jésus-Christ. Si je
ne supporte pas avec joie, au moins avec patience,
les mauvais traitements qu'on pourrait m'infliger, les
paroles dures qu'on me dirait, je ne suis pas disciple de
Jésus-Christ. Si je n'accepte pas au moins avec résignation les charges, les occupations qui me déplaisent, je
ne suis pas disciple de Jésus-Christ. Si je ne résiste pas
à ma paresse naturelle et prétexte ma santé pour me
faire exempter de ce qui est pénible, ou ne l'accomplis
qu'avec lenteur et négligence, je ne suis pas disciple de
Jésus-Christ et par conséquent je suis loin d'être son
épouse bien-aimée. »

« Si je ne combats pas sans relâche la tendance à
rechercher en tout ma propre satisfaction, je ne suis pas
disciple de Jésus-Chist. Si je vois la paille qui est dans
l'œil de mon prochain, et n'aperçois pas la poutre qui
est dans le mien ; si j'évite celles de mes sœurs pour qui
j'ai de l'antipathie et m'attache à celles qui me plaisent,
je ne suis pas disciple de Jésus-Christ.

« Il ne s'agit pas là simplement de conseil, mais de précepte. C'est mon unique affaire de tendre au moins à observer tous ces points. Non seulement ma perfection mais mon salut en dépend. Je veux donc mourir à moi-même, je veux haïr mon âme là où cela me paraît le plus nécessaire, et je sais que si je me vaincs en ce point Jésus-Christ m'accordera le triomphe sur tous les autres. Je commence dès aujourd'hui. »

Ces fortes paroles sont, on le voit, comme un code de l'abnégation et de l'amour de la croix. Elles indiquent comment le Vénérable entendait suivre Jésus-Christ, lui ressembler par la pratique de toutes les vertus religieuses, dont l'abnégation est une condition nécessaire.

« La vie religieuse, ajoutait-il, est un véritable holocauste. Le sacrifice de la profession religieuse est plus agréable à Dieu que de rétablir l'ordre dans plusieurs royaumes où règne l'anarchie et que de nourrir tous les pauvres du monde. Par la profession on donne l'arbre et les fruits ; on donne à Dieu *l'homme*, chef-d'œuvre de la création et qui vaut mieux que tout l'or du monde.

« Un religieux est plus cher au cœur de Dieu que cinquante mille personnes qui vivent dans le monde en gardant ses commandements. »

Religieux parfait, le P. Passerat pouvait parler ainsi avec la confiance que sa vie répondait aux grands desseins de Dieu sur lui. Il fit tout aussi pour rendre ses frères dignes d'un si grand honneur et avantage.

CINQUIÈME PARTIE

GOUVERNEMENT ET APOSTOLAT

I. — *Supérieur.*

« Gouvernement ascétique ». — Amour pour ses frères. — Sa bonté. — Sa fermeté pour l'observance. — Terribles difficultés. — Sa prudence. — Renvoi et admission des sujets. — La question de la persévérance. — Ange de paix et de régularité au couvent.

II. — *Apôtre.*

Sur les traces de saint Alphonse. — Confiance et intrépidité pour l'extension de l'institut. — Vie de zèle : 1° comme missionnaire en Suisse : sa manière de prêcher. — 2° Comme vicaire général à Vienne : ministère à Maria-Stiegen et œuvres multiples. — Les rédemptoristines. — Confesseur et directeur. — L'œuvre des missions : formation des missionnaires. — Leur vie intérieure. — L'activité extérieure. — Quelle impulsion surnaturelle il lui donne. — Apôtre jusqu'à la fin.

CONCLUSION

Jugement du P. de Held sur la mission du P. Passerat. — Nombreuses faveurs obtenues par l'intercession du Vénérable après sa mort. — Son pouvoir au ciel.

Si les vertus dont nous avons parlé suffisent à faire le saint religieux, il est pourtant nécessaire que Dieu les complète, dans le Supérieur et dans l'Apôtre, par les grâces de prudence, de force, de zèle sans lesquelles tout gouvernement, comme tout apostolat, est condamné à la stérilité.

Nous allons simplement suivre le P. Passerat dans sa double mission de Supérieur et d'Apôtre, d'après ses paroles et ses actes.

Il nous sera facile de constater à quel point Dieu l'assista dans les circonstances souvent extraordinaires où sa Providence l'engageait pour le bien de l'institut et des âmes.

Toute l'action du Vénérable, comme supérieur et missionnaire, consistait, on peut le dire, à suivre fidèlement le mouvement de la grâce qu'il s'attirait abondante par sa prière.

Tant de fidélité eut son fruit dans le prodigieux succès de l'œuvre que Dieu lui avait confiée.

CHAPITRE PREMIER

Lorsque le P. Passerat fut nommé supérieur de la communauté récente du *Mont-Thabor*, il venait d'avoir trente et un ans et était religieux depuis sept ans seulement.

La première partie de son long supériorat jusqu'à sa nomination de vicaire général ne fut qu'une suite de souffrances et de luttes pour la vie contre les ennemis du dehors.

Vicaire général du Recteur majeur, il assura, avec non moins de fatigues mais dans un autre ordre de travaux, la prospérité et l'activité intérieure et extérieure de la congrégation.

« Son gouvernement, dit le P. de Held, fut un gouvernement ascétique. »

Il ne faudrait pas conclure de cette parole que le P. Passerat ne fut pas administrateur au sens propre du mot.

On a pu lui reprocher quelque inaptitude ou plutôt certaines distractions dans la tenue des comptes purement matériels. En dehors de ces légères ombres, presque toute sa correspondance administrative révèle un esprit de méthode et aussi d'initiative, une fermeté, un tact, une prudence, un soin minutieux des affaires, un talent même d'organisation dont tout supérieur pourrait parfaitement se contenter.

A ces qualités le Vénérable joignait l'exercice habituel, dans une haute mesure, des dons du Saint-Esprit propices au bon gouvernement.

Il ne comprenait point du reste qu'un supérieur ne s'appuyât pas tout d'abord sur l'oraison, l'esprit de prière et la vie intérieure, tout autant que sur l'esprit de régularité et de discipline, pour être apte à bien diriger sa communauté.

« Tout l'art du P. Lallemant comme recteur, disait-il, était de pousser ses confrères à la prière, afin que Dieu gravât dans leur cœur la loi intérieure[1]. »

Au P. de Held provincial, le Vénérable écrit : « Livrez-vous à la vie contemplative pour abréger vos affaires[2]. »

« Priez beaucoup pour ceux que Notre-Seigneur vous a confiés : sans quoi *verbosi sumus omnes, nihil aliud*[3]. »

« On a toujours quelque chose à dire à un ami, écrit-il au P. Heilig, recteur de Wittem. Vous voilà avec tout le studendat réuni; vous avez toute la congrégation. Saint Ignace voulait que le général soutînt la société par ses prières. Prions donc, cher Recteur, ménageons nos moments pour prier. Celui qui ne prie pas plus qu'il ne doit ne priera pas ce qu'il doit[4]. »

« Au Père maître des novices il répète : « Puisque saint Ignace voulait que le général soutint sa société par ses prières, à plus forte raison un Père maître des novices son noviciat[5]. »

« Je vous dirai ce que vous savez aussi bien que moi : l'exemple et la prière pour l'avancement des novices, c'est là tout le Père Maître : *hoc est omnis*

1. 31 décembre 1842.
2. 12 février 1841.
3. 6 janvier 1847.
4. 13 novembre 1843.
5. 11 janvier 1844.

novitiorum magister. Vous avez l'un et l'autre. Ajoutez la confiance en Dieu. Tâchez qu'ils se vainquent beaucoup, en unissant tout à Jésus-Christ : *Omnia per ipsum, cum ipso, et in ipso* [1]. »

Il est inutile de dire combien lui-même imprégnait sa conduite de telles leçons.

S'il fut pendant tant d'années le grand appui de la congrégation, le centre d'où émanait sur tout l'institut transalpin l'esprit de vie intérieure et de zèle, c'est qu'en lui-même d'abord la grâce de Dieu avait créé un foyer indéfectible d'amour divin, et ce foyer c'est la prière qui en entretenait l'ardeur.

L'amour de Dieu est de soi expansif. Chez le P. Passerat il s'épandait en flammes de zèle pour tous et pour chacun de ses frères.

« Je vous ai, vous et tous les confrères, la plupart du temps devant les yeux, écrit-il. Quand je prie je vous offre à Dieu et à sa sainte Mère. »

« Je les porte dans mon cœur, je leur souhaite d'être comblés de toutes les bénédictions célestes par Jésus-Christ et en Jésus-Christ [2]. »

« Vous n'avez donc envers moi pas même assez de confiance pour croire que je ne vous laisserai jamais dans l'embarras? Il me semble qu'avec saint Paul *Cupio esse anathema pro fratribus*, moi aussi je désire être anathème pour mes frères. Je crois qu'il n'y a guère que ce dévouement qui m'a fait venir à Vienne et qui m'y retient [3]. »

Son amour pour ses frères se confondait avec celui qu'il portait à la congrégation elle-même : « La congrégation est notre mère spirituelle », disait-il.

« En toute occasion, rapporte le P. Zobel, il s'ef-

1. 13 septembre 1836.
2. 15 janvier 1845.
3. Au P. Czech.

forçait de nous inspirer pour elle un tendre et filial amour : « Avec la vocation à la congrégation nous avons été comblés des trésors célestes en vue de notre éternelle prédestination. Je suis rédemptoriste et je veux l'être jusqu'à mon dernier soupir [1]. » Et à ce titre il se donnait sans compter à tous ses frères :

« Je sens la grâce quand je m'occupe au service de mes confrères, parce que je ne doute nullement alors que ce ne soit la volonté de Dieu. Vous m'outrageriez si, en m'ouvrant votre cœur, vous craigniez de m'importuner [2]. »

« Un supérieur doit avoir un cœur de mère [3]. »

Ce *supérieur* a été dépeint par saint Clément-Marie en des termes qui renferment déjà tout ce que nous pourrons rappeler ici de son gouvernement : « C'est un homme d'une prudence et d'une piété vraiment extraordinaires. Il exige de tous une très exacte observance des règles et des constitutions. A le voir, on dirait la patience personnifiée. Son zèle immense ne recule devant aucun travail, aucun danger. Notre famille religieuse possède en lui un vivant modèle de toutes les vertus [4]. »

Le P. Volhmann, qui vécut à Vienne avec le Vénérable, nous laisse à son tour ce portrait : « Partout à notre tête, comme un astre étincelant de lumière, il ne négligeait rien pour conserver en nous pures et sans alliage les maximes vraies de la foi et de l'évangile. Partout il imprimait en caractères indélébiles dans l'âme de ses sujets, l'amour de la congrégation, de l'observance régulière, de la charité fraternelle, de la prière, de la mortification et de l'obéissance. Soit qu'il

1. Procès, n⁰ˢ 1435-1439.
2. 18 octobre 1833.
3. 4 janvier 1841.
4. Lettre au P. Général, 25 septembre 1811.

fût à l'autel, soit qu'il fût au milieu de nous, sa taille élevée, son port plein de dignité et qui inspirait le respect, nous faisaient voir en lui un patriarche vénérable, dont nous écoutions les paroles comme nous aurions écouté celles de Dieu. »

« Il était tellement le maître de nos cœurs qu'il aurait pu nous envoyer en enfer (*sic*) s'il l'avait voulu! On le comprendra si l'on se rappelle que plus de soixante sujets, pour la plupart distingués par leur origine, leur fonction, leurs talents, se conduisaient à son égard comme des enfants envers un père bienaimé. »

« Le P. Passerat était en réalité et dans toute la force du terme, un vrai père, sous la conduite duquel nous n'avions qu'un cœur et qu'une âme; avec un bonheur si grand que nous n'aurions pas voulu l'échanger pour celui de l'empereur ni du pape! »

Les chroniques d'Altoetting nous parlent aussi avec le même enthousiasme des visites du Vénérable. Je les cite, car elles sont l'écho de ce qui se passait dans toutes les autres maisons : « Le 12 août 1841, le P. Passerat arrive d'Innsbruck, et commence la visite avec une grande joie. Il y parut plus que jamais comme un tendre père, un maître rempli de l'Esprit de Dieu. Toute la puissance de son éloquence, toute la tendresse de son cœur paternel passaient dans ses exhortations à la prière, au zèle et à l'observance régulière. En vérité on ne peut être ni plus enflammé ni plus entraînant que ce chantre de l'amour divin. Partout il nous donnait les plus beaux exemples d'observance, de zèle, de prière, d'humilité et de charité fraternelle. Il était le premier au chœur, le plus constant dans la prière, le plus zélé pour les exercices de pénitence, le plus aimable en récréation. Un exemple si extraordinaire de toutes les vertus religieuses ne peut assurément demeurer sans fruit pour la communauté.

« Que la bénédiction que tu répandis sur nous, ô Père bien-aimé, retombe sur ta tête et que Dieu te protège des hauteurs de son ciel ! »

« Le serviteur de Dieu fit une impression profonde sur l'évêque, sur le roi de Bavière, alors de passage à Altoetting, et sur son ministre qui, en partant, vint lui faire ses adieux et le remercia, les larmes aux yeux, pour tout le bien qu'opéraient ses fils dans la contrée. »

Parlant des visites canoniques du Vénérable, quelques Frères disaient naïvement : « Quand vient le P. Passerat, on perd toutes ses tentations, c'est étonnant ! » Il semblait avoir en effet une grâce spéciale à ce sujet. Un seul mot de lui suffisait presque toujours pour ramener le calme dans une âme troublée.

La *douceur* avec laquelle il traitait tout le monde indistinctement lui valait, comme au divin Maître, l'affection de ses sujets et leur dévouement sans limites. Même en reprenant les torts il ne se départait jamais de cette douceur toute paternelle.

« Je crois que la patience et la charité, disait-il, sont les seuls remèdes : je ne puis sans me crucifier en employer d'autres[1]. »

« Il était la douceur même, écrit le P. Neubert. Souvent il voulait gronder, mais ne le pouvait pas. Ses paroles, ses gestes mêmes en grondant n'étaient que douceur. Plus d'une fois il dit au P. Héberlé trop rude de caractère : « Je voudrais bien avoir quelque chose de ton caractère. Tu es trop âpre et moi je suis trop doux. Je ne puis pas me fâcher. Pour gronder il faut que je me fasse violence. »

Nous verrons que cette douceur savait aussi être

---

1. A la Mère Marie-Alphonse.

très ferme. Néanmoins, dans son humilité, le Vénérable
l'attribuait parfois à la faiblesse et s'en faisait des reproches. Parmi les motifs qu'il allègue pour demander
sa démission, celui-ci revient plus d'une fois et dans
des termes qui montrent combien l'humilité parlait
souvent en lui : « Je ne cesserai de demander et de
supplier, jusqu'à ce qu'on m'ouvre la porte et que
je sois déchargé d'un fardeau trop lourd pour moi.
Je suis très timide de caractère et par suite dominé
par le respect humain. Aussi beaucoup d'abus contre
les règles et les constitutions font-ils irruption, et à
mesure que mes confrères avancent en âge et en expérience, ce mortel respect humain m'envahit davantage.
Aussi je me vois dans de grandes anxiétés. Je crains la
déplorable fin du faible Héli[1]. »

Prise à la lettre, cette confession serait en opposition avec les témoignages de tous les témoins de sa vie
de supérieur et celui même de l'Église parlant par le
cardinal Orioli, préfet de la Congrégation des Rites :
« La Sacrée Congrégation décerne à Votre Paternité les
justes éloges que méritent le zèle et la prudence avec
lesquels elle a gouverné les religieux transalpins de
son vicariat, et l'attachement qu'elle a montré au Siège
Apostolique. »

Le P. Passerat dut lutter contre sa bonté naturelle
pour maintenir et faire croître la congrégation dans la
ferveur, et c'est ce sentiment d'effort que souligne son
aveu. Nous savons du reste à quelle perfection atteignit
le degré de prudence et de zèle auquel fait allusion la
Sacrée Congrégation.

Gardien véritable de son troupeau, il le fut autant
que père. La fermeté qu'il déploya chaque fois que les
circonstances l'exigeaient, montre combien son esprit

1. 27 avril 1846.

de douceur se modelait sur celui de Jésus-Christ.

Les *règles* et les *constitutions* d'abord furent l'objet de sa sollicitude. Après la piété et la vie intérieure, il n'eut jamais rien plus à cœur que l'observance. « Redoublez d'attention, dit-il au P. Czech, recteur, pour l'exercice de la piété. Notre vocation l'exige, et comme la vraie piété consiste à observer les commandements de Dieu, nous n'y parviendrons *a priori* que par l'observance de la règle, surtout de l'unique chose nécessaire, pour ainsi parler, à savoir le recueillement et l'amour de la prière. Alors la protection de la sainte Vierge ne nous fera pas défaut[1]. »

En 1845, il adressait à la communauté de Fribourg cette forte admonestation au sujet de la fidélité aux règles : « Malheur à vous et à la congrégation si vous vous relâchiez dans l'observance des règles, car vous résisteriez au Saint-Esprit. Vous aurez à rendre compte jusqu'à un *iota*. Si la règle n'oblige pas sous peine de péché, elle ne peut être négligée sans péché. Ce qui est pire encore, c'est que sur cette pente on ne s'arrête pas. Il est plus facile de maintenir le cœur dans la ferveur que de le retenir dans la voie du relâchement. Croyez-moi, mes très chers, croyez-en ma vieille expérience, l'inobservance des règles même les plus légères entraîne toujours à la violation des vœux et de là à la ruine de l'âme et au feu éternel.

« Appliquez-vous à la vie intérieure, vous éviterez la tiédeur et vous aurez la paix que le monde ne peut donner. Que l'amour de Jésus-Christ croisse en vous, et vous éprouverez ce que dit l'*Imitation :* Alors toute observance vous sera agréable ; le couvent vous sera un paradis terrestre, et vous irez du paradis en paradis[2]. »

1. 1825.
2. 3 janvier 1845.

Pour des causes diverses, les sujets de saint Clément-Marie à Vienne ne possédaient de la règle approuvée en 1749 par Benoît XIV, qu'une édition incomplète. Les constitutions du chapitre de 1764 présidé par saint Alphonse leur manquaient même totalement.

Le P. Passerat ne se donna pas de repos qu'il n'eût comblé cette lacune, à ses yeux capitale.

Il écrivit fois sur fois au Père Général, et, comme la réponse tardait à venir, il se décida à envoyer à Naples un Père de sa confiance, le P. Springer, pour prendre copie des précieux documents et puiser à leur source l'esprit et les coutumes de la congrégation : « Notre plus ardent désir, écrivait-il, est de vivre selon l'esprit de notre bienheureux Fondateur et de nous conformer à toutes les coutumes que nos confrères d'Italie observent avec tant d'édification. C'est pourquoi je prie Votre Paternité de me donner ses ordres comme elle jugera opportun et de me commander sans ménagement, car elle me trouvera toujours prêt à lui obéir promptement et ponctuellement[1]. »

Ces règles et constitutions une fois obtenues allaient devenir pour lui, pendant de longues années, l'objet de conflits et de luttes parfois bien pénibles à son cœur. Mais aussi ne lui furent-elles pas, par les oppositions mêmes qu'elles lui suscitèrent, l'occasion d'élever jusqu'à l'héroïsme sa fidélité à l'observance ?

Nous ne pouvons pas entrer ici dans le récit des difficultés qui lui furent suscitées par le gouvernement autrichien laïc ou hélas ! ecclésiastique. Le Vénérable s'y montra digne successeur de saint Clément-Marie. Sans peut-être déployer autant d'intrépidité extérieure, il l'égala, on peut l'assurer, dans la fermeté de sa

1. 15 avril 1823.

résistance. Il obtint même ce que saint Clément-Marie avait en vain désiré : le pouvoir d'exercer librement, en fait sinon de droit autrichien, son office de vicaire général dépendant d'un Supérieur étranger.

D'un tout autre ordre fut la lutte qu'il eut à soutenir dans le sein même de sa communauté. En recevant la succession de saint Clément-Marie, il trouva, au couvent de Vienne, une élite de jeunes gens tous remplis de zèle pour la congrégation et les âmes, mais encore peu formés aux vertus de la vie religieuse.

Parmi eux prirent place quelques sujets assurément recommandables par leur talent et leur aptitude au saint ministère, mais qui, malgré tout, ne réussirent pas à se pénétrer du véritable esprit de l'institut.

Devant les justes exigences du vicaire général pour les mille détails et le principe même de l'observance régulière, ils sentirent se révolter en eux l'esprit d'indépendance ou de mondanité. Ils ne se firent pas faute de reprocher au Vénérable ce qu'ils considéraient comme arriéré et *peu à la page,* dirait-on aujourd'hui, dans son gouvernement.

« C'est une faveur particulière de la Providence, écrivait-il au Père Général, le 21 mai 1830, que mes confrères se soient dépouillés des restes de leur éducation première. Les ci-devants PP. Veith, Reis et autres n'ont pas eu cette grâce. Toujours ils ont été animés contre nos règles et nos constitutions, sous prétexte qu'elles peuvent être bonnes pour des Italiens mais pas pour des Allemands ; qu'elles empêchent l'activité que l'on doit avoir pour le bien de la religion. Ils n'aspiraient qu'à s'occuper de l'instruction de la jeunesse. Une fois je dis à Veith : « Mais moi je ne suis pas fondateur ; je ne puis, ni ne veux l'être. » — « Vous devez l'être », répondit-il.

« D'année en année, il est toujours devenu pire.

Parler en sa présence de la nécessité de l'observance régulière, de la vie intérieure suffisait pour l'irriter. Voilà ce qu'il appelait l'opprimer, le fouler aux pieds, le déchirer, parce que par là on lui ôtait cette tranquillité d'âme nécessaire pour écrire contre les ennemis de la religion. »

Un jour il osa dire au Serviteur de Dieu : « Je ne peux pas vous renverser; votre autorité est trop bien établie. Mais s'il y en avait seulement trois de ma trempe!... »

Sans aller aussi loin que lui, d'autres s'employèrent pour le même objet. Des rapports fielleux furent faits au Recteur majeur.

Parmi ses conseillers même deux ou trois s'opposaient habituellement à sa manière de voir. L'un surtout, pourtant bon religieux, poussa si loin la contradiction que le Vénérable s'en ouvrait un jour en ces termes au Père Général : « Si quelques-uns sont mécontents, la cause en est à la trop grande sollicitude du P. Starck pour le temporel, à qui se sont joints les PP. Prigl et Welsersheimbt. Je n'ai jamais rien fait d'important sans l'assentiment de la majeure partie de mes consulteurs.

« Le Père réclame toujours, et lorsque je lui montre vos réponses il me dit : La réponse est conforme à la demande. Et il ne se rend pas[1]. »

« Je l'ai prié de porter ses plaintes à qui de droit, et je prie Votre Paternité de ne pas m'épargner. Confiant dans la miséricorde et la grâce de Dieu, je puis souffrir avec courage toute répréhension et toute peine[2]. »

Ainsi le Vénérable, loin de se disculper, désire que son Supérieur le reprenne. Lui-même prend toutes les

1. 22 septembre 1830.
2. 11 octobre 1830.

mesures que la prudence et la charité la plus vive peuvent lui inspirer pour ses contradicteurs. Son cœur souffre, mais sa bonté, sa fermeté douce et confiante ne fléchissent pas.

Trois d'entre eux, nous l'avons vu, sortent de la congrégation. Les autres sont choisis ou maintenus par l'héroïque supérieur aux premières charges de la congrégation ou de la maison. C'est la vengeance des saints.

Mais Dieu voulait que l'épreuve de la contradiction accompagnât jusqu'au terme l'œuvre féconde du digne Père à Vienne. Presque sans interruption il eut à souffrir des divergences d'opinion et surtout du caractère de quelques-uns de ses collaborateurs.

Patient, mais non insensible, il écrivait au P. de Held, le 21 mai 1841 : « Mes consulteurs sont tranquilles. Je me garde de réveiller le chat qui dort. J'en suis bien content. »

Le *chat* devait se réveiller bien des fois encore, et toujours ou à peu près pour les mêmes causes, puisque, le 21 janvier 1847, le P. Passerat insistait ainsi auprès du P. Genéral : « Je ne puis porter le poids de ma charge plus longtemps; ma conscience ne me le permet pas. Qu'un Allemand préside aux Allemands, *Germanus Germanis*. Aujourd'hui j'ai lu la dernière lettre de Votre Paternité à mes consulteurs. Elle fut cause de discussions entre nous. Ils ne s'élevaient pas contre Votre 'Paternité, car ils disent que je l'ai mal informée, mais contre moi. Au fond l'unique source du dissentiment est que je voudrais retenir ou rétablir tout ce qui favorise la vie intérieure (mais seulement selon la sainte règle et nos constitutions, comme les trois méditations, le silence de l'après-midi, etc.) et rend la vie féconde. Pour eux, tout en retenant l'essentiel, ils voudraient agir à leur guise. Depuis longtemps ils désirent quelque réforme à nos constitutions, afin de pouvoir se livrer plus librement à la vie active. Aussi n'ai-je pas osé lire votre dernière lettre ni votre circulaire d'il y a quelques années à tous, non pas à cause de tous, mais seulement de quelques-uns, surtout à cause de mes consulteurs, le P. Martin Starck, le P. Cosmaceck et le P. Petrak, et aussi du P. Passy et de certains autres à Vienne. Dans les autres provinces les choses vont mieux... »

Il est pénible pour un Supérieur, un vicaire général, de lutter ainsi au dedans et au dehors : aussi laissait-il échapper ce cri de détresse : « Je n'ai à peu près rien de nouveau à vous écrire. De toute part je me vois dans les angoisses. Mais je me confie dans le secours de mon très aimable Jésus et de Marie, de saint Joseph et de notre B. Père Alphonse[1]. »

Cette dernière règle de sagesse lui était familière. Depuis longtemps il l'avait exposée ainsi au P. Czech, recteur de Fribourg : « Pour vous consoler dans vos peines, je vous dirai qu'il y a trois sortes de martyres : 1° verser son sang; 2° aller faire mission chez les barbares; 3° être supérieur. Il est impossible à un supérieur de ne pas avoir de continuels désagréments puisqu'il a affaire avec de pauvres mortels, enfants d'Adam. Des deux premiers frères qui furent au monde, l'un tua l'autre... Accoutumez-vous de plus en plus à faire tout pour Dieu. Vous serez toujours tranquille, vous atteindrez toujours votre but. Vous le contenterez toujours, ce bon Maître. Il ne veut et ne regarde que la bonne intention. Qu'avez-vous besoin des hommes? Jamais, non jamais vous ne les contenterez. Que vous embarrassez-vous d'eux? Mais tenez toujours prudemment pour Dieu et pour la vérité : vous

---

1. 4 janvier 1839

verrez que les esprits plieront et reviendront toujours à vous. Je l'ai toujours éprouvé et l'éprouve encore ; je ne l'ai jamais mieux senti qu'à Vienne où j'ai affaire avec de bonnes gens en vérité, mais qui, tout revenus qu'ils sont aux bons principes, donnent bien du fil à retordre. *Conversatio nostra in cœlis est.* Que nous importent et les hommes et leurs jugements [1] ? »

Le P. Passerat éprouva lui-même, nous venons de le voir, combien les hommes sont changeants. Celui auquel il adressait ces mots allait aussi, bien qu'excellent religieux, lui en fournir une nouvelle occasion. Excédé des demandes de sujets, nécessitées par les fondations nouvelles de Belgique, le bon recteur de Fribourg céda au désir trop naturel de faire passer d'abord le bien, pensait-il, de sa communauté. Une tentation en amène une autre. Bientôt l'idée que le vicaire général outrepassait ses droits s'implanta tellement dans l'esprit du recteur, qu'il se crut en droit lui-même, ou peut-être en devoir, d'éluder autant que possible les dispositions de son Supérieur. Cette erreur dans un sujet par ailleurs exemplaire ne devait pas durer. Si nous faisons mention de l'incident, c'est uniquement parce que la conduite du Vénérable en cette occasion montre au vif une fois de plus la bonté et la fermeté habituelles de son cœur de Père.

« Vous me permettrez de vous adresser des reproches tout paternels. Je ne sais vraiment comment interpréter vos retards. Si je voulais lâcher bride à mes jugements, je répèterais : *Cicero pro domo sua,* Cicéron pour sa maison. Vous pensez premièrement à votre maison et à Fribourg, secondement à la gloire de Dieu [2].

« Au nom de Dieu, ne soyez pas si égoïste. Pourvu

1. 6 janvier 1826.
2. 1832.

que le bien se fasse, que vous importe où? Il faut que
je sois orgueilleux et que je vous dise : Imitez-moi,
imitator mei esto. Vous croyez donc que ce n'est pas
un sacrifice pour moi que de retenir loin de moi les
PP. Czech, de Held, Schoelhorn[1]. »

Le mal s'est aggravé. Tout le P. Passerat paraît ici
en œuvre. Après sa visite de Fribourg, il écrit de
Liége : « Sans doute j'étais très mécontent en quittant
Fribourg. Pouvait-il en être autrement? Vous n'avez
reçu aucun avis, vous ne vous êtes soumis à aucune
disposition de votre supérieur. Il est faux le principe
que vous alléguez, à savoir que vous devez tenir pour
votre maison contre moi, et que je n'aurais que le
corps de la congrégation! Si tous les recteurs ont la
même opinion!... Lisez les constitutions... Vous con-
viendrez du reste que je suis obligé de gouverner la
congrégation qui est sous moi selon les vues que je
prie le Seigneur de me donner. J'espère que ce n'est
là qu'un moment d'oubli. Ne soyez pas triste, écrivez-
moi un mot de soumission et je serai content de vous.
Ou plutôt, parce que votre crainte de Dieu me donne
la certitude que vous reconnaissez la nécessité d'une
obéissance entière et aveugle, je suis déjà content de
vous, et de plus votre tout affectionné serviteur et
frère[2]. »

Le mal ne cède pas. Une nouvelle lettre nous fait
entrer plus avant dans les dispositions du Vénérable :

« Jusqu'à ma dernière visite, j'ai eu pleine confiance
en vous et je vous croyais soumis à vos supérieurs.
Pour vous prouver la sincérité de mes sentiments passés,
je vous avouerai en toute simplicité mais sans fiel que
cette confiance a beaucoup diminué. Je vous avais dit,
et vous l'aviez accepté, d'écrire vos raisons à notre

1. 23 octobre 1833.
2. 22 octobre 1834.

consulte, puisque vous me croyiez déraisonnable. Vous n'avez rien fait de tout cela, rien. Croyez-moi, Révérend et très cher Père, on ne perd rien à obéir.

« Depuis longtemps vous avez laissé entrer dans votre cœur des tentations qui vous ont indisposé, par exemple que j'étais plus porté pour les autres que pour vous, que j'avais de l'aversion, que je voulais détruire votre maison, etc. Tentation, tentation! Vous le verrez un jour.

« Ce que je vous dis là ne part que du désir de vous faire rentrer dans le devoir. Ne parlons pas d'aversion. Je n'en aurai jamais, puisque je veux me sauver. Croyez-moi, soyez ce que vous étiez, et je serai *un* avec vous, comme je l'étais auparavant et le désire de tout cœur[1]. »

Venu à Vienne, sur l'invitation de son Supérieur, le P. Czech, en bon religieux qu'il était, reconnut ses torts. Le Vénérable lui rendit toutes ses bonnes grâces. Il devait bientôt le faire maître des novices et plus tard Provincial de France.

D'autres sujets exerçaient aussi la patience du P. Passerat, mais pour des fins moins spécieuses.

« Après l'avoir bien examiné avec mes consulteurs, écrit-il au P. Général, je crois nécessaire de faire connaître à Votre Paternité ce qu'est le P. A. Passy, et quel scandale il donne à la communauté[2]. »

L'amour de ses aises et un certain désir de briller dans les lettres comme auteur avaient amené le pauvre Père aux excès qui le firent renvoyer de la congrégation. Par une exception sans doute motivée par l'édification que donnait à l'institut la haute vertu du frère du coupable, le P. Passerat eut l'extrême bonté de recevoir celui-ci à résipiscence. Bientôt après il écrivait :

1. 7 juillet 1835.
2. 31 octobre 1845.

« Par suite d'un cancer, le P. Passy est mort pieusement, après m'avoir demandé son pardon [1]. »

Plusieurs n'eurent pas le même bonheur, et nous voyons le Vénérable, au cours de son supériorat, contraint plus d'une fois de demander au Général la dispense des vœux pour des sujets indignes.

Ce fut certainement pour lui une cause de terribles angoisses. Son cœur luttait, il eût voulu les sauver tous. Mais la fermeté lui était imposée par le devoir de sa charge et le bien de la congrégation. *Prima lex salus ordinis,* répétait-il, la première loi est le salut de l'Ordre.

« Je déplore, écrit-il au P. Général, que ma demande pour diverses expulsions ait affligé Votre Paternité. Je suis moi-même au comble de l'affliction, car pour l'extérieur nous sommes persécutés, et chez nous nous avons certains sujets tels que Votre Paternité, si elle était ici, ne les souffrirait pas dans la congrégation [2].

« C'est à peine si nous avons des novices cette année. Nous rejetons tous ceux qui ne donnent pas pleine assurance, car en ces temps malheureux d'indépendance, ils ne supportent pas la discipline. La plupart, une fois le sacerdoce reçu, révèlent leur hypocrisie [3]. »

« Nous avons tant de sujets que je ne voudrais pas avoir, confiait-il au P. Czech. Une chose me console, c'est la parole de saint Ignace dans sa vieillesse. Il désirait vivre encore pour être plus sévère dans l'admission des sujets; car, disait-il, il y en a beaucoup parmi nous qui ne sont pas à leur place [4]. »

« O mon Père, les hommes ne se vainquent pas. Suivez cette règle dans l'admission des sujets : Les

1. 18 mars 1847.
2. 4 janvier 1838.
3. 16 septembre 1836.
4. 7 janvier 1833.

caractères difficiles sont exclus par la règle. Espérons tout de la miséricorde de Dieu pour leur personne; mais pour nous, éloignons-les[1]. »

« Je suis bien content que Dejear soit parti. *Auferte malum ab Israël,* enlevez le mal d'Israël; un corps qui se purge est sain[2]. »

Il recevait avec une exquise charité les postulants qui se présentaient. Le trait suivant, rapporté par le P. Krutil, nous montre combien Dieu l'assistait dans ces circonstances.

Le P. Urbacik vint comme postulant à Maria-Stiegen, pour de là se rendre au noviciat d'Eggenburg. Très occupé à servir de nombreux pauvres, le Frère portier oublia le nouveau venu et ne songea pas même à avertir le P. Krutil que celui-ci le demandait. Une semblable réception occasionnait déjà chez le jeune homme une tentation contre sa vocation, lorsque le Révérendissime Père Passerat se présente soudain, prend le bagage du postulant, le reçoit affablement et lui assigne une chambre. Il avait su par une lumière intérieure ce qui se passait.

Pour admettre quelqu'un au noviciat, un sévère examen lui semblait nécessaire.

« A l'été de 1846, dit le P. Schaller, mes études terminées, je me présentai au couvent. Le P. Passerat y était en visite. Après m'avoir reçu et embrassé avec une amabilité extrême, il m'amena à la chambre des hôtes, avec un autre postulant, Jean Geisler. Là, en compagnie du P. Michalek, il nous examina pendant une heure et quart sur tous les points qu'indiquent les constitutions : santé, talents, esprit, motifs de ma démarche. Il me demanda si je pouvais me réjouir d'être privé du nécessaire, si je voulais choisir ce qu'il

1. 16 novembre 1826.
2. 17 janvier 1839.

y avait de plus vil, être content toujours, à la maison, en voyage, en mission, pour la nourriture, l'habitation, le vêtement, etc. ; si je voulais me complaire dans le mépris : « Je suppose que le Recteur vienne t'adresser des reproches pour une chose très bien faite, ajouta-t-il, que répondrais-tu, tyrolien? »

Il me parla de l'obéissance aveugle, joyeuse. Sur l'esprit, il entra dans de tels détails que j'en suais à grosses gouttes! A la fin, il me dit : « Dieu t'appelle clairement à la congrégation, tyrolien. Prie et prie encore. »

Il n'était pas rare que Dieu l'éclairât miraculeusement dans le choix des sujets ou pour leur persévérance :

Un jour le **P.** Reyners conduit le jeune Verhust au Vénérable : « En voilà un, lui dit-il, qui a des tentations contre sa vocation. » — « Le démon fait avec vous comme le chat avec l'oiseau, répondit simplement le **P.** Passerat : il veut vous attirer hors de la cage. »

A Wittem un étudiant issu de grande famille, le Fr. Van Rychevorsel, souffrait d'une profonde mélancolie et se voyait même parfois tenté de suicide. Lors de la visite du P. Passerat, il se rend à la chambre du vicaire général et se met à genoux, près de la table, sans mot dire. Le Vénérable prend alors une image de Notre-Dame de Stiegen, et écrit au revers : *Tutus es, securus sis,* tu es en sûreté, reste en paix. Ces paroles mirent fin à l'état douloureux du jeune homme. « J'ai vu moi-même cette image », ajoute le P. J.-B. Jansen, qui rapporte le fait.

Au contraire, à Vienne, il y avait un novice Frère d'extérieur très édifiant. Tout le monde avait foi en sa piété. Mais le P. Passerat ne se rendait pas à l'avis général : « Frère Wolf, lui disait-il souvent, vous êtes un renard. » Ce Frère finit par être congédié en 1828.

Le P. Mailly avait obtenu de ses supérieurs la permission d'entrer à la Trappe. En passant par Tournai pour se rendre à Forges-lez-Chimay, il se présente au P. Passerat et lui demande sa bénédiction, sans lui découvrir le but de son voyage. Mais le Vénérable a lu dans son cœur. Il reste d'abord muet d'étonnement, puis, d'un ton indigné : « Non, mon fils, vous n'aurez pas ma bénédiction. Je sais que vous nous quittez et sans motifs. Si vous vouliez plus de jeûnes et de pénitences, vous pouviez les demander à votre Supérieur, il vous les aurait accordés. Je ne vous bénis pas. » Le P. Mailly ne resta à la Trappe que huit jours[1].

Par la même inspiration il encouragea au contraire le P. Schuby à suivre la vocation extraordinaire qui l'appelait chez les chartreux. L'appel de Dieu, il ne voyait que cela.

La Mère Marie-Anne-Josèphe, rédemptoristine de Ried, nous rapporte qu'un jour une postulante fut violemment tentée de rentrer dans sa famille. Aucun raisonnement ni conseil ne put vaincre son désir. Elle fut congédiée. Le P. Passerat la rencontre : « Ma pauvre Francisca, lui dit-il, pensez donc au ciel. » Et comme sa parole ne la touchait point : « Eh bien ! ajouta-t-il, partez; mais revenez bientôt. » — Arrivée à la maison, Francisca trouve sa mère qui lui dit : « Que fais-tu ici? » — « Je veux repartir tout de suite », répond la fugitive. Elle revint en effet au couvent, et par la suite pratiqua les plus belles vertus religieuses.

Ces faits et d'autres donnent la certitude de la grâce spéciale reçue par le P. Passerat pour discerner les vocations.

Sa sévérité dans l'admission ou le maintien des

---

1. Témoignage du P. Mader.

sujets peut paraître surprenante chez un homme aussi bon et doué de tant de douceur. Mais il ne faut pas oublier qu'à la vocation pour l'ordinaire est liée la grâce du salut. Le P. Passerat, obéissant à l'inspiration divine, suivait, on peut le dire, la marche de la Providence elle-même qui par la voie étroite conduit les âmes au ciel.

Sa conviction était qu'un religieux fidèle est un prédestiné : « Ce n'est ni la chair ni le sang, dit-il, qui inspirent ou conservent l'amour pour la vie religieuse, c'est le Saint-Esprit seul qui habite dans l'âme. Cela doit nous consoler dans nos angoisses. Tant qu'une personne religieuse aime son saint état, elle peut vivre et mourir en paix. C'est là la plus sûre révélation : quiconque meurt en baisant l'habit de son ordre meurt en prédestiné[1]. »

En rapprochant ces paroles de celles qu'il adressa aux rédemptoristines sur le même sujet, on peut être surpris de la restriction qu'il paraît y introduire alors. Au fond, c'est la même pensée, mais expliquée en faveur de l'observance.

« Saint Alphonse dit qu'un rédemptoriste qui meurt avec l'habit sera sauvé. J'ai de la peine à le croire, mais ce qui est hors de doute c'est qu'un rédemptoriste qui aura porté son habit dans son cœur sera certainement sauvé. »

« Porter l'habit dans son cœur » ou « vivre régulièrement, être fidèle à sa vocation », comme dit saint Alphonse, sont une seule et même chose.

Aussi le P. Passerat, dans les dernières années de sa vie, avait-il souvent à la bouche, dit le P. Zobel, ces paroles : « Je crois fermement à la promesse de saint Alphonse. Le rédemptoriste *qui meurt fidèle à sa voca-*

1. Au P. Wittersheim, 24 janvier 1833.

tion non seulement se sauve mais atteint un rang sublime dans le ciel. »

« Cependant, ajoutait-il, je n'ai pas la promesse que je mourrai dans ma vocation. »

Près de mourir, il affirma un jour la même conviction : « Le 14 février 1858, rapporte le P. Gaudry, le Révérendissime Père avait parlé de ce qu'on devait craindre relativement à la persévérance. Le Frère lui dit alors : « Est-ce que tous ceux qui sont ici ne seront pas sauvés? » — « Ah! répondit-il, je ne juge personne. » C'est pourquoi le P. Recteur lui fit, le soir, cette question : « Est-ce qu'il nous faut avoir une douce confiance d'être sauvés? » — « Oui, sans doute, répond le Vénérable. » — « Eh bien! j'irai communiquer ceci de votre part à nos Pères. » — « Oui, sans doute. »

« Un peu plus tard je lui rappelais ce qu'il avait écrit autrefois : « Celui qui meurt avec l'habit religieux se sauve, et se sauve en saint. » — « Oh! certes; répliqua-t-il, je le répète de nouveau. » Il fit la même réponse le jour suivant. »

« Vous persévérerez tous, dans cette communauté, dit-il un jour, parce que vous vous aimez les uns les autres. »

Autant il avait de sécurité pour le salut du rédemptoriste fidèle à sa règle, autant il craignait pour la persévérance du tiède.

« Il faut bien se garder, écrivait-il au P. Jambon (plus tard infidèle), de quelques réserves avec le Seigneur. Il faut se donner tout entier. Si l'on conserve une seule attache, c'est une corde que le démon empoigne bien. Il n'attend que l'occasion pour s'en servir et nous faire tomber. Plus cette attache paraît belle et louable, ressemblât-elle à la pureté de l'or, plus elle est pesante, comme ce beau métal. Attachons-nous donc fortement à Jésus-Christ entièrement, en esprit et en vérité. Attachons-nous à lui doublement, en ces temps si difficiles et si périlleux [1]. »

« On ne perd jamais sa vocation, assurait-il, en ce sens que ce ne soit plus sa vocation..., mais on y es souvent infidèle. Le mal vient de ce qu'on ne s'est pas donné entièrement à Dieu . »

Lui-même était d'une vigilance extrême lorsqu'il s'agissait de la persévérance des sujets :

« Quant à N..., écrit-il à la Mère Marie-Alphonse[2], voulez-vous donc que tout d'un coup je brise et je rompe ? Je ne voudrais pas pourtant la réduire au désespoir. Soyez prudente et sage, faites bien ce que je vous dis. »

« Sur l'envoi d'un Père à la cure de Berne, il écrit : « Si je ne me trompe, c'est par vous que j'ai appris que le P. Ludwig est allé à Berne. Les dommages que sa vocation avait subis, les soupçons surtout que j'ai eus grâce à vos observations, m'ont fait regarder comme très dangereuse cette nouvelle mission à Berne. Les explications que vous me donnez me rassurent ; je n'ai plus rien à dire. Je vous prie seulement de ne permettre ces sorties-là que dans la nécessité [3]. »

Accoutumé à se conduire selon les règles de la plus stricte prudence, le P. Passerat la demandait aux recteurs comme condition essentielle de succès dans leur mission.

« Vous avez une obéissance trop aveugle. Vous eussiez dû me faire connaître le P. Schweissguth, avant de l'envoyer pour la Belgique. Il y a joué un mauvais tour. Si je ne me trompe, c'est faiblesse de sa part et coutume. Il n'y aura pas de mauvaise volonté,

1. 29 octobre 1830.
2. 7 avril 1833.
3. Au P. Czech.

ou bien, si c'est mauvaise volonté, on le renverra. »

Il voulait certes l'acccomplissement parfait du devoir selon la règle, mais non en dehors des voies de la prudence : « Quand l'orage est violent, il faut céder au moins un peu, sans blesser la conscience, ni les règles de la prudence, accorder quelques-unes des choses que l'on demande. Dans des cas pareils, il faut voir ce qu'il y a de plus avantageux et souvent même relâcher de ses droits. »

« Il faut de la patience ; sans cela on manque tout [1]. »

« Je fais pour vous des prières, je vous dois aussi des avis. Ne dites pas toujours ce que vous pensez, surtout si cela est désagréable ou défavorable. *Hortus conclusus.* Ne marquez aucune partialité, *nec verbis nec opere.* Que tous voient que vous les estimez. Ce sont souvent les moins utiles qu'il faut le plus ménager. Leur défaut de talent ou de forces est déjà une tentation. Si vous le leur montrez, *duplex malum et tentatio*, vous doublez le mal et la tentation. — Qui ne sait pas dissimuler ne sait pas gouverner [2]. »

Cette prudence éclatait dans ses actes, unie à la plus grande charité dès qu'il s'agissait de mettre l'accord parmi ses auxiliaires :

« Je ne puis, dit-il au recteur de Fribourg, c'est bien la vérité, excuser les Révérends Pères du Bischenberg. Mais je dois aussi vous prier de faire attention au caractère du R. P. Schmitt. Il est porté à la tristesse, au mécontentement et à voir tout en noir. Vous voyez donc qu'il faut, pour ne pas pécher contre la prudence, faire abstraction des trois quarts des ombres qu'il met dans ses tableaux. Si d'un côté vous considérez le cœur humain, qui ne se détache qu'avec

1. 29 décembre 1831.
2. 4 janvier 1841.

peine de ce qu'il a, quand surtout il peut alléguer quelque sainte raison, votre petit courroux tombera. Vous direz : *Cicero pro domo suâ. Non est malum in civitate quod non fecerit Dominus.* Qui sait si ce n'est pas l'ange de France qui tient contre l'ange de Suisse, comme cela s'est fait autrefois pendant la captivité de Babylone ? »

Lui-même n'était-il pas un ange parmi ses confrères? Ange de paix pour la concorde et la charité mutuelles, ange de combat en faveur de la parfaite observance et de la vie intérieure, guide dans les voies de la sainteté religieuse ?

« Je vous en prie, mes bien-aimés, disait-il, attachez-vous ferme aux principes des saints, attachez-vous ferme à la prière, attachez-vous ferme à la mortification et à l'abnégation. Vous le savez tout aussi bien que moi, ce n'est pas l'habit qui fait le religieux : c'est qu'il pense, juge et décide des choses autrement que ne fait le monde ; c'est qu'il aime ce que le monde déteste et qu'il déteste ce que le monde aime ; c'est qu'il estime autant la pauvreté, la pénitence et les humiliations que le monde estime et désire ardemment les richesses, les honneurs et les aises.

« Si nous ne nous proposons pas pour but de notre vie et de notre mort le véritable amour de Notre-Seigneur Jésus-Christ, ainsi que la perfection chrétienne et religieuse, alors nous serons bien vite las de la vie spirituelle et de la vie commune ; nous nous chercherons de plus en plus nous-mêmes, nos aises et notre volonté propre, et bientôt nous nous jetterons dans le plus prochain danger de quitter les voies de Dieu [1]. »

Un jour le cardinal Dechamps, chez les rédempto-

---

1. 9 mars 1843.

ristines de Malines, en présence du portrait du Vénérable, prononça ces paroles qui résument bien ce chapitre et le précédent :

« Oui, ce tableau rappelle quelque chose de notre grand patriarche, de notre saint Père Passerat; mais ce n'est pas lui tel que je l'ai vu et connu. Sur toute sa personne était répandue une bonté, une douceur, un ensemble de sainteté qui captivait nos âmes.

« N'oubliez pas, mes filles, que c'est à lui, après Dieu, que nous devons ce que nous sommes. Notre double congrégation lui doit son existence et son extension. Il a été pour votre Fondatrice et pour notre Ordre un saint François de Sales. Il en avait les vertus, le discernement profond et sûr, la douceur, la force, la charité, le dévouement paternel et inaltérable. »

CHAPITRE II

Le zèle qui brûlait au cœur du P. Passerat fit de lui un apôtre comparable, en un sens, à notre Père saint Alphonse lui-même.

Non pas qu'il ait, comme le saint Docteur, prêché et donné des missions avec la même continuité ; mais sa flamme, alimentée au même foyer d'amour de Dieu, accomplit également des prodiges pour les âmes et pour la congrégation.

Parler du zèle du Vénérable nous est d'autant plus doux, que c'est à ce zèle en grande partie, que nous devons, nous tous de ce côté des Alpes, de porter les livrées du Très Saint Rédempteur.

Ce zèle, grand comme le monde, ne mettait d'autres limites à son activité que celles que lui traçait la Providence. Sur elle le P. Passerat se fixait, se réglait et se reposait de tout. « Sans cette pratique d'une confiance absolue en la Providence, nous ne pourrions plus accepter de sujets. Mais alors comment subvenir aux besoins des peuples ? Impossible de vous dépeindre l'abandon dans lequel, en nos contrées, gémit le troupeau du Seigneur ; et avec quel empressement ces pauvres brebis reviennent au bercail quand un vrai pasteur leur fait entendre la parole du Christ. Dès qu'un rédemptoriste paraît quelque part, on les voit accourir en foule vers lui. Il n'y a qu'une voix pour proclamer que, depuis l'époque du P. Hofbauer, Vienne a complètement changé d'aspect ; et, par une heureuse conséquence, d'autres pasteurs d'âmes nous imitent dans notre manière de prêcher et de con fesser[1]. »

Autour de Vienne et jusque dans les contrées les plus reculées de l'empire, les couvents se fondaient et se multipliaient peu à peu.

Toujours le vaillant supérieur voulait aller de l'avant. Dès que l'indication de la Providence était claire, il se mettait à l'œuvre sans crainte : des Pères partaient pour de nouveaux centres religieux. Bientôt ils rayonnèrent au delà des frontières autrichiennes.

La France, la Belgique, le Portugal, à l'orient les Bulgares, et par delà les mers, l'immense continent de l'Amérique du Nord connurent nos missionnaires.

Le Vénérable, après les avoir envoyés, les soutenait de ses conseils, de ses prières et d'aides de tout genre, remuait ciel et terre, se dépensait en une correspon-dance active, en un mot, travaillait avec eux, portait avec eux le poids du jour et de la fatigue. Il n'avait de repos que lorsqu'il les voyait établis et prospères au champ d'apostolat qu'il leur avait confié.

Les révolutions, la malice des hommes vinrent plu-sieurs fois entraver, détruire ses initiatives même char-gées des plus belles espérances ; jamais elles ne purent abattre son courage. Tous autour de lui défaillaient dans leur crainte ; lui seul, comme quand il s'agit par exemple de maintenir nos Pères en Amérique, tenait envers et contre tous, espérait, et finalement triomphait.

Les détails de ses nombreuses fondations relèvent de son histoire. Nous ne pouvons toutefois passer sous silence le contre-coup qu'elles avaient sur la vie inté-

---

1. Au Révérendissisme P. Coclé, général, 24 novembre 1828.

rieure du Serviteur de Dieu. Les péripéties de ses entreprises étaient à cette vie comme le vent de tempête qui, en secouant le chêne, affermit ses racines; ou mieux, pousse le vaisseau avec d'autant plus de rapidité qu'il bat plus rudement ses flancs.

Plus les obstacles survenaient, plus profondément il se fixait en Dieu comme en son centre; et de là dirigeait, soutenait puissamment l'activité de ses enfants.

Mais voyons en détail les effets de sa flamme de zèle. Un coup d'œil sur ses premières années de rectorat en Suisse nous montrera quelle activité il sut alors lui-même dépenser directement pour les âmes.

Tour à tour missionnaire, vicaire de paroisse, ou chapelain de postes à charge d'âmes, on peut dire qu'il passa par toutes les phases du ministère ecclésiastique. Partout il y brilla par ses qualités de premier ordre et l'ardeur de son zèle.

Après les travaux de Babenhausen, interrompus par la jalousie de gens qui auraient dû le soutenir, le P. Passerat eut à peine installé à Saint-Lucius de Coire (1807) sa communauté fugitive, qu'il entreprit avec un nouveau courage l'œuvre d'apostolat, but suprême de ses efforts. A la ville comme à la campagne, les fruits se font aussitôt sentir.

Le peuple s'attache surtout au Vénérable, qui bientôt jouit de la réputation d'un saint. Son langage, sans art comme celui de l'Apôtre, opère des prodiges et attire des foules extraordinaires.

Chassé de Coire et réfugié en Suisse avec les siens, le P. Passerat fait du misérable chalet de Farvagny « la maison-mère », comme on l'a dit plaisamment, de la congrégation transalpine.

Il y est à la fois recteur, maître des novices, préfet des scolastiques, et professeur de théologie. Il trouve encore le temps nécessaire pour s'employer activement à l'évangélisation des populations rurales qui l'entourent.

Comme à Coire, comme à Fribourg, où il n'a fait pourtant que passer, on vient à lui de toutes parts. La prédication et le ministère du confessionnal, le soin des malades sont les œuvres d'où son zèle tire les plus abondants fruits de salut.

Des désordres existaient de longue date, surtout celui des veillées dangereuses. Il les prend à partie avec une vigueur qui n'a d'égale que sa tendre charité pour les coupables.

Plus d'une fois du haut de la chaire il paraît comme auréolé d'un prestige divin, tant sa parole est forte, son regard étincelant, son accent enflammé. On tremble, on pleure, on se convertit. Ceux-là mêmes qui, dans leur dépit de se voir arracher l'appât de leurs passions, le traitent de « grand ennuyeux », ou bien se rendent finalement à sa voix, ou doivent reconnaître que « le grand prêtre qui prie toujours et toujours parle de Dieu » a pour lui l'aide efficace du ciel.

« Aussi, dit le P. Zobel, était-il souvent invité à prêcher dans les paroisses voisines. Les populations averties accouraient alors en foule. »

Le bien opéré dans ces contrées par le passage du Vénérable reste encore gravé dans le souvenir des anciens... Faut-il ajouter que le ciel même, encore aujourd'hui, se plaît à en rappeler la puissance? Un jour en effet prêchant à Posat pendant le mois de Marie, dont il venait d'introduire la célébration en Suisse, le P. Passerat promit à ses paroissiens que, tant qu'ils demeureraient fidèles à célébrer le mois de la très sainte Vierge, la grêle épargnerait leurs récoltes. Or jusqu'à ces derniers temps les bons habitants, fidèles à cette pratique, ont pu constater l'efficacité de la promesse inspirée de leur apôtre.

Rien de plus édifiant que la vie du « vicaire-missionnaire » au milieu de ces campagnes perdues dans les Alpes. Jovial et familier, surnaturel toujours dans ses rapports avec les paysans, il les gagnait par sa bonté, sa douceur, sa sainteté, plus encore que par son éloquence.

Bien des âmes trouvèrent près de lui le chemin du ciel. Plusieurs se virent ouvrir la voie des parfaits en embrassant l'état religieux.

Un des bons missionnaires de l'Alsace et de la Belgique, que nous connaissons déjà, le P. Berset, reçut là, par l'entremise du Vénérable, la grâce de la vocation.

« Un jour, raconte-t-il lui-même, me rendant dans une paroisse pour y assiter à une fête patronale, je le rencontrai et il m'arrêta. Comme il me connaissait et que je lui avais déjà parlé de mon âme, il m'adressa quelques paroles fort tendres, puis me demanda si je connaissais ma vocation. Je lui répondis que non. — « Voulez-vous la connaître ? » — « Volontiers », lui dis-je. — « Je vais vous donner un moyen infaillible, voulez-vous l'employer ? » — « Reste à savoir si je le puis et si ce n'est pas trop difficile. » — « Non, c'est facile. Ce soir avant de vous coucher, vous vous demanderez sérieusement quel genre de vie vous voudriez, au moment de la mort, avoir choisi et suivi fidèlement. » — Là-dessus il continua son chemin. Le coup était porté. Quelques jours après, j'étais postulant rédemptoriste. »

La grâce rendait efficace la parole du Vénérable, et, sans négliger les moyens humains, c'est bien sur elle surtout qu'il comptait. Nous avons plus d'un trait attestant que sa confiance était le plus souvent récompensée au delà de son attente.

En une fête des Rogations, les paroisses du décanat d'Antigny avaient été convoquées. Le P. Passerat s'y trouvait avec les paroissiens de Farvagny. Le prédicateur attendu n'arrive pas. On prie le Vénérable de prendre la parole. « Mais, Monsieur le Doyen, vous n'y pensez pas! Je ne suis nullement préparé. » — « Montez en chaire, et dites au moins quelques mots. » Par obéissance le P. Passerat monte en chaire. Il parle avec tant de véhémence et une si chaleureuse onction que l'immense auditoire fond en larmes. »

Le même effet se produisit à Fribourg dans une circonstance où le P. Passerat fut aussi pris au dépourvu. On l'invita, la veille seulement de la fête de saint Louis de Gonzague, à prêcher le lendemain au collège des jésuites, devant la haute société de la ville. Il ne put d'abord retenir ses craintes : « Je vais au supplice », disait-il au Père qui l'accompagnait. Le supplice du prédicateur improvisé fit bientôt place à la componction des auditeurs, qui tous, maîtres et élèves, la manifestèrent par des larmes.

Il est vrai que le Vénérable apportait en chaire de grandes qualités d'orateur. Il avait une voix claire, pénétrante, des allures vivantes, une majesté de port et de geste qui annonçait l'homme de Dieu parlant avec autorité, *tanquam potestatem habens.*

« Si vous voulez vous figurer Jésus-Christ, disait-on, regardez le P. Passerat en chaire. »

Il procédait ordinairement par sentences détachées, émises avec beaucoup de force et d'onction. En excellent théologien qu'il était, il savait mettre à profit l'Écriture et les Saints Pères, il usait aussi fréquemment des exemples des saints. Sa morale était sûre, nette dans ses principes, autant que simple et droite dans leur application.

Les succès du prédicateur ne devaient pas, il est vrai, se poursuivre avec la même continuité, pendant son long stage à Vienne comme vicaire général. Son zèle toutefois y trouva de nouveaux débouchés. L'église de Maria-Stiegen était littéralement assiégée par le peuple qui venait y entendre la parole de Dieu. Mais, ne possédant pas assez l'allemand pour affronter ordinairement la chaire, le Vénérable dut laisser la place à ses collaborateurs, autrichiens d'origine. Il parlait pourtant de temps à autre.

Il donnait spécialement des sermons sur la très sainte Vierge. Devant ces nombreux auditoires, l'homme de Dieu, lorsqu'il lui arrivait de ne pas trouver l'expression juste en allemand, n'hésitait pas à demander simplement, en toute humilité, au Père le plus proche : « Comment dit-on cela ? »

D'autre part, il fut invité à remplacer pour quelque temps le prédicateur du sermon français qui se donnait chaque deuxième dimanche du mois dans une église de la ville. « Il accepta, mais en souffrit, rapporte le R. Kral ; il en eut même alors vraiment peur, car, disait-il, je n'ai plus l'habitude. » Après son premier sermon : « On voit bien, dit une dame de haut rang, que ce vieux Père est né français, mais qu'il récite son rosaire en allemand. »

« Moi je ne peux pas prêcher, écrivait-il au P. Berset, et il faut que je prêche ici. Envoyez-moi un bon prédicateur français à Vienne, où le désire la noblesse[1]. »

L'état de sa santé lui était alors sans doute un obstacle. Du reste Dieu le voulait à d'autres travaux. « Il y a une chose que je ne comprends pas, lui disait le P. Kaltenbach : moi qui suis allemand j'ai toujours dû prêcher dans les pays français ou wallons ; et vous qui auriez fait tant de bien en France, êtes en pays de langue allemande ! » — « Mon cher Père, répondit le

1. 2 janvier 1839.

Vénérable, cela nous montre que Dieu n'a besoin ni de vous ni de moi. Disons-lui donc toujours : *Deus meus es tu, quoniam bonorum meorum non eges* » (Ps. xv, 2).

Dieu qui n'a besoin de personne, le voulait pourtant comme instrument principal des œuvres de zèle si prospères, entreprises par la congrégation.

A Vienne, le ministère était écrasant. La seule liste des travaux auxquels s'adonnaient les rédemptoristes, et qu'y dirigeait le P. Passerat, donne une idée du dévouement qu'il exigeait.

« Nos Pères, rapporte le P. Volhmann, avaient beaucoup à travailler. L'église de Maria-Stiegen avait été assignée par l'empereur aux nationaux de Bohême. Ils étaient soixante mille. Tous venaient à notre église comme à leur paroisse, pour y entendre la parole de Dieu, s'y confesser et assister à l'office divin.

« Outre le ministère de cette population slave, les Pères étaient encore chargés de la maison des criminels, de celle des condamnés à mort, de l'asile des enfants trouvés, de la maison correctionnelle, de l'inquisition, etc... ainsi que de la partie civile de l'hôpital. »

Le P. Passerat profita de cet état de choses et de la confiance qu'en général le gouvernement impérial témoignait à la communauté, pour donner suite à un double projet que depuis longtemps il avait à cœur : établir une maison de refuge pour les jeunes filles repenties que les prédications des rédemptoristes avaient ramenées à Dieu, mais que leur séjour à Vienne exposait à des rechutes; surtout fonder dans la capitale une maison de prière, où des âmes ferventes, sous la règle des rédemptoristines, seconderaient les travaux des missionnaires.

La Providence lui adressa trois femmes de foi élues pour une si belle œuvre. Elles devaient être le fondement de l'institut des rédemptoristines en dehors de l'Italie. C'étaient M⁰ Eugénie Dijon, bretonne de naissance, qui devint plus tard la Mère Marie-Alphonse de la Volonté de Dieu, son amie intime M Caroline de Hinsberg, et une sainte veuve, la comtesse de Welsersheimb.

L'œuvre des *repenties* fut d'abord confiée à leurs soins. Elle vécut, au milieu de grandes difficultés, jusqu'au jour où le gouvernement autrichien, gagné enfin contre toute espérance au dessein du Vénérable, autorisa l'érection d'un couvent de rédemptoristines à la Landstrasse, dans la ville de Vienne.

Ce premier couvent donna, dans la suite, naissance à plusieurs autres : Stein, Gars dans la Basse-Autriche, Ried dans la Haute-Autriche, Bruges, Malines en Belgique, Marienthal en Hollande, Velp dans le Brabant septentrional, Dublin en Irlande, etc.

En plus des travaux et des soucis que lui occasionnèrent ces œuvres, le P. Passerat prenait chaque jour sa large part du dévouement commun imposé par le ministère de l'église.

Une grande partie de son temps se passait au confessionnal, où sa réputation de sainteté, le don éminent de direction des âmes qui lui était départi, les attirait en foule. Nobles et plébéiens se pressaient autour de lui; et, avec les années, le flux de pénitents, loin de diminuer, allait plutôt grandissant.

Les plus hautes personnalités comme le cardinal archevêque de Vienne lui-même, malgré ses idées joséphistes, avaient recours aux lumières du P. Passerat. Chaque mois même celui-ci se rendait au château de Froschdorf pour y confesser le comte de Chambord et les personnes de sa Maison. Bien qu'il eût une estime et une affection très grandes pour les Bourbons, le Père assurait qu'ils ne remonteraient plus sur le trône de France. « Ils en ont trop fait, disait-il, et le comte de Chambord paie pour ses ancêtres. » La comtesse se recommanda à ses prières pour obtenir de Dieu un fils qui portât un jour la couronne. Le P. Passerat voulut bien prier, mais il déclarait en même temps que cette espérance du trône serait frustrée.

Au confessionnal ses préférences allèrent toujours aux pénitents pauvres ou aux gens du peuple. «Avec eux, disait-il, je me sens plus à l'aise. » « Un jour, raconte le P. Nesval, le Frère Werner sacristain vint lui dire qu'une comtesse l'attendait pour se confesser. « Comtesse ou princesse! répond le P. Passerat, la laitière de Wœring m'est plus chère. »

Sa direction était toute bonté, douceur et encouragement, mais aussi forte et énergique, pressante même pour le progrès dans le bien et la vertu. Il ne voulait pas qu'au confessionnal on négligeât d'exhorter le pénitent. Il aimait lui-même à recevoir une exhortation lorsqu'il se confessait. « Cependant, ajoutait-il, il ne faut pas imiter ce confesseur qui, un jour, me commenta tout le psaume : *Qui habitat... !* » A l'égard des femmes il demandait qu'on fût bref et plutôt austère.

Pendant de longues années, il se chargea de la direction des rédemptoristines, et y joignit la confession des ursulines de Vienne. Plusieurs fois la semaine, on le voyait, par n'importe quel temps, se diriger à pied vers leurs couvents. Il excellait à conduire les âmes religieuses et à les unir à Dieu.

Sa méthode était celle qui ressort de tout ce que nous avons dit de sa vie intérieure. Energique pour l'action, il savait tempérer l'austérité de ses conseils par l'onction surnaturelle, l'ingéniosité et le charme avec lesquels il les donnait.

« Il faut des actes, disait-il, et il faut commencer par le Capitole, c'est-à-dire par la passion dominante. Sans cela le paganisme règnera toujours. »

La parabole du bon Pasteur lui fournit un jour, à l'usage des Sœurs, ce gracieux tableau de la bonne brebis : « Les bonnes brebis ont au moins quinze qualités qui les distinguent. Elles montent toujours, elles aiment leur berger, elles vont toujours en troupeau. Si elles s'éloignent un peu, il ne faut qu'une motte de terre jetée de loin pour les faire revenir. Elles aiment le sel, elles mangent tout ce qu'on leur donne. Elles sont douces et ne donnent jamais de la tête. Leur cri est plaintif, c'est un cri de componction. Elles ont peur du loup. Écoutez ceci. Un jour elles tinrent conseil. En cela vous pouvez les imiter, mais non en ce qui va suivre. Elles craignaient donc le loup et s'enfuyaient à son approche. Or voilà qu'elles prennent en conseil la résolution de lui tenir tête, de le mordre, de lui donner tant de coups de pied qu'il n'ose plus se montrer à l'avenir. Au même instant le loup passe la tête hors du bois, et toutes mes brebis de lever le pied ! Une brebis qui s'écarte du troupeau est perdue : *Erravi sicut ovis quae periit.*

« Il n'y a que la prière qui peut nous aider. A la persévérance la prière soutenue ! Si, à l'heure assignée, vous ne courez pas à la prière aussi promptement que la brebis docile lorsque son pasteur lui offre un morceau de pain, je vous jetterai une motte !.. si elle est inutile, une pierre ! Ensuite le Juste lâchera le chien qui mordra et ensanglantera la petite brebis[1]. »

« Sa bonté était maternelle, disent les Sœurs de Bruges. Si on lui confiait ses peines, ses ennuis quels qu'ils fussent, il savait toujours trouver le moyen de nous rassurer. Il nous renvoyait contentes et consolées. Il était bon, mais sans mollesse. »

Au début de ce monastère, le Vénérable envoie à

---

1. 28 septembre 1822.

toutes la charmante exhortation à la persévérance que nous donnons ici comme une preuve de sa finesse d'observation et un résumé très instructif de sa méthode de direction :

« Ah! le beau printemps de Bruges! *Initia fervent.* Comme tous les arbres sont embellis, chargés de fleurs! Quel plaisir, quelle joie, quel charmaut coup d'œil! Comme les airs sont embaumés à l'odeur de ces célestes parfums, qui attirent à la suite du Roi de gloire les filles de Jérusalem! Celles-ci n'ambitionnent que le bonheur de s'allier à l'Epoux des Vierges. Mais hélas! voici les vents, les orages, les tempêtes, les pluies battantes qui vont venir. Je tremble pour ces fleurs.

« Le Seigneur retirera ses douceurs, le sentiment de sa grâce et de ses consolations. Tous les exercices spirituels perdront l'agrément de la nouveauté. On ne sera plus touché : alors on croira que l'on n'avance pas, qu'on recule.

« En voilà une toute triste. Elle n'écoutera plus les raisons aussi vraies que consolantes d'un confesseur, d'une supérieure. La voilà mélancolique et découragée. Elle recule, tandis qu'elle devrait se dire : Le vrai courage se prouve lorsqu'on est tenté de découragement : je veux le prouver, marchons avec fermeté.

« Une autre deviendra *scrupuleuse.* Elle ne croit jamais s'être assez fait connaître, bien qu'on lui ait cent fois répété : c'est assez! La voilà troublée. C'est tout ce que veut Monsieur Le Noir. Il pêche alors en eau trouble. Arrive ce que pourra. Un cœur obéissant s'épargne bien de mauvaises heures, de mauvaises journées même.

« Celle-ci est *tentée.* Elle combat dans les commencements, mais prie surtout pour être délivrée de la tentation. Cela n'arrive pas. Le Seigneur, dans sa bonté, veut l'éprouver, la purifier, pour se l'unir plus étroitement. Elle ne croira pas ce qui a été dit à saint Paul : Ma grâce te suffit. Elle se figurera que sa prière n'est pas bonne, que Dieu l'a abandonnée, que dans le monde tout allait mieux. Voilà les fleurs tombées!

« Celle-là va bien parce qu'on ne lui témoigne qu'amitié et condescendance. Mais qu'on touche l'amour-propre, la susceptibilité ; qu'on porte non pas la main mais le doigt seulement sur la plaie ! voila la *sainte nitouche* qui se révèle. Alors, dit-elle, il n'y a pas de charité ici. Elle traîne le joug du Seigneur, quand un acte d'humilité le lui rendrait si léger. Croyez donc, chère Sœur, que vous n'êtes pas un ange. Vous avez des défauts. On vous aime : c'est pourquoi l'on veut vous corriger de ce que ni vous ni d'autres ne devez aimer.

« Une autre confessera les petites imperfections, les petits défauts où il ne se trouve pas de mauvaise volonté. Passe! Mais le *benjamin*, on n'y touche pas ! On n'avance donc pas, on recule ; jusqu'où? Dieu le sait. Plus on a de peine à se vaincre en un point, plus on a de raison de le faire parce que le danger est plus grand, la passion plus violente.

« Cette bonne Sœur est pleine de charité. Elle est sincère, ouverte, confiante pour le directeur et la supérieure. Elle estime surtout une consœur qui lui paraît vertueuse. Elle a le cœur aimant. Tant mieux pour elle : elle peut aimer beaucoup Jésus-Christ; qu'elle lui consacre ce cœur tout entier. Mais non! une affection naturelle envers l'une ou l'autre se fait sentir. On s'y arrête, on en jouit. Monsieur le Noir se met de la partie. Voilà une amitié particulière, on est malheureuse, on scandalise. Le pire encore c'est que le cœur est divisé. Voilà l'épouse adultère dont parle le Seigneur lorsqu'il se plaint si amèrement de son peuple choisi.

« Il faut dès le commencement résister à toute affection naturelle et sensible envers la créature. Aussitôt qu'on sent que le cœur va se prendre, il faut le tourner vers Jésus, penser et dire : Je n'aime que vous, ô Jésus, mon tendre Epoux. Ni les anges, ni les hommes ne me sépareront de l'amour de Jésus-Christ.

« Au contraire, cette autre Sœur très fidèle au bon ordre, à la régularité, croira devoir refuser son affection à une consœur dont les défauts lui déplaisent. Elle a mille raisons pour excuser son déplaisir. L'aversion viendra, Monsieur Le Noir ne restera pas en arrière. Voilà l'aversion : la haine est à la porte. Elle évitera cette Sœur qui déplaît : Je ne puis pas me trouver avec elle, parce que... parce que... c'est un écueil où mes meilleurs propos font naufrage ; en un mot elle m'est une occasion d'offenser Dieu. C'est ainsi que pense et parle une religieuse imparfaite. Qu'elle dise donc : Cette Sœur me déplaît, me cause mille tentations ; c'est pour cela que je veux lui rendre toutes sortes de services, rechercher sa compagnie ; chaque fois qu'elle me viendra à la pensée, j'offrirai pour elle le précieux sang de Jésus-Christ, comme me disait une bonne pénitente. Ainsi pense, parle et agit une parfaite religieuse.

« Celle-là, et c'est le pire, abonde dans les commencements en consolations et en douceurs. Le bien est facile ; on marche comme les Israélites au sortir de l'Egypte, tambour battant, mèche allumée ; on passe la mer Rouge d'un pied ferme et avec un courage intrépide. Mais il faut à présent entrer dans les déserts ; il faut être éprouvée par la faim, par la soif et autres peines pour effectuer l'exil du cœur, sans lequel point de vertu solide. Alors voilà le mécontentement, les méprises ; on croit n'avoir plus de vertus, on se croit tiède, on est triste. On n'aspire qu'à de nouvelles consolations et douceurs. Prenez garde. Monsieur Le Noir, vous en donnera plus que vous ne voulez mais pour votre malheur.

« Une âme solide ne se mettra jamais dans une disposition où elle a éprouvé des douceurs. Les douceurs peuvent venir du bon comme du mauvais esprit. Les bonnes on les aime, dit sainte Thérèse, et on ne les aime pas. Elles portent avec elles et par elles le détachement qu'on doit en avoir et le seul désir d'aller à la vertu.

« Le grand moyen pour se préserver de tous ces dangers est une obéissance aveugle et intérieure : s'en tenir fortement aux jugements des supérieurs, prendre même leurs opinions sur nous.

« Le second moyen est de rejeter aussitôt toute pensée qui porte avec soi une ombre de tristesse.

« Cependant je vous dirai que le printemps de Bruges me fait bien plaisir. Il me remplit d'espérance. A la vérité, que sont les fleurs sans fruits ? Mais point de fruits sans fleurs. La fleur s'épanouit : ah! quel espoir flatteur !

> « A l'aspect de tes fleurs, Bruges, je me console :
> Jésus se réjouit et l'enfer se désole.
> Précieuses fleurs, restez à l'abri de Reyners [1]
> Et vos fruits abondants charmeront votre mère !
> Un vieillard fait des vers, car le sommeil fuyait;
> Pour raccourcir la nuit, il priait, il rimait! »

Rien de plus aimable que ces leçons de force [2], cachées sous tant de douceur et de spirituelle bonté.

Le Vénérable excellait dans la direction des monastères de femmes. Pourtant ce n'est qu'à son corps défendant, pour ainsi dire, et par nécessité qu'il l'acceptait.

« Certes, bien volontiers, écrit-il au P. Czech à Fribourg, je vous accorderais votre demande au sujet des religieuses si je le pouvais en connaissance de cause et

1. Leur aumônier.
2. 6 janvier 1843.

selon ma conscience. Comment pourrais-je forcer le Recteur à faire quelque chose contre la règle? Vous citez, il est vrai, un passage de la règle où il est dit que les Pères qui confessent les religieuses peuvent leur écrire. Mais cela ne doit s'entendre que des religieuses du T. S. Rédempteur, ou des confesseurs à l'époque des Quatre-Temps, ou des religieuses auxquelles on vient de prêcher les exercices et dont on n'a entendu les confessions que comme confesseur extraordinaire.

« Pour ce qui est de moi, j'ai reçu, il est vrai, la permission du Saint-Père lui-même, et néanmoins j'ai des scrupules. S'il n'y avait pas pénurie de confesseurs capables, je ne le ferais pas à Vienne, ce qui veut dire que je ne le ferais pas du tout, pas plus à Vienne qu'à Fribourg [1]. »

L'œuvre par excellence à laquelle le Vénérable, par sa position même et plus encore en un sens par l'ascendant de son zèle et de sa sainteté, donna une impulsion admirable, fut celle des missions.

Sans doute sa charge de vicaire général l'en privait lui-même. Au moins y participait-il avec entrain dès que l'occasion se présentait.

Mais, directeur et père de missionnaires, il mit tous ses soins d'abord à les former, puis à les soutenir, à les seconder de son multiple appui, enfin à les diriger dans la voie sûre et apostolique que nous tracent nos saintes règles.

Par là surtout il mérite vraiment le nom d'*apôtre*. « J'ai beaucoup de confiance dans les maîtres de spiritualité, écrivait-il au P. Konings, nommé préfet des étudiants à Wittem. Ils ont des grâces spéciales pour pénétrer dans les saints Cœurs de Jésus et de Marie.

---

1. 10 septembre 1849.

Je vous félicite de votre nouvel emploi. Vous êtes non plus un marchand en détail, mais en gros. De plus vous êtes presque sûr de ne pas faire banqueroute. Vos fonds sont bien assurés sur la crainte et la défiance de vous-même et la confiance en Jésus et Marie. Travaillez avec zèle, et après attendez le succès uniquement de Notre-Seigneur. Surtout priez beaucoup [1]. »

Appliquées au P. Passerat lui-même, ces paroles expliquent bien le rôle qu'il remplit dans l'œuvre apostolique de la congrégation. Si le succès fut si grand, prodigieux même sous certains aspects, c'est sans doute que l'Esprit-Saint poussait les apôtres. Mais son instrument direct, permanent, pour exciter, diriger le zèle des rédemptoristes à cette époque, fut, de l'aveu de tous, le Vénérable Supérieur de Vienne.

Fort de sa confiance et de sa prière, il entreprit d'organiser sur un pied stable et dans un esprit tout à fait alphonsien la formation de ses religieux. Le noviciat, la maison d'études de Mautern surtout lui coûtèrent bien des soucis et des fatigues : il y réussit au delà de toute espérance.

Ses sujets formés, il fallait les lancer, les soutenir dans un genre de travaux que les règlements abusifs de l'État autrichien proscrivaient absolument. Il le fit, au moyen des *missions dites ambulantes* d'abord. Puis, par la force des choses, malgré mille contradictions, il arriva à faire triompher, même en Autriche, le vrai système du missionnaire alphonsien. Dans toutes les provinces un succès merveilleux s'attachait aux pas des rédemptoristes.

La grâce aidant, le zèle des apôtres était à la hauteur de leur mission. Souvent même il fallait plutôt le tempérer.

---

1. 6 janvier 1847.

Dans son rôle d'initiateur et de directeur, le Vénérable déploya une sagesse, une prudence surnaturelle, une constance, un vrai zèle enfin qui, après son incomparable esprit de prière, est peut-être le plus beau fleuron de sa couronne de sainteté.

C'était une des maximes familières du P. Passerat que pour un bon missionnaire, cinq S sont nécessaires : *Sanctitas, sanitas, sermo, scientia, sociabilitas: sainteté, santé, sermon, science, sociabilité.* De cette formule lapidaire il tirait, pour les placer au premier rang, la sainteté et la science.

Très versé lui-même dans les sciences ecclésiastiques, il tenait à ce que ses disciples brillassent dans cette branche, non par vanité certes, mais à cause des nécessités pressantes qu'occasionnait le lamentable état des études ecclésiastiques en Autriche.

« Tous nos jeunes clercs, écrit-il au Père Général au début de son vicariat à Vienne, ont déjà étudié la philosophie pendant deux ans. Beaucoup d'entre eux ont suivi les cours de droit civil pendant quatre ans. Mais dans le domaine de la théologie, surtout de la théologie morale, leurs connaissances sont très bornées, car au pied des chaires publiques ils n'entendent que des paradoxes ou des subtilités inutiles pour le saint ministère [1]. »

« Il y a bien des années que l'on a abandonné ici l'étude de la casuistique [2]. »

Le succès de ses efforts contre un tel état de choses ne se fit pas longtemps attendre :

« Je suis de jour en jour, dit-il, plus content de mes confrères, qui rejettent avec une horreur sans cesse croissante, le venin des doctrines perverses dont ils s'étaient imprégnés durant leur jeunesse. »

1. Au R^me Père Mansione, 18 novembre 1821.
2. Au R^me Père Coclé, 9 avril 1824.

« Le studendat de Mautern nous est un grand sujet de
consolation. Supérieurs et jeunes gens s'y montrent
pleins de ferveur. Avec cela les études sont visiblement
en progrès [1]. »

Partout il encourageait professeurs et étudiants :
« Que le P. Joseph, écrit-il en Suisse, cherche surtout à
exercer l'esprit de ses élèves. Que le P. François en ait
le plus grand soin. Qu'il insiste beaucoup sur les arguments de raison et de foi. Quant à l'indulgence et à la
douceur, je n'ai pas besoin de les lui recommander;
mais il faut la sévérité à exiger le travail prescrit [2]. »

Le travail était pour lui-même un devoir capital. En
Suisse, à Vienne, toute sa vie, il étudia. Il consultait
beaucoup les Pères de l'Église, et avait souvent l'*Homo
Apostolicus* de saint Alphonse ouvert sur sa table.

Son esprit clair et méthodique lui valait, en théologie
morale surtout, une grande autorité. Assistant aux
conférences ecclésiastiques lorsqu'en Suisse il avait
charge d'âmes, il traitait les cas si parfaitement que
l'on jugeait inutile de revenir sur ses décisions.

Quant aux sermons, il les voulait, selon la règle,
clairs, solides, surtout bien travaillés.

« J'exhorte bien le P. Héberlé à polir un peu plus ses
sermons. C'est une chose essentielle. Un clou rouillé et
tordu ne peut guère bien pénétrer dans une muraille
déjà sèche [3]. »

Tant de souci pour la science ne lui faisait pas oublier
le principal. La science pour elle-même n'attirait pas
son attention. Un jour qu'à Bruges il donnait à une Sœur
quelques textes latins à traduire, celle-ci eut la fantaisie de traduire *Haec est virgo sapiens*, par ces mots :
Voici une vierge savante.

---

1. Au R^{me} P. Coclé, 8 mars 1829.
2. 27 janvier 1827.
3. 27 janvier 1827.

« Oh ! pour celle-là, reprit vivement le Vénérable, je n'en veux pas ! »

Il soutenait l'ardeur de ses étudiants, mais en leur laissant entendre qu'à ses yeux la sainteté ou l'esprit intérieur remédiait au défaut de science, surtout lorsqu'un travail sérieux l'accompagnait : « Quelle peut être la croix d'un étudiant ? disait-il. Des sécheresses, des difficultés dans les études, lenteur à retenir, à comprendre, etc... Dieu ne demande autre chose que la diligence et la peine. Pour le reste, il ne faut pas s'en embarrasser. Quoiqu'on pense, au bout de ses études, n'avoir rien retenu ou appris, au besoin cela revient : c'est caché dans un coin de la mémoire. »

Au-dessus de la science, mais non sans elle, il voulait pour ses religieux la vie intérieure « *Incumbite doctrinae* leur disait-il, *praesertim divinae ne dicatur vobis : quia scientiam repulistis a vobis, repellam vos ne sacerdotio fungamini ; sed praesertim, apostolorum instar, instantes sitis orationi et vitae interiori. Vir orationis omnia potest.* Appliquez-vous à la doctrine surtout divine, afin qu'il ne vous soit pas dit : Parce que vous avez rejeté la science, je vous rejetterai de la fonction du sacerdoce. Mais surtout, à l'exemple des apôtres, donnez vos soins à la prière et à la vie intérieure. L'homme d'oraison peut tout.

« Étudiez de la manière qui vous est commandée. Il y en a, dit saint Bernard, qui étudient pour savoir, et c'est curiosité ; il y en a qui étudient pour briller, et c'est vanité ; d'autres étudient pour édifier, et c'est charité. Cherchez donc la science pour édifier. Fuyez les innovations ; marchez sur les traces de nos Pères dans la foi, non seulement pour le fond, mais aussi pour la forme autant que possible. Adonnez-vous à la science de telle sorte que vous ne perdiez jamais de vue l'unique nécessaire, c'est-à-dire *la vie intérieure*. Oh ! quelle différence entre la science d'un homme intérieur et celle d'un simple érudit ! »

« Vous, Révérends et très chers Pères, vous êtes par votre exemple, les colonnes de la congrégation. Affermissez-vous si bien, par l'influence de l'Esprit-Saint, dans la vie intérieure, que l'on puisse dire aux jeunes gens : *Aspicite et facite*. Prêchez avec ardeur, mais auparavant vaquez à l'oraison [1]. »

« Un prêtre qui est bien intérieur, assurait-il, fait plus de bien à l'Eglise et au salut des âmes dans deux heures qu'un autre dans dix ans [2]. »

En visite à Liége, alors que le P. Janson hollandais y dirigeait le second noviciat, le P. Passerat fut invité par lui à parler aux novices sur le zèle et le travail apostolique. « Ils ont peur de se produire au dehors, disait leur Père Préfet, et ne songent qu'à la vie du couvent. » Le Vénérable accepte, mais, dès les premiers mots, l'attention du bon Préfet est péniblement surprise : « Mes chers enfants, il faut aimer d'abord la vie intérieure... »

Le P. Janson veut avertir le prédicateur trop oublieux de l'avis donné ; deux fois il insiste. Peine perdue ! La conférence se poursuit sur... *la vie intérieure.* »

Nous savons au prix de quels sacrifices le Vénérable lutta avec persévérance pour ce qu'il appelait le fondement même et la vie de l'apostolat. Rien sur ce point ne put jamais le faire varier.

Son zèle d'autre part jetait de vives flammes lorsqu'il s'agissait de l'action extérieure. En visite en Belgique, après les grandes missions de Galoppe et de Verviers où il s'était dépensé sans compter dans un très dur travail, il reçut du Père Général ces paternelles remontrances : « J'apprends que vous vous prodiguez sans mesure aux

1. 1835.
2. 30 mai 1842.

missions de Belgique, ne tenant compte ni de votre âge avancé ni de votre santé si précaire. Vous savez combien il importe pour moi et pour toute la congrégation que cette santé ne soit pas mise en péril. Aussi j'ose vous exhorter à tenir une autre ligne de conduite relativement à ces travaux. Puisque vous avez un nombre suffisant d'ouvriers, laissez peser sur eux le poids du travail et contentez-vous de les diriger. Ayez tout cela à cœur, je vous prie, et revenez à votre résidence de Vienne. »

Le Vénérable reçut cette lettre sur le chemin du retour : « Je remercie Votre Paternité, répond-il, pour le soin qu'elle prend de ma santé. Cependant ces travaux spirituels en Belgique, par permission de Dieu, loin de nuire à ma santé, l'ont fortifiée [1]. »

Avec quel intérêt, retenu au loin, il continuait de coopérer, par sa parole et par ses prières, à ces grands travaux de la jeune province! « Je ressens une joie extrême, écrit-il de Vienne, et rends grâces à Dieu pour le splendide succès de votre mission de Saint-Trond. Dès le jour où elle commença, j'eus soin de faire placer à la sacristie une affiche réclamant un *memento*. Puis, j'ai prié, j'ai fait prier avec une ardeur égale aux craintes qui me tourmentaient. Je dois vraiment dire : *Digitus Dei est hic* [2]. »

Ces seuls exemples nous montrent le chef à l'œuvre. Dans la mêlée ou loin du champ de bataille, son ardeur est la même. Jamais il ne pense un instant à diminuer l'ardeur de ses soldats. Il la veut seulement forte parce que réglée, féconde parce que entièrement surnaturelle. Aucune considération ne l'arrête lorsqu'il s'agit de l'action ainsi ordonnée et sanctifiée. La pusillanimité ne saurait avoir accès dans son cœur.

1. 26 décembre 1834.
2. 15 novembre 1836.

« Il faut, dit-il, avoir des idées justes en tout, surtout dans la vertu : sans cela on s'égare, on se tourmente, on se décourage. Dans une vie active on ne peut conserver les ardeurs d'une vie purement contemplative. *Melior est iniquitas viri quam mulier benefaciens.* (Eccli., xlii, 14.) Mieux vaut la méchanceté de l'homme que les bienfaits de la femme. La vie active accompagnée de quelques défauts inévitables, ne le cède pas à la vie contemplative bien que celle-ci soit plus innocente[1]. »

« Je vous souhaite bien des progrès dans la vie contemplative. *Sanctifico meipsum ut ipsi sint sanctificati in veritate.* (Joan., xvii, 19.) Je me sanctifie pour qu'ils soient eux aussi sanctifiés en vérité. A quoi ajoutons : *Sanctifico alios ut ipse sanctior fiam*, je sanctifie les autres pour devenir moi-même plus saint[2]. »

Cette dernière fin est la vraie explication des paroles du Vénérable. Loin de se contredire, il embrasse d'un même cœur le double but que nous assigne notre règle et prétend bien que tous en agissent de même.

Certes l'ardeur était grande parmi ses missionnaires. Mais plusieurs n'étaient pas arrivés comme lui à cette pleine possession d'eux-mêmes qui les livrât sans obstacle à la seule inspiration du zèle. De là ses avis répétés; presque tous convergent au même point, qu'il signale ainsi au P. de Held : « Je n'aime qu'un zèle calme et qui ne se laisse pas emporter[3]. »

La santé spirituelle et corporelle de ses sujets lui est à cœur, non moins que le succès de leur apostolat : « Je vous félicite de vos succès à Sainte-Catherine, écrit-il au P. de Held. Vous vous y conserverez dans l'esprit intérieur tant que vous travaillerez plus pour vous et sur vous que pour et sur les autres. N'imitez

---

1. Au P. Dechamps, 31 décembre 1842.
2. Décembre 1840.
3. Août 1840.

pas la marche des rédemptoristes allemands ou de Saint-Trond qui veulent tout entraîner en torrent avec eux. Imitez les saint Alphonse, saint Vincent de Paul, *Violenta non durant* . » « Prenez garde que le P. Bernard [1] ne se nuise soit corporellement soit spirituellement. Un second vous le trouverez difficilement [2]. »

Au vaillant P. Berset il multiplie ses recommandations : « Pas tant prêcher, bon P. Berset, et vous prêcherez davantage, c'est-à-dire plus longtemps. *Qui va piano va lontano.* Au moins ne soyez pas si long. Saint François de Sales dit qu'un sermon d'une demi-heure n'est jamais trop court. Qu'aura la congrégation en un rédemptoriste mort [3]?

« Je le dis avec plus de raison que ce brave officier qui, à la vue d'un péril, se cacha en disant : Qu'aurait l'empereur et que gagnerait-il à la mort d'un officier? Que gagnera la congrégation si vous vous détruisez? *Oportet sapere ad sobrietatem.* Ne prêchez pas si longuement [4]. »

« Faites avec vous ce qu'on fait avec les pots fêlés. On s'en sert moins et avec plus de précaution. *Non omnis fert omnia tellus*, toute terre n'est pas bonne pour toute culture. Si les rédemptoristes admettaient une fois cette maxime [5]! »

« Vous avez trop peu d'ouvriers; vous vous chargez trop. Prenez garde d'imiter Pharaon qui, pour faire passer aux Hébreux l'idée d'aller offrir dans le désert, les surchargeait de travaux. La vie contemplative est le premier point de nos constitutions. *Non subsistit cum nimia actione; eodem et pari gressu debent incidere*

1. Célèbre missionnaire rédemptoriste, qui pendant ses études fut condisciple et émule de Léon XIII. Il mourut à Wittem.
2. 16 novembre 1836.
3. 25 mars 1834.
4. 18 octobre 1833.
5. 10 avril 1840.

oratio et actio. Elle ne peut exister avec une trop grande activité extérieure : c'est du même pas que doivent marcher la prière et l'action [1]. »

« Je me mets à genoux aux pieds de tous les rédemptoristes, écrit-il encore. Qu'ils soient au moins aussi raisonnables que les païens qui conseillent si sagement : Voyez ce que peuvent porter vos épaules, *consule quid valeant humeri.* Je serai bientôt réduit à leur donner cet unique conseil de ne pas prendre la lune avec les dents. Au nom de Dieu, ne faites pas de missions si vous n'avez pas assez de missionnaires. Restez dans votre église. Aider à la persévérance d'une âme vaut dix conversions en mission. Toujours et toujours dire *omnibus pax vobis* vaut le meilleur sermon de mission [2]. »

Cette paix, le Vénérable la préférait au zèle extérieur, parce qu'elle est le sûr indice de l'union à Dieu : « Il ne faut ni trop ni trop peu exiger de soi-même, dit-il au P. Dechamps. Vous ne devez pas brûler comme une chandelle qui se fond, mais comme une lampe qu'on entretient toujours. Il ne faut pas devenir *à sec,* vous ne devez pas vous vendre à l'action, mais vous y prêter seulement. C'est ce que vous observerez si vous n'ambitionnez pas le succès, si vous renouvelez souvent votre bonne intention et ne tâchez de travailler que pour les âmes rachetées du sang de Jésus-Christ. Vous serez heureux si vous sentez que *Amor Christi urget te,* que l'amour du Christ vous presse [3]. »

Le P. Passerat, on le voit, veillait de près sur l'action intérieure de ses missionnaires. Le ton qu'il prend avec eux semble parfois aller à l'opposé de ses propres exemples. En réalité ce qu'il combat chez eux, et cela

1. 14 février 1840.
2. 2 janvier 1839.
3. 29 octobre 1843.

seulement, c'est l'immodération dans le zèle, engendrée par la trop grande activité naturelle, qu'elle développe aussi. Personne plus que lui ne savait se dévouer. Mais, même au plus fort de la lutte, ce vrai soldat du Très Saint Rédempteur tenait sans cesse l'œil fixé sur son divin Chef : et c'est à sa grâce seule, à son impulsion qu'il obéissait.

De là cette parfaite pureté d'intention, avec laquelle il entreprenait et conduisait les œuvres de l'apostolat. Cette pureté s'appuyait sur l'amour dont il brûlait pour la gloire de Dieu. Il eût voulu le communiquer à tous : « Il faut toujours avoir la bonne intention, disait-il à Liége, dans sa vieillesse. Celui-là fait le plus de bien qui a toujours la bonne intention. Avec la bonne intention vous accomplirez des miracles. » Puis, faisant un retour sur lui-même : « Quand on a quatre-vingts ans, si l'on avait toujours agi avec la bonne intention! Saint Paul et saint Antoine ne prêchèrent jamais, et on les a vus monter au ciel près des apôtres et des patriarches : c'est qu'ils n'avaient cherché que Dieu [1]. »

Mais Dieu ici-bas ne se trouve guère que par la croix; et c'est par la croix surtout que se sauvent les âmes. Tel est l'esprit de notre règle, que le Vénérable ne perdait aucune occasion de rappeler à ses missionnaires, surtout aux jours d'épreuve si fréquents dans leur vie.

Au sujet des attaques violentes dont ils étaient l'objet à Liége, il écrit en août 1837 : « Votre lettre m'a consolé, puisqu'il est évident que l'ennemi de tout bien a usé d'une force nouvelle et extraordinaire, et que vous n'en êtes pas moins reconnus des grenadiers courageux dans la milice céleste. Regardez cette (je ne sais comment l'appeler) petite contrariété comme le gage de

---

1. A Liége, juillet 1850.

succès extraordinaires. Servez-vous de cette traverse
comme d'un antidote contre l'amour-propre. Je crain-
drais pour votre salut si partout la victoire vous suivait.
Dieu n'en a-t-il pas agi ainsi envers les saint Paul,
saint Dominique, etc. ? Pour être de vrais fils de Liguori,
il ne vous manque plus qu'une bonne roulée de bâton !
Si cela arrive, dit notre Bienheureux Père, réjouissez-
vous, car votre travail est si agréable à Dieu qu'il se
réserve à lui seul le privilège de vous en récompenser. »

Et contre l'amertume de zèle à laquelle les missionnaires persécutés pouvaient se sentir exposés, il ajoute :

« Beaucoup de modération. Pensez que vous n'êtes
pas des *Boanerges*, fils du tonnerre, mais des fils de
l'Agneau de Dieu, qui veut que nous soyons des brebis
même parmi les loups. Ne parlez pas tant contre Pierre
ou Paul. Moins vous vous escrimerez extérieurement,
plus vous aurez de facilité à conserver cet esprit de
douceur, de paix et de tranquillité qui est la marque
qu'on cherche *non quæ sua sunt, sed quæ Jesu Christi :*
non ses propres intérêts mais ceux de Jésus-Christ. Je
vous le répète, *in silentio et spe erit fortitudo
vestra ;* dans le silence et la confiance sera votre force[1]. »

Sa largeur d'âme et l'admirable pureté de son zèle
lui faisaient considérer avec un égal plaisir les succès
auxquels il n'avait aucune part, ceux de ses confrères
et ceux des autres congrégations apostoliques.

« Je vous félicite de vos missions bénies de Dieu, qui
vous en récompensera, écrit-il à un confrère. Réjouissez-vous des missions que d'autres font, et vous en
aurez tout le mérite *in veritate,* sans travail et sans
mélange d'amour-propre[2]. »

Il marque de même, dans une lettre aux Pères de

1. août 1837.
2. 2 janvier 1840.

Tournai, sa joie des succès des travaux des jésuites établis dans cette même ville.

Lorsque, dans les dernières années de sa vie, il ne pouvait en aucune façon prendre une part active aux travaux de la congrégation, il s'animait dans la prière et dans la patience, par la pensée qu'il continuait encore à servir ainsi la cause de Dieu et des âmes.

Son intérêt, même aux jours de grandes souffrances intérieures ou extérieures, était toujours excité lorsqu'on lui donnait quelques nouvelles des missions ou de l'institut. Ce lui était une consolation de s'entretenir, à Tournai, avec les Pères qui rentraient à la maison après une campagne apostolique. Arrivant un jour de la mission de Rhonaix, les missionnaires n'eurent que le temps de lui demander sa bénédiction avant le dîner, qui venait de sonner. Le P. Passerat, par une exception unique, vint les trouver au réfectoire et s'entretint si bien avec eux des succès de la mission que la récréation se prolongea au delà du temps ordinaire.

En 1848, lorsque les journaux étaient pleins de nouvelles politiques d'un intérêt palpitant, le Vénérable ne voulait pas même en entendre parler. « Voyez, se contentait-il de dire, s'il y a quelque chose sur Rome. » Les rapports du Saint-Siège avec l'Autriche, qu'il venait de quitter par suite du mouvement révolutionnaire, le préoccupaient vivement.

Tout à Dieu et aux âmes, le Vénérable P. Passerat se montra jusqu'à la fin, le religieux fervent, l'apôtre plein de zèle que saint Alphonse et la règle veulent voir en chacun des fils du Très Saint Rédempteur. S'il approcha de l'idéal, ce fut surtout par son esprit de prière et d'abnégation, qui lui fit tout sacrifier à l'unique mobile du service de Dieu et des âmes.

Plusieurs, de son temps, ne comprirent pas assez, il est vrai, les pures intentions qui animaient le Serviteur de Dieu dans le gouvernement de la congrégation, ses justes exigences au sujet de l'observance religieuse complète, selon l'esprit et la lettre même de nos saintes règles, et surtout son zèle pour le maintien d'une vie intérieure profonde parmi nous. La plupart de ses confrères toutefois subirent avec joie et amour son ascendant si surnaturel et si paternel.

Quelques années après la mort du Vénérable, le P. de Held, homme de rigide observance s'il en fut, parvenu presque au terme de sa carrière, exprimait ainsi à Mgr Dechamps, alors archevêque de Malines, ses sentiments au sujet du retard qu'on apportait à exalter le souvenir du P. Passerat :

« Je me demande quelle est la raison de tenir sa mémoire sous le boisseau. On veut ménager quelques personnes encore vivantes et dont le P. Passerat n'a pas eu à se louer. Mais alors on aurait eu tort également de publier la vie de saint Alphonse.

« Durant toute sa vie et surtout sa carrière de vicaire général, il a été en guerre avec l'esprit moderne qui cherchait à s'introduire dans la congrégation, tant par rapport à l'ascèse qu'au sujet de la prétendue science. Cela même fait son mérite et fera sa gloire.

« Vers la fin de sa vie, après avoir été forcé d'abdiquer, il a été accablé par le mépris de plusieurs et par des humiliations de toute sorte, à l'exemple du bienheureux Fondateur.

« Je crains que plusieurs de ses adversaires, passés dans l'éternité n'aient pas suffisamment expié leurs torts envers le Serviteur de Dieu, et il serait utile à ceux qui vivent encore de faire un peu pénitence en entendant raconter les vertus de celui qu'ils ne savaient pas apprécier pendant sa vie. »

Depuis longtemps, il faut le dire, la mémoire du Vénérable ne trouve parmi nous que des admirateurs,

et nombreux sont encore les Pères qui nous rappellent
la vénération de la génération précédente pour le
P. Passerat. Les actes de son procès en cour de Rome en
font foi du reste, comme aussi les prières qui lui furent
toujours adressées depuis sa mort et les nombreux
prodiges ou faveurs extraordinaires obtenues par son
intercession.

Nous en donnons ici quelques-uns en conclusion de
ce modeste travail. Ils apparaîtront comme la signature
de Dieu aux témoignages évoqués en faveur du Vénérable et surtout à sa doctrine si sûre et à ses exemples d'héroïque vertu.

CONCLUSION

L'INTERCESSION DU P. PASSERAT AU CIEL

De son vivant le P. Passerat, qui, aux yeux des siens, passa plus d'une fois pour thaumaturge, se vit honoré du don de prophétie et de pénétration des cœurs. Dans ses dernières années surtout ses paroles étaient reçues comme des oracles, et Dieu se plaisait à leur donner une puissance surnaturelle et une efficacité merveilleuse.

Depuis son départ pour le ciel, 30 octobre 1858, le Vénérable n'a pas cessé, pour ainsi dire, de nous manifester son grand crédit auprès du Très-Haut.

Dès le lendemain de sa mort, le 31 octobre, il guérissait, chez les rédemptoristines de Bruges, une postulante, Anne Bervaerts (plus tard Sœur Marie-Cécile de l'Enfant Jésus) d'un érésipèle à cloches qui couvrait les deux jambes de plaies suppurantes. La malade et son infirmière récitèrent neuf fois le même jour cinq *Pater* et cinq *Ave*, avec cette invocation: « P. Passerat si vous êtes au ciel, vous devez nous guérir. » Le lendemain toute trace de plaies avait disparu.

La tombe du Vénérable, située dans le cimetière de Rumillies, avant la translation de ses restes dans l'église des rédemptoristes de Tournai, fut longtemps comme un lieu de pèlerinage. De nombreuses faveurs attribuées à son intercession entretenaient la confiance des fidèles. Dans certaines familles et communautés religieuses on le priait assidûment. Des litanies portant la mention :

pour usage privé, furent composées en son honneur.

Le Serviteur de Dieu plus d'une fois répondit à la ferveur de ces prières d'une façon que, sans témérité, on peut taxer de nettement miraculeuse.

A Saint-Nicolas-du-Port près Nancy, Mme Veuve Schon fut prise, le 6 janvier 1859, d'un gonflement extraordinaire de tous les os de la face. Les efforts pour enrayer la carie furent inutiles. Déjà on avait extrait un os complètement putréfié; la fièvre persistait ardente. On commença, le 26 février une neuvaine de messes, durant laquelle la fille de la malade communiait chaque jour. Le dernier jour, 6 mars, Mme Schon dit d'une voix éteinte, à sa fille qui partait pour l'église : « A ton retour le miracle sera fait. » Celle-ci, dans la crainte d'une déception, n'osait, après la messe, revenir à la maison. Elle entend successivement trois messes d'action de grâces, et se décide enfin à retourner vers sa mère. « Je te l'avais bien dit, s'écrie Mme Schon en la voyant. Je suis guérie et toutes mes forces sont revenues. » La miraculée avait passé sans intervalle de l'agonie à une santé parfaite. Elle entra avec sa fille à la visitation de Dijon, où elle est morte le 9 octobre 1882 d'une fluxion de poitrine.

A Ath, diocèse de Tournai, Mme Eglem, atteinte depuis le 3 mars 1893 d'une septicémie très grave, eut recours au P. Passerat. Bientôt s'ajouta au mal une phlébite qui pouvait amener la mort subite. Trois neuvaines furent faites, au cours desquelles graduellement la terrible maladie céda, pour faire place à une santé parfaite. « La guérison de Mme Eglem, à mon avis, déclara le docteur Baquet, sort tout à fait des règles de l'ordinaire, et dépasse les ressources de la nature. »

Dans la même ville, en juillet 1893, Mme Marchal Piron, cinq jours après la naissance de son sixième enfant, fut brusquement atteinte de douleurs atroces qu'elle prit pour un commencement de péritonite. Tous les traitements furent inutiles. La fièvre atteignait près de 40 degrés; et les douleurs, par crises successives, allaient en augmentant. Mr Marchal songea alors au P. Passerat, et plaça une relique sur le scapulaire de la malade. A la grande surprise des médecins, toute crise cessa, la fièvre disparut; et l'opération projetée fut jugée inutile.

Une Sœur du couvent du Pauvre Enfant Jésus à Aix-la-Chapelle, était depuis longtemps condamnée par les médecins. Tout son corps paraissait une plaie, et il s'en formait continuellement de nouvelles. Une relique du P. Passerat y est appliquée. Les trois premiers jours, le mal empire, et la malade, la dernière nuit, souffre terriblement, en répétant : « P. Passerat, si vous êtes dans le ciel, vous devez m'obtenir ma guérison. » Au matin, elle se trouve parfaitement guérie[1].

Le frère de deux rédemptoristes de Bruges, était, vers la même époque (1862), à toute extrémité. On lui fait avaler un fil du linge qui avait servi au P. Passerat. Dès cet instant, il commence à aller mieux[2].

Une nièce du P. Berset se voyait empêchée d'entrer au couvent par suite d'infirmités qui résistaient à tous les remèdes. Apprenant par son oncle la guérison de la postulante de Bruges dont nous avons parlé, elle se sent pleine de confiance envers le Vénérable et l'invoque avec ferveur. Contre toute prévision humaine, ses infirmités disparaissent peu à peu dans l'espace d'un an, et la jeune fille peut entrer au couvent des capucines de Montorge.

Le Serviteur de Dieu manifesta plusieurs fois son pouvoir en faveur de ses chères rédemporistines, comme l'attestent les guérisons suivantes.

1. Lettre du P. de Held.
2. Du P. Reyers.

En 1881, l'une d'elles, au monastère de Bruges, est guérie, par le simple contact des cheveux du P. Passerat, d'une péritonite accompagnée d'une maladie de foie et d'une énorme tumeur au côté.

A Dublin, une rédemptoristine avala par mégarde une arête de poisson. Déjà elle suffoquait, râlait, le visage tout violacé. On lui applique une image du P. Passerat sur la gorge : aussitôt, dans un léger hoquet, l'arête est rejetée.

Une novice du monastère de Malines, Sœur Marie-Clémentine, avait, par suite d'une entorse à la jambe droite, conservé une gêne qui la faisait boiter. Un jour la Supérieure lui dit, pour l'éprouver : « Si vous continuez à boiter ainsi, vous ne pourrez pas être admise à la profession. » Toute désolée, la novice confie sa peine à la Maîtresse du noviciat : « Ce n'est rien, dit celle-ci ; adressez-vous au P. Passerat, il vous guérira. » Sur ce conseil, la novice récite avec confiance, trois *Gloria Patri*. Elle éprouve comme une secousse dans la jambe, et à l'instant même se met à marcher d'un pas ferme, sans plus rien ressentir de son malaise.

Il est à regretter que bien des faveurs obtenues à la suite de prières au Vénérable n'aient pas été consignées par écrit, surtout dans les premiers temps qui suivirent sa mort.

Aujourd'hui encore il se plaît à récompenser la confiance des fidèles. Nous citons cette relation de l'un de nos confrères étudiants de Fauquemont, le R. Fr. Gautier, datée du 27 juin 1926.

Dans les premiers jours de septembre 1925, le R. Frère Gautier avait éprouvé les premiers symptômes de la tuberculose. Le 11 janvier, le médecin constata qu'elle avait déjà envahi le sommet du poumon droit. A cette époque, l'épuisement était complet. Le mal fait de rapides progrès. Dès le 27 janvier il a gagné la plus grande partie du poumon droit et entamé l'autre. Les étudiants commencent alors une fervente neuvaine au V. P. Passerat. Dès le premier jour, le malade, jusque-là incapable de s'alimenter, peut absorber une grande quantité d'œufs crus et de lait. Vers le milieu de la neuvaine, le médecin, auparavant très alarmé, déclare qu'il y a espoir. L'amélioration se poursuit.

Une seconde neuvaine aussi fervente que la première l'accélère encore. Le docteur ne peut retenir un cri de surprise : « C'est extraordinaire! c'est colossal! »

L'arrêt immédiat du mal d'abord, puis la rapide cicatrisation des plaies tuberculeuses à peu près achevée après cinq mois, malgré les causes qui auraient dû indirectement la retarder, semblent bien l'effet d'une intervention spéciale du Vénérable. « Nul doute, à mes yeux et à ceux de mes confrères, ajoute le R. Frère Gautier, qu'elle ne soit la cause principale de mon retour à la santé. »

Depuis ce temps, le R. Frère Gautier a pu continuer ses études. Il a été ordonné prêtre le 22 septembre 1928.

Dernièrement aussi, le docteur R... de Bruxelles attestait l'intervention extraordinaire du Vénérable, dans une relation datée du 26 juin 1926 et que je résume ainsi : « J'ai soigné Mme R... pour ulcères variqueux, depuis 1911. La dernière récidive date de septembre 1925. L'ulcère à la jambe avait la dimension d'une paume de main. La douleur était vive. Je commençai mon traitement, tandis que la malade invoquait le P. Passerat. Le résultat a dépassé les espérances les plus optimistes, et je dois dire en toute conscience que j'attribue la rapidité de la guérison à l'intervention du Vénérable. Jusqu'à ce jour il n'est pas question de récidive.

« Autre guérison. Il s'agit d'un cancer à l'estomac

avec infiltration du ligament suspenseur du foie, métastases cancéreuses multiples à l'intestin. En juillet 1923, l'opération commencée, avec deux collègues, dut être interrompue. On ne donnait au malade qu'une survie de quelques mois. Le P. Passerat fut invoqué chaque jour avec persévérance. Aujourd'hui, 26 juin 1926, le malade, après amélioration graduelle, se porte mieux que jamais, et s'il n'avait pas de crises douloureuses quotidiennes il déclare qu'il serait guéri. Ce résultat est un véritable défi à la science. Il a commencé avec la prière au Vénérable, et ne peut s'expliquer que par son intervention[1]. »

Si la confiance par elle-même obtient des miracles lorsque l'honneur de Dieu y est intéressé, tout nous porte à croire que, pour la glorification de son Serviteur, le Seigneur voudra bien exaucer ceux qui, dans leurs maux spirituels ou temporels, s'adresseront avec foi au V. P. Passerat.

Sa cause de béatification, déjà bien avancée, n'attend plus que cette dernière confirmation de l'héroïcité des vertus du Vénérable pour arriver au terme.

Puisse le P. Passerat lui-même inspirer à nos lecteurs la ferveur et la confiance suppliante qui, dans l'occasion, susciteront de sa part l'intervention miraculeuse que demande l'Église pour l'élever sur les autels. Avec quelle joie nous redirons alors dans notre reconnaissance :

Bienheureux Père Passerat, priez pour nous !

1. *La Voix du Rédempteur*, 13 août 1928, p. 228.

QUELQUES MAXIMES DU V. P. PASSERAT

Vie intérieure et perfection. — Oraison. — Prière. — Vertu. — Confiance. — Foi. — Obéissance. — Humilité. — Amour du prochain. — Mortification. — Patience. — Tentations et paix. — Marie.

Le P. Passerat a laissé, soit dans ses lettres, soit surtout dans ses entretiens spirituels, des pensées lapidaires, souvent passées chez lui en maximes dont il se servait fréquemment.

Nous avons cru utile d'en réunir un certain nombre et de les offrir au lecteur comme bouquet spirituel et mémorial des enseignements du Vénérable.

L'âme du Serviteur de Dieu s'y reflète assez pour qu'en suivant ces pensées nous soyons assurés de nous inspirer de son esprit. Quelques-unes plus frappantes sont comme un résumé vivant de sa doctrine et de sa vie intérieure.

I. — VIE INTÉRIEURE ET PERFECTION.

1. — Oh! combien une âme qui tend à la perfection est agréable à Dieu! Combien elle est utile et même nécessaire à l'Église de Dieu!

2. — On ne trouve rien de bon dans un religieux qui n'est pas un homme d'oraison.

3. — Un homme intérieur fera plus en deux heures que tout autre en dix ans.

4. — On aime Dieu autant qu'on a de la peine de ne pas l'aimer.

5. — La dévotion des dévotions c'est l'union avec Jésus-Christ. Marie est toujours auprès de Jésus.

6. — La bonne intention, la bonne intention! Et puis l'affection à la prière!

7. — Tâchons de faire tout pour Dieu, mais d'une manière bien pure. Non seulement il faut tout faire pour Dieu, mais par Dieu et uni à Dieu et avec Dieu.

8. — Un religieux qui n'est pas habituellement content ne s'est pas donné entièrement à Dieu.

9. — Certains religieux font beaucoup de bien, mais ils en feraient beaucoup plus s'ils étaient plus intérieurs.

10. — On est toujours heureux quand on s'applique à la perfection religieuse, surtout à l'abnégation de sa propre volonté.

11. — Quand on veille sur soi, Dieu fait notre œuvre pour nous. Quand on se néglige, l'homme s'agite, travaille seul, et ne fait rien.

12. — Vous ne porterez de fruits dans la suite qu'autant que vous serez bien revêtus de Jésus-Christ.

13. — Si vous sortez de votre éducation religieuse munis des vertus apostoliques, cela vous sera mille fois plus avantageux que si vous aviez une montagne de sermons les plus pathétiques.

14. — Les étudiants qui montrent trop de désir pour la vie active sont en danger de n'être que des airains sonnants et des cymbales retentissantes, et de se perdre eux-mêmes.

15. — Vous ne devez pas brûler comme une chandelle qui se consume, mais comme une lampe qu'on entretient toujours.

16. — Remplissez votre citerne afin d'en abreuver les peuples sans qu'elle reste à sec pour vous.

17. — Vous ne devez pas vous vendre à l'action, mais vous y prêter seulement.

18. — Où la vie intérieure n'est pas en vigueur, là ne se trouvent ni obéissance ni zèle ni vertus ni paix ni sûreté de salut.

19. — Quatre *peu* pour être saint : *peu* penser (n'être pas raisonneur), *peu* parler, *peu* savoir (d'inutilités), *peu* désirer.

II. — ORAISON. PRIÈRE. VERTU.

20. — Il faut faire marcher d'un même pas l'oraison et l'action.

21. — Celui qui a l'estime et l'amour de la prière effectuera ce que dit du Juste la sainte Écriture : La loi de Dieu est dans son cœur et non pas seulement dans sa bouche.

22. — Le premier moyen de sauver son âme, et de se sanctifier c'est la prière ; le deuxième, la prière ; le dixième, le centième, la prière.

23. — Quand vous ne pouvez pas méditer, suivez en esprit le *Chemin de la Croix*.

24. — Il faut mettre à profit de ne pouvoir faire oraison ni prier, à l'exemple de ce saint qui pendant plüsieurs années ne disait que cette prière : « Seigneur, ayez pitié de moi! » Il fut ensuite élevé à une haute contemplation.

25. — Il faut s'entretenir avec Dieu comme avec un bon Père, un ami. Pas de contrainte, ni d'efforts : cela ne sert de rien et ne vient que du sang et des nerfs.

26. — Mieux vaut une demi-heure de patience qu'une extase dans l'oraison.

27. — Que votre prière consiste en *actes* de vertus, et bientôt vous vous trouverez en paix, patient dans l'impatience, tranquille dans le trouble, joyeux dans la tristesse.

28. — *Verbum, oratio, exemplum, tria haec; major autem oratio :* alors la persévérance est certaine et le ciel ouvert.

29. — Les actes de foi sont le fond de la méditation.

30. — Il faut que le Saint-Esprit nous apprenne à prier avec tranquillité. Pourquoi tant d'efforts de tête et de cœur pour parler à Dieu? Est-ce ainsi que l'on parle à son supérieur, par exemple? Il n'en faut pas tant pour se faire entendre de Dieu et être exaucé : *Prope es tu, Domine, et omnes viae tuae veritas. Petite et accipietis.*

31. — Les consolations viennent de l'Ami ou de l'ennemi. Quand elles viennent de l'Ami, on ne s'y arrête pas, mais elles nous poussent à la vertu. Plus elles sont fortes, moins on s'y arrête et plus elles nous poussent.

32. — Les âmes attachées aux consolations s'éveillent avec le désir d'en avoir, les âmes qui aiment véritablement s'éveillent avec le désir de servir Dieu.

33. — Servez Dieu en esprit, et non par le sentiment. La vertu ne consiste pas dans le sentiment. Celui-ci est le clinquant de la vertu.

34. — Il n'y a que les âmes dans l'illusion qui ont toujours des douceurs.

35. — Demander les vertus sans les occasions de les pratiquer, c'est tenter Dieu.

36. — Dieu nous aide dès qu'il nous voit résolus à faire quelques efforts.

37. — La vertu s'acquiert d'abord par la grâce, mais aussi par des *actes* répétés.

38. — Des *actes!* des *actes!* Dieu ferait des miracles pour une âme qui entreprend généreusement l'œuvre de sa perfection.

39. — La facilité qu'on a pour le bien dans les commencements n'est que le fruit d'une grâce actuelle

sensible; non encore d'une vertu solide, comme elle l'est après beaucoup d'exercices et de victoires.

III. — CONFIANCE.

40. — *Spes tua, pes tuus.* Votre confiance en Dieu c'est le pied qui vous porte et vous conduit.

41. — Si tant d'âmes n'arrivent pas à la perfection, c'est à cause de leur manque de confiance.

42. — Il faut se représenter Dieu comme un bon Père et non comme un tyran qui aurait toujours le sabre à la main.

43. — Vous devez plus craindre la moindre défiance qu'un monceau d'iniquités.

44. — Vous jugerez de votre degré de confiance en Dieu par le repos et la tranquillité de votre âme dans les traverses.

45. — Nos pertes sont nos gains : nous n'aurons à la mort que ce que nous aurons perdu.

46. — Nous ne gagnons jamais plus que quand nous ne réussissons pas.

47. — Dites souvent quand tout paraît désespéré : Il y a un Dieu dans le ciel !

48. — Jamais nous ne sommes plus vainqueurs que quand nous sommes vaincus par le monde, si c'est être vaincu que de souffrir avec courage et de mourir.

49. — Celui qui vous a mis la charge sur le dos la portera avec vous, ou plutôt pour vous.

50. — Quand votre caisse sera absolument vide, Dieu vous enverra quelque chose, pourvu que la confiance reste au fond.

IV. — FOI.

51. — On a autant d'espérance, d'amour de Dieu, d'humilité, d'obéissance, en un mot de vertu, qu'on a de foi, ni plus ni moins.

52. — Sans la foi vive on ne fait de bons propos que pour gémir de ne les avoir pas observés.

V. — OBÉISSANCE.

53. — Déposer sa volonté entre les mains de son supérieur c'est là être religieux : sans cela on n'a rien de religieux que le nom.

54. — Obéissez aveuglément. Le religieux ainsi obéissant est l'aveugle à qui Jésus-Christ rend la vue et qu'il éclaire admirablement. Ah ! qu'il y a peu de religieux qui ne reprennent pas le sacrifice de leur volonté !

55. — C'est un malheur qu'on aborde quelquefois les Supérieurs non pour dire : *Quid me vis facere?* mais pour voir nos désirs satisfaits.

56. — Si vous cherchez Dieu dans votre supérieur, vous le trouverez. Si vous cherchez l'homme vous le trouverez aussi, et ce sera pour votre malheur.

57. — Pour être vite saint, dit saint Jean Climaque, il faut deux choses : 1° prier pour demander à Dieu un directeur selon son cœur, ou le recevoir de l'obéissance, ce qui est encore mieux; 2° faire ce qu'il vous dit.

58. — Un saint disait : Si vous n'avez pas de papier pour écrire les paroles de votre confesseur, écrivez-les sur votre manteau.

59. — Le malheur c'est qu'on n'écoute pas son directeur, son confesseur, son supérieur avec l'esprit

de foi aux promesses de Jésus-Christ. Quand il parle, on dit : C'est pour me consoler..., c'est pour me dire quelque chose.

60. — Ce sont nos idées, nos vues, nos aperçus, nos désirs qui nous trompent et qui nous martyrisent.

61. — Chacun veut être saint, mais selon son idée. La sainteté consiste à faire la volonté de Dieu, et c'est par nos supérieurs qu'il nous la fait connaître. Dieu ne parle pas à tous : *Dixit Dominus Moysi.*

62. — Ce ne sont pas nos confrères qui nous montreront nos voies : ils n'ont pas grâce pour cela. Dieu qui veut nous sauver en faisant mourir l'amour-propre, nous dit par nos Supérieurs ce qui ne nous plaît pas.

63. — Ce qui nous plaît naturellement est au moins dangereux. Ceux qui se conduisent d'après leurs idées n'ont pas besoin de démon pour les tenter.

VI. — HUMILITÉ.

64. — Croissez dans l'humilité, mais ne soyez pas manchot: que la confiance, une grande confiance, vous anime.

65. — L'humble seul adore Dieu en esprit et en vérité. Dieu se complaît en lui. Voilà pourquoi les saints cherchaient toujours le mépris.

66. — Que la religion est belle dans ses principes! Le plus grand c'est le plus humble. Je puis donc être grand, non aux yeux d'un auditoire, d'une ville, d'une province, mais aux yeux de la sainte Trinité, de millions d'anges et de saints. Je le puis, parce que Dieu désire bien plus m'accorder l'humilité que je ne désire la recevoir.

67. — Un signe non équivoque d'humilité, c'est de croire qu'on a les défauts que les Supérieurs nous indiquent.

68. — Un effet de l'orgueil c'est, lorsqu'on nous reprend d'une faute ou d'un défaut, de dire de suite : Qui a pu dire cela?

69. — Il n'y a que les orgueilleux et les fous qui sont contents d'être supérieurs.

70. — Sans une douceur à toute épreuve, il n'y a rien à gagner sur le cœur des humains.

71. — On peut faire des reproches au meilleur des religieux, parce qu'il a dans son cœur un foyer de corruption qui peut éclater en un instant.

VII. — AMOUR DU PROCHAIN.

72. — Demandons chaque jour à Dieu de pratiquer un acte de charité.

73. — La charité exige la pratique de la mortification la plus utile dans une communauté. Les actes de mortification les plus agréables à Dieu sont les actes de charité.

74. — Il ne s'agit pas de ne pas haïr, il faut aimer et voir Dieu dans nos frères. Que la statue du roi, dit saint Jean Chrysostome, soit d'or ou de terre, c'est toujours la statue du roi, et il faut l'honorer.

75. — On ne hait pas quand on repousse les aversions. De l'aversion on passe vite à la haine, comme d'un excès de propreté à la vanité.

76. — Les actes d'amour du prochain en dépit de l'aversion naturelle, sont une des preuves les plus certaines que nous aimons Dieu et que nous avançons dans la vertu.

77. — Ayons surtout de la douceur, soyons toujours sereins, ayons de la déférence envers tous nos frères, tous.

78. — Il faut traiter les hommes comme du cristal.

79. — Celui qui se marie dans le monde n'épouse qu'un seul défaut, celui qui se consacre à Jésus-Christ en religion épouse autant de défauts qu'il a de frères.

80. — Chassez les tentations contraires à la charité comme celles de l'impureté.

81. — Si j'excepte un seul homme de mon amour je n'en aime aucun, je n'ai pas la charité.

82. — Séparez les défauts de la personne : on ne connaît pas l'intention.

83. — *Alter alterius onera portate;* mais si le prochain, si les supérieurs et les confrères n'avaient pas de défauts nous n'aurions pas occasion de les supporter.

84. — Celui qui se réjouit du succès de son émule a plus de mérite que lui, sans danger de vanité.

VIII. — MORTIFICATION.

85. — La mortification peut être mise à la tête de toutes les vertus, parce qu'elle est le moyen, l'instrument pour les acquérir.

86. — Soyons avares pour l'éternité. Les succès sont de l'étain, les mortifications sont de l'or mais de l'or tout pur.

87. — Les mortifications, lorsqu'elles sont bien sincères et bien salées, voilà ce qui enrichit notre âme.

IX. — CROIX. PATIENCE.

88. — Si nous ne désirons pas souffrir, nous ne sommes pas justes, il n'y a pas de justice en nous. Mon Seigneur Jésus-Christ, je veux souffrir pour vous, qui avez tant souffert par moi et pour moi.

89. — Souffrir c'est la meilleure marque qu'on aime Dieu.

90. — Si l'on avait quelque grande affection ou grand amour pour Jésus-Christ on pourrait néanmoins douter encore si l'on est en état de grâce, mais non si l'on souffre patiemment.

91. — Une petite croix bien supportée vaut mieux que le désir de souffrir de grandes choses.

92. — Nous ne serons heureux que quand nous dirons plus de cœur que de bouche : *Christo confixus sum cruci.*

93. — Quand vous saurez souffrir avec joie, alors *cadent a latere tuo mille et decem millia a dextris tuis.*

94. — Ayez confiance en Dieu pour vos souffrances, elles vous méritent plus que vos travaux mêmes.

95. — L'amour de la croix, voilà la meilleure préparation à convertir les âmes et à recevoir le Saint-Esprit.

96. — Les tribulations sont la semence du bonheur éternel.

97. — Il ne faut pas chercher la croix si loin et dans l'avenir : il faut embrasser à droite et à gauche celles de tous les jours.

98. — Si vous visez au Thabor vous tomberez sur le Calvaire, mais si vous visez au Calvaire vous tomberez sur le Thabor.

99. — Les disciples ne furent pas longtemps sur le Thabor. Jouissez de la paix pour vous préparer à la guerre.

100. — Quand vous avez des croix vous n'en voulez pas, quand vous n'en avez pas vous en voulez.

101. — La perfection consiste à supporter ses imperfections.

102. — Dans les maladies il faut se résigner, se reposer sur la croix, et vouloir mourir si Dieu le veut.

103. — Il vaut mieux mourir une bonne fois pour Jésus-Christ que de se tâter le pouls du matin au soir.

104. — Si l'obéissance me fixait dans un pays dont le climat me serait mortel, quelle belle occasion de mourir en union avec Jésus-Christ obéissant *usque ad mortem!*

105. — Nous devons remercier Dieu dès qu'il nous visite par les maladies. Souvent nous n'avons pas le courage de mettre la main sur nous : Dieu fait cet office, et ce nous est bien plus salutaire et méritoire.

106. — Les contrariétés, avec la patience, sont les ailes qui nous font voler dans le chemin de la perfection.

107. — Plus les choses vont mal, mieux nous allons avec la patience.

108. — Patience même avec votre impatience !

109. — Ce que j'admire le plus dans les saints, c'est la patience qu'ils ont eue envers eux-mêmes.

110. — *Fiat voluntas tua sicut in cœlo et in terra.* Sur la terre souvent on se résigne parce qu'il le faut bien. Dans le ciel on ne désire pas que la volonté de Dieu soit autre qu'elle n'est. Voilà comme nous devons aussi faire ici-bas pour obtenir une plus grande gloire dans le ciel : vouloir souffrir tentations, angoisses, ténèbres. .

111. — Trois *fiat :* Dieu a créé le monde par un *fiat,* il l'a racheté par un autre *fiat.* Il faut un troisième *fiat* pour nous sauver : *Fiat voluntas tua.*

X. — TENTATIONS. PAIX.

112. — Nous sommes tous saints hors de la tentation.

113. — Dans la tentation ou après, n'examinez pas, ne pensez pas, mais aimez et priez.

114. — Après la tentation il faut s'y attendre de nouveau.

115. — La tentation nous fait acquérir la vertu qui lui est contraire.

116. — Il faut plus souhaiter la patience que la délivrance des tentations.

117. — Ne pensons pas tant dans ces ténèbres. On avance toujours avec le flambeau de la foi, même quand on paraît chanceler.

118. — On peut et on doit sans doute dire avec Jésus-Christ : *Et ne nos inducas in tentationem,* mais il ne faut pas désirer avec empressement et chagrin d'en être délivré. Saint Paul l'a demandé. C'est inutile : *Sufficit tibi gratia mea,* et *Gloriabor in infirmitatibus meis.*

119. — Le démon tente selon l'état et les dispositions d'un chacun : les mondains de présomption, mais les religieux souvent de défiance, de tristesse pour les abattre, leur casser bras et jambes, et les empêcher d'avancer.

120. — Repoussons les tentations, les dégoûts, les tristesses, en leur refusant audience à tout prix et absolument.

121. — Règle générale, ce qui abat et décourage vient de l'esprit de mensonge. L'Esprit-Saint est un Esprit de paix, de joie et de consolation : *Paraclitus.*

122. — Regardez comme diaboliques toutes les pensées qui portent avec elles tristesse, abattement, découragement, défiance. Méprisez tout cela en disant : *Omnia possum in eo qui me confortat,* je puis tout en celui qui me fortifie.

123. — Dans les tentations, Dieu ne demande souvent que la résignation de notre part pour nous en délivrer. Il faut faire la volonté de Dieu dans les tentations.

124. — Les pensées noires, tristes, il faut les chasser comme on s'empresse d'ôter un charbon ardent de dessus un tapis.

125. — Tout ce qui altère tant soit peu la joie spirituelle vient du diable.

126. — Il faut aller du paradis au paradis, non pas du paradis des mondains, des plaisirs, des honneurs, mais de la paix d'une bonne conscience à l'éternelle paix.

127. — Dans toutes nos tentations, allons au ciel : nous y verrons toute la cour céleste attentive à nos combats.

128. — Saint François, qui avait l'esprit de Dieu, disait toujours en voyant quelqu'un : Que la paix soit avec vous.

129. — Notre Dieu est un Dieu de paix.

130. — C'est aux âmes calmes que Dieu se fait entendre. Nous n'avons jamais raison de nous troubler : *Beati pacifici.*

131. — La tristesse est inséparable du malin esprit, comme la joie est inséparable du Saint-Esprit.

132. — Ce sont ceux qui restent toujours dans la paix qui sont les enfants gâtés du bon Dieu.

133. — A force de vouloir voir trop clair, on ne voit plus. Mieux vaut un acte d'amour que tous les examens inquiets.

XI. — MARIE.

134. — Chacun avance selon sa piété et sa fidélité à la très sainte Vierge Marie, ni plus ni moins.

135. — Faire avec constance ce que l'on fait en l'honneur de Marie, comme le disait saint Jean Berchmans, pour avoir sûrement son assistance à la mort.

136. — Nourrir une grande dévotion envers Marie et y joindre une grande humilité, si l'on ne veut pas se perdre, surtout dans le saint ministère.

137. - - On est sous le manteau de Marie comme dans le sein d'Abraham : c'est aussi sûr.

138. — Mourez de douleur de ne pas aimer Jésus-Christ, et la sainte Vierge vous ouvrira la porte à deux battants.

139. — Toutes les dévotions doivent toujours se rapporter à la dévotion envers Jésus-Christ. Marie est toujours auprès de Jésus.

140. — Allons à Jésus par Marie.

TABLE DES MATIÈRES

PREMIÈRE PARTIE

VIE DE PRIÈRE.

CHAPITRE PREMIER. — *Constance et ferveur de prière.*

Attrait du P. Passerat pour la prière, dès l'enfance et la
jeunesse. — Esprit de prière du P. Passerat novice, religieux, maître des novices et recteur; puis vicaire général
de la congrégation du T. S. Rédempteur. — Il prèche la
prière par ses lettres aux novices, aux missionnaires, et,
au témoignage de tous, en donne un exemple parfait. —
Avis aux rédemptoristines sur la prière. — Exemples per-

CHAPITRE II. — *Recueillement.*

L'homme d'une seule pensée et d'une seule affection. —
Rayonnement surnaturel. — Retraite et amour de la solitude. — Rien pour la curiosité. — Silence extérieur. —
Calme et modération. — Silence intérieur de l'âme et union
active avec Dieu, par la perfection des actions ordinaires

CHAPITRE III. — *Oraison.*

Le Vénérable en prèche instamment la nécessité et la pratique. — Sa méthode. — Docilité au Saint-Esprit. — Prier
simplement. — « Ne pas chasser au sentiment ». — La

IIᵉ PARTIE

COMBAT SPIRITUEL.

IIIᵉ PARTIE

VERTUS THÉOLOGALES.

CONCLUSION

Typographie Firmin-Didot et Cⁱᵉ. — Paris. — 1929.